Werkstatt Neue Kultur

Telotopia

Werkstatt Neue Kultur

Projekt- und Bildungs-Werkstatt für eine neue Kultur

Die festen Mitarbeiter:
Andreas Poggel: Mediation & Gewaltfreie Kommunikation
Christoph W. Rosenthal: Projekte – Forschung – Kunst

www.werkstatt-neue-kultur.net

Werkstatt Neue Kultur

Hg. Christoph W. Rosenthal & Andreas Poggel

Telotopia

Ein kulturarchitektonischer Entwurf einer
wünschenswerten Kultur der Zukunft

Grundriss einer Telotopistik

Smart-Druck-Fassung

Bibliografische Information der Deutschen Nationalbibliothek:
Die Deutsche Nationalbibliothek verzeichnet diese Publikation in der
Deutschen Nationalbibliografie; detaillierte bibliografische Daten sind
im Internet über http://dnb.dnb.de abrufbar.

Herstellung und Verlag:
BoD – Books on Demand, Norderstedt
ISBN 9 783751 972956

Aufriss

Eine wünschenswerte Kultur der Zukunft.

Der grandiose Vorteil, den wir heute bei allen Schwierigkeiten haben, besteht darin, dass wir uns nicht mehr mit historisch entstandenen Verhältnissen und Vorstellungen wie der Welt als Scheibe abfinden müssen. Mit dem Überblick über die Geschichte und die Humanevolution bis weit über die Primaten hinaus ist es inzwischen möglich, die entstandenen Irrtümer und Irrwege zu verstehen, und wir verfügen sowohl in menschlich-sozialer als auch in technisch-ökonomischer Hinsicht inzwischen über genügend Potential für eine wünschenswerte Kultur der Zukunft.

So manche haben damit schon privat und in kleineren Kreisen begonnen. Auch wir experimentieren auch persönlich seit längerer Zeit damit und können inzwischen auf einige Erfahrungen und Einsichten aufbauen. Es ist gut, wenn bestehende Freiräume und Möglichkeiten für Entwicklungen einer wünschenswerten Kultur der Zukunft genutzt werden.

Doch damit dies jedoch nicht bloß auf eine Ausbildung eigener Privilegien hinausläuft, worin schließlich ein Grund der historischen Problematik liegt, ist es von Bedeutung, eine Idee zu entwickeln, was eigentlich eine wünschenswerte Kultur im gesellschaftlichen Gesamtbestand ausmachen würde.

Jenseits des Privaten braucht es auf jeden Fall eine kulturarchitektonische Auseinandersetzung, wohin die gesellschaftliche Entwicklung eigentlich führen soll. Die bloße Idee, dass es >toll< werden soll, reicht nicht einmal für den Bau eines hier gängigen Einfamilien-Hauses.

Eine solch kopflose „Praxis" reichte schon in der humanevolutionären Entwicklung nicht mehr. Darin unterschied sich der Mensch vom Tier.

Die humanevolutionäre Entwicklung wurde allein durch eine allgemein als wünschenswert betrachtete Kulturkonzeption möglich, und die historischen Probleme haben einen wesentlichen Grund darin, dass sich die „Praxis" verselbständigte.

Doch angesichts der Komplexität des menschlichen Gehirns schafft nur eine Kultur, die auf gemeinschaftlicher Kommunikation basiert, eine soziale Stabilität auf wünschenswertem Niveau über Jahrzehntausende. Exakt in dieser Entwicklung lag das Erfolgsgeheimnis der humanevolutionären Entwicklung mit ihrem Resultat in unserer Art Homo sapiens. Alles andere „nach den Schimpansen" verfiel dem Scheitern.

Es braucht für eine wünschenswerte Kultur der Zukunft einen kulturarchitektonischen Bauplan, in dem die statischen Anforderungen der menschlichen Anlage an Verhalten und Bedürfnissen im Gesamtgefüge in einer kommunizierbaren Form verarbeitet sind. Es müssen – und *dürfen* auch gar - nicht sämtliche Einzelheiten geklärt werden. Entscheidend ist die sachliche wie auch die soziale Klärung der kulturarchitektonischen Grundzüge und Verfassung.

Telotopia ist als Einstieg in die Entwicklung einer entsprechenden kulturellen Architektur an Konzeptionen und Praxis gedacht. Es gibt bereits einiges Potential an Wünschenswertem, wie vielleicht die beigefügten Fotos illustrieren können.

Die entstandene gesellschaftliche und menschliche Konfusität muss nicht sein. Der Bau einer Neuen Kultur ist möglich!

Inhaltsverzeichnis

3 Zur biographischen Struktur in Telotopia 95

4 Die Gesamtanlage von Telotopia 217

Lexikon 291

Literatur 295

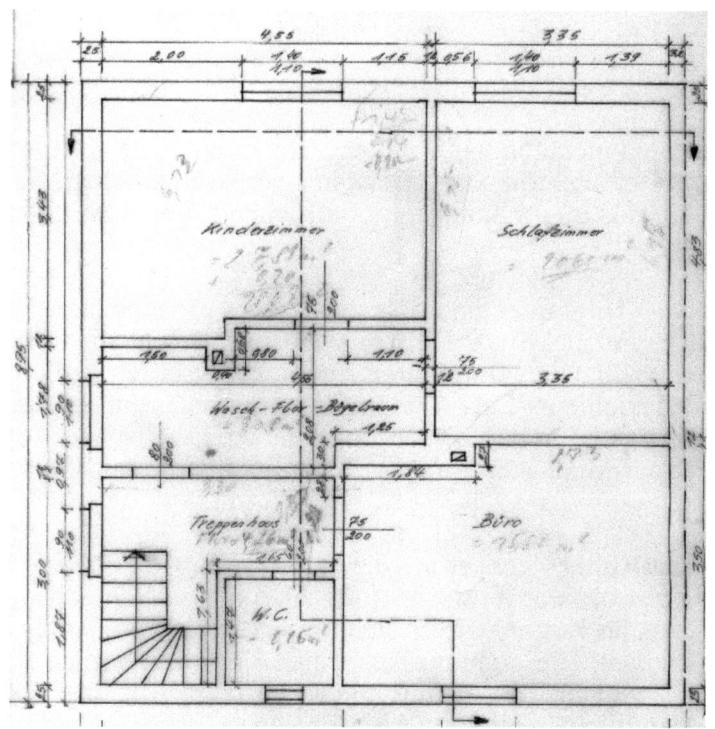

Architektonische Planung (Auszug)

Vorwort

Mit Telotopia möchten wir von der >Werkstatt Neue Kultur< anhand eines kulturarchitektonischen Beispiels veranschaulichen, was >Neue Kultur< für uns im gesamtgesellschaftlichen Ergebnis in etwa meint.

Es geht bei >Telotopia< und >Neuer Kultur< um eine menschheitsgeschichtliche Perspektive. >Kultur< war die neuartige menschliche Dimension der humanevolutionären Entwicklung in Persönlichkeit, Sozial- und Beziehungs-Leben samt aller Kreativität und Lebens-Qualität. Sie entstand durch die Ablösung von der genetischen Verhaltenssteuerung aufgrund von Sprache, Kommunikation und Selbst-Steuerung.

Mit >Neuer Kultur< geht es um die Verarbeitung der historischen Entwicklung sowohl von Fortschritt als auch den verschiedenen Folgen des Verlusts an Kultur, wie er sich an Sexismus, Rassismus, Gewalt, Macht, sozialen Hierarchien, Ausbeutung und Barbareien bis hin zu Sklaverei, Diktatur, Faschismus und Krieg zeigt. Alle diese Problematiken sind mitnichten ein Relikt der Evolution oder der Natur des Menschen − ganz im Gegenteil -, sondern die unabdingbare Folge einer unzureichenden oder unfähigen Installation der menschlichen Software namens >Kultur<, insbesondere bei der Betriebssystem-Ebene von Verhaltenssteuerung, Bewusstseins-Entwicklung und Kommunikation.

Im Grundlegenden ist das Problem des Verlusts an Kultur in den Jahrhunderte langen gigantischen Naturkatastrophen am Ende der Eiszeit aufgekommen. Dies hat viele Folgewirkungen − letztlich bis heute − nach sich gezogen. Doch gibt es inzwischen an sich genügend Nahrung, Produkte, Dienstleistungsangebote und Produktionsmöglichkeiten. Wie schon in den 1830ern festgestellt wurde, resultiert das ökonomische Problem aus dem Überangebot. Woran es in Wirklichkeit mangelt, ist, was von der kulturalen Anlage unserer Art Homo sapiens >Kultur< im Eigentlichen meint: ein fähiges Beziehungs- und Sozial-Leben sowie den zureichenden persönlichen Erwerb der Befähigung dazu, wie nicht zuletzt zu einer wirklichen und menschlich zureichenden Kommunikation.

Die >Werkstatt Neue Kultur< möchte für die Entwicklung einer neuen Kultur Beiträge schaffen. Mit >Telotopia< geht es um einen kulturarchitektonischen Entwurf, wie eine wünschenswerte Kultur der Zukunft aussehen könnte. Die Fragestellung ist in diesem Zusammenhang erst einmal nicht, wie dieser Entwurf angesichts der politisch-ökonomischen Gegebenheiten umgesetzt werden könnte. Zunächst muss es um Klärungen gehen, was man über die verschiedenen Einzelmomente hinaus realistisch als >wünschenswert< versteht. Es bedarf zunächst einem allgemeiner geklärten Bauplan einer Neuen Kultur.

Das vorliegende Modell kann für die unterschiedlichsten Projekte von effektiver Relevanz sein. Es kann auf eine neue Weise zeigen, dass die unterschiedlichsten Projekte eine Bedeutung für die Entwicklung einer >wünschenswerten Kultur der Zukunft< haben und auch welche. Es kann zur Vernetzung der unterschiedlichsten Ansätze beitragen, auch wenn man im Konkreten völlig unterschiedliche Wege verfolgt. Wie ein architektonischer Bauplan eines Großprojektes kann eine entwickeltere kulturelle Architektur aufzeigen, wo die unterschiedlichsten Standorte und Wege einstmals zusammenlaufen. Von dort her wird das Anliegen etlicher Projekte und Personen weit verständlicher.

Ganz in diesem Sinn möchte die >Werkstatt Neue Kultur< diese Auseinandersetzung durch Austausch, Netzwerken, Vorträge, Veranstaltungen usw. weiter fördern und entwickeln. Es gibt dazu noch weitere Projekt-Ideen.

Das vorliegende Werk ist nur als ein Anfang zu sehen. Leider können wir im Moment noch keine bessere Ausstattung dieses Buchs anbieten. Wir verfügen wohl über weit mehr und besseres Bildmaterial, aber nicht über die Rechte, es hier zu verwenden.

Doch im Moment geht es erstmal darum, mit solchen Auseinandersetzungen zu beginnen. Für diesen Zweck möchten wir unterschiedliche Fassungen anbieten, jeweils in zwei Formaten, Längen und Druckqualitäten. Bei der vorliegenden Version handelt es sich um die ungekürzte Ausgabe. Noch einmal deutlich billiger wird diese Fassung durch den *Smart*-Druck. Allerdings ist die Druckqualität auch nicht so gut.

Bei entsprechender Resonanz sind ergänzende Veröffentlichungen denkbar und auch Absicht. Vorstellbar wäre vor allem ein Buch über Projekte und Personen, die bereits im Sinne von Telotopia arbeiten. Kontaktiert – kontaktieren Sie uns und schickt / schicken Sie uns Fotos und inhaltliche Materialien.

Die vorliegende Abfassung geht auf die Kappe von C. Rosenthal.

Für die **Werkstatt Neue Kultur**

Christoph W. Rosenthal & Andreas Poggel

Persönliche Bemerkungen
Christoph Rosenthal

Als Initiator und Anleiter der Gespräche um Telotopia in der >Werkstatt Neue Kultur< sowie als Verfasser bzw. Endredakteur dieses Buchs möchte ich hier kurz voranstellen, wie ich zu diesem Projekt gekommen bin. Denn dies hat inzwischen schon eine längere Geschichte.

Meine explizite Auseinandersetzung mit dem Thema Utopie begann in dem Kontext, dass wir Ende März 1980 in Göttingen eine 8er WG (Wohngemeinschaft) gründeten. Darüber bekam ich recht schnell Zugang zu den verschiedensten Alternativ-Projekten wie etwa zu einem Verlag, zu Zeitungen und einer Reihe an Kontakten. Wenn auch vieles damals noch nicht ausgegoren war, stellten sich mir dabei doch Perspektiven dar, die ich lohnend fand. Da ich dafür realistische Möglichkeiten sah, entschied ich mich im Sommer 1981 zu einem entsprechenden freien Leben.

Allerdings hielt dieser damalige Trend in dieser Form nicht zu lange an, und so war auch ich nach der Zeit des Studiums mit vielfältigen Anforderungen wie nicht zuletzt in Bezug auf die ökonomische Perspektive konfrontiert. Wenngleich die Auseinandersetzung mit der Utopie für mich inhaltlich wie auch praktisch von Bedeutung blieb – etwa dass ich mir in den 1990ern für etwa 4 Jahre die Zeit für Kurse und Experimente in Kunst und Theater nahm -, kam ich doch erst Ende der 90er dazu, mich damit zu beschäftigen, wie für mich gesellschaftlich meine Utopie aussehen könnte. Bis dahin war für mich u.a. das Buch >Ökotopia< eine Anregung gewesen. Bei der Arbeit an einem eigenen Entwurf stellte ich jedoch fest, dass die Auseinandersetzung um >Utopie< für mich inzwischen zwei verschiedene Dimensionen enthielt. In beiden Hinsichten fand ich das Buch >Ökotopia< nicht mehr befriedigend.

Die eine Dimension stand mit meinem persönlichen Lebensweg in Verbindung. Dies bezog sich vor allem auf die Bereiche Beziehung, Kunst/Kulturelles und Wohn- oder Lebensgemeinschaft. Da ich diesen Lebensweg jedoch schon 1980 aufgenommen hatte, stellte sich diese Dimension von Utopie nach fast 20 Jahren (und heute nach über 40 Jahren) doch recht anders dar als am Anfang. Es war nicht mehr der Blick aus der Ferne, der sich beliebig mit Fantasien ausschmücken ließ, sondern längst ersichtlich, wie sehr alles an den jeweiligen Personen und Gegebenheiten hing. Da es nicht meine Utopie war, sie auf Kosten Anderer zu verwirklichen, vor allem nicht in Hinsicht auf eine Beziehung, gerät man doch bei allem Vorhaben recht schnell in die Grenzen (etwa an Zeit und Geld), wie sie hier allgemeiner bekannt sind. Meine Erfahrungen fließen wohl in die vorliegende Konzeption ein. Doch um diese Dimension soll es hier nicht gehen.

So wurde ich auf die andere Dimension des Themas aufmerksam. Ich bemerkte bei der Skript-Arbeit, dass das, was mich in Bezug auf >Utopie< interessierte, der Entwurf eines real möglichen Modells einer wünschenswerten Kultur der Zukunft war: die Entwicklung einer kulturellen Architektur, die sich analog zu der Architektur von Bauwerken mit der gesellschaftlichen Anlage befasst.

In dieser Form entstand im Frühjahr 1998 der erste Entwurf. Er enthielt schon die Kern-Elemente des jetzigen Entwurfs, war aber noch deutlich anfänglicher. Demgegenüber erreichte ich mit dem zweiten Entwurf vom Winter 2009/2010 schon ein anderes Niveau. Er hieß auch schon Telotopia und enthielt die wesentlichen Grundzüge der jetzigen Fassung. Doch wollte ich vor einer Veröffentlichung meine Arbeiten zu Humanevolution und zu Geschichte – die hierfür eine gewisse Grundlage stellen (→ S. 304) – erst noch weiter qualifizieren, was sich noch länger als erwartet hinziehen sollte. Wie noch in der Einleitung etwas ausführlicher aufgenommen werden soll, bin ich von den Ergebnissen meiner Forschungen her der Auffassung, dass die Entwicklung einer wünschenswerten Kultur mit einer dauerhaften sozialen Stabilität in Frieden, Selbstbestimmung und voller Lebens-Qualität immer noch eine echte menschliche Möglichkeit ist, ja in gewisser Weise überhaupt erst heute: erstmalig mit einer dauerhaften Zukunfts-Perspektive.

- CR -

1 Einleitung

Zu den Grundlagen von Telotopia

1.1 Kultur, Utopie und Telotopistik

Das Thema Utopie war angesichts der kulturalen Anlage des Menschen von je her von grundlegender Bedeutung und als Bestandteil der Mythologie immer schon ein zentrales und entscheidendes soziales Element von Kultur. Freilich wurde es historisch von Anfang an in der neuen politischen Ideologie und der späteren ökonomischen Werbung vereinnahmt und verdreht. In gewisser Weise ist das heutige Ausmaß an utopischen Bildern in der ökonomischen und politischen Werbe-Propaganda zu einem grundlegenden Problem geworden, das die unbefriedigten Bedürfnisse für sich instrumentalisiert und über die tatsächlichen Problematiken hinwegtäuscht.

Doch zunächst bleibt festzustellen, dass sich schon die humanevolutionäre Ausprägung unserer Art Homo sapiens **ausschließlich** durch eine vorausgehende Utopie menschlich zugewandter und fähiger Sozialverhältnisse erklärt. Anders wäre man über die sozialen Probleme der genetisch ererbten Verhaltensformen nicht hinausgekommen, mit denen die evolutionär vorausgehenden Hominiden trotz ihrer großen technischen Intelligenz und ihrer weiten Verbreitung über die Welt komplett dem Aussterben verfielen. Es brauchte eine motivierende **Zielvorstellung** eines produktiven Beziehungs- und Sozial-Lebens, die genügend Zuspruch fand. Erst mit einer >Utopie<, die genügend Verstehen für ein erstrebenswertes Leben und Verhalten bot, wurde es im humanevolutionären Prozess möglich, über die ererbten Sozialverhältnisse und Verhaltensformen hinauszukommen, die evolutionär im Ruin endeten.

Diese Utopie entstand aus der ursprünglichen Mythologie. Es waren die Geschichten für die *Klein*kinder, aus denen die soziale Utopie folgte. Wenn diese Geschichten, ganz wie es die Kleinkinder hören wollten, von der >Ur-Mutter Mond< erzählten, die extra für sie diese Welt zwecks Glücks und Liebe geschaffen habe, so boten diese Geschichten den Erwachsenen auch selbst die Idee, dass Besseres möglich ist, als sich wie die Hominiden mit ständigen Konkurrenzkämpfen gegenseitig das Leben schwer zu machen und letztlich auch zu ruinieren.

Anders als die sonstigen biologischen Prozesse der Evolution erklärt sich die Humanevolution nicht von den Naturprozessen her. Es ging in ihr ja um die *Ablösung* von den biologischen Mechanismen der genetischen Verhaltenssteuerung. Der evolutionäre Erwerb der Befähigung zur Selbststeuerung war ausschließlich aufgrund einer gemeinschaftlich bestimmten Kultur und Zielsetzung möglich. Den ersten Anhalt dafür boten die mythologischen Geschichten, die die Kleinkinder aufgrund der sprachlichen Weiterentwicklung zu hören wünschten. Ihre Motive von Zuwendung, Solidarität und einem >guten Leben< stellten die Grundlagen der ursprünglichen Utopie.

So hat der Mensch von diesem Entwicklungsgang her immer eine *Voraus*-Setzung. Doch ist infolge der humanevolutionären Entwicklung der Kulturalität des Menschen dieses Voraus immer auch >utopisch< und zielorientiert (griech. *telos = Ziel* >> Teleologie, Telotopie). Hier liegt die große Bedeutung der Beiträge von Ernst Bloch, z.B. mit >Das Prinzip Hoffnung<. Der *Mensch* kann nie allein von der Biologie und der Vergangenheit her verstanden werden. Mit der menschlichen Selbststeuerung sind immer auch Ausrichtungen, Hoffnungen und Ziele verbunden, ähnlich wie beim Autofahren. Wo keine Hoffnungen und keine realen Zielsetzungen vorhanden sind, besteht auch keine eigentliche Selbststeuerung, nur ein Reagieren.

Ohne einen gemeinschaftlich geklärten Bauplan seines Sociallebens wäre es schon humanevolutionär nicht zu einem fähigen Socialleben = Kultur (im eigentlichen biologischen Sinn) und also nicht zu unserer kulturalen Art Homo sapiens gekommen. Dies gilt heute in Bezug auf das Socialleben erst recht.

Hierbei kann man das Verhältnis von Utopie und Telotopistik ganz in der Art eines architektonischen Vorhabens sehen. Dieses Vorhaben beginnt mit der Utopie. Die Utopie löst das Vorhaben aus. Sie tritt bei komplexeren Vorhaben als erster Ausdruck eines wirklichen Vorhabens heraus und begründet den Klärungsprozess bzgl. seiner Fantasien usw. Es ist in sozialen Kontexten gut und auch wichtig, zunächst einmal diese rein subjektive Dimension seiner Wünsche, Bedürfnisse und Fantasien zu erschließen, ohne immer sofort an die Machbarkeit zu denken, die freilich auch nicht aus dem Blick geraten sollte. Je besser man seine Wünsche und Bedürfnisse in Bezug auf die Ziele verstanden hat, desto näher kann man ihnen in den Ergebnissen kommen, selbst wenn man nicht alles (sofort) verwirklichen kann.

Genauso spielt eine Architektur zunächst mit Fantasien. Ist hierbei ein bestimmtes Leitmotiv oder Modell deutlich geworden, kommt es in der Architektur zu dem zweiten Schritt, diese Ideen zu einem realen Bauplan auszuarbeiten. Ganz in dieser Art kann hier die Telotopistik als kulturelle Architektur begriffen werden. Der Unterschied besteht lediglich darin, dass sie sich auf *eine* oder wie hier auf *die* gesellschaftliche *Anlage im Weltverhältnis* bezieht.

Allerdings haben wir es bei der gesellschaftlichen Anlage heute noch mit einer eigenen Dimension zu tun. Die Frage, wie solch ein kulturarchitektonisches Gesamtmodell einer wünschenswerten Kultur der Zukunft in *politisch-ökonomischer Hinsicht* **verwirklicht** werden könnte, muss als eine gänzlich eigene Auseinandersetzung gesehen werden. Sie ist auf jeden Fall ausdrücklich *nicht* Bestandteil dieses Buches.

Ob die Auseinandersetzung mit der politisch-ökonomischen Verwirklichung perspektivisch als Bestandteil einer Telotopistik eingeordnet oder besser als eigene Dimension unter einem eigenen Begriff oder auch als Teil der Politologie aufgenommen wird, wäre noch zu sehen. Dies könnte auch von der Art der Entwürfe abhängen.

Doch bei dem, worum es bei Telotopia und einer entsprechenden Telotopistik als Wissenschaft der kulturellen Gesellschaftsarchitektur gehen soll, wäre es für eine Auseinandersetzung um die politisch-ökonomische Verwirklichung noch zu früh. Die Konzeption von Telotopia ist nicht darauf angelegt, ein Modell zu stellen, das mit hehren Vorstellungen von >oben< der Bevölkerung übergestülpt werden soll, wie dies seit den vermeintlichen „Hochkulturen" mit entsprechenden Fehlentwicklungen bis heute der Fall war.

Die Zielvorstellung von Telotopia, eine menschlich-demokratische Kultur zu bauen, hat die Voraussetzung, zuerst einmal - genau wie bei einem Hausbau – ein *reales* Modell dieser Ziele zu entwickeln, um entsprechende Auseinandersetzungen über diese Ziele zu ermöglichen. Die bloße Absicht, dass es >toll< werden soll, reicht nicht einmal für den Bau eines hier gängigen Ein-Familien-Hauses, und wenn man einen solchen Bau damit beginnt, ohne jeden Plan Material dafür im Baumarkt zu besorgen, ist das tatsächliche Ergebnis schon klar. Im besten Fall kommt eine Hütte dabei heraus, doch leicht auch nichts als Chaos. Mit solchen Herangehensweisen an die gesellschaftliche Gestaltung wäre man besser in der Altsteinzeit verblieben. Auch da reichte dies wohl nicht mehr für ein fähiges Sozialleben, führte aber wenigstens nicht ins sozioökonomische Chaos.

1.2 Die Utopie darf nicht vorweg entschieden werden

Der Auffassung, dass die Utopie nicht vorweg entschieden werden kann und darf, kann hier nur uneingeschränkt zugestimmt werden. Denn alle Personen aller Generationen haben das Recht, ihre Verhältnisse und ihre Art zu leben in gemeinschaftlicher Kommunikation selbst zu bestimmen. Dies ist sogar bei unserer Anlage als Homo sapiens eine unabdingbare Notwendigkeit, will man seine Verhältnisse nicht aus dem Griff verlieren. Der Mensch ist seit seiner humanevolutionären Ablösung von der genetischen Verhaltenssteuerung auf eine fähige Selbststeuerung in gemeinschaftlicher Kommunikation angelegt. Wo dies nicht erreicht wird, sondern dies auch noch autoritär (mit entsprechenden Ideologien aller Art) ausgeschaltet wird, schafft dies bald gesellschaftlich noch verheerendere Folgen als hohe Trunkenheit am Steuer, wie es das 3. Reich in jeder Hinsicht noch einmal drastisch vorgeführt hat.

Doch bestand in der Tat das Problem, dass die meisten utopischen Entwürfe der Vergangenheit auf eine mit Gewalt verbundene autoritäre Steuerung oder Verwirklichung ausgerichtet waren, wie von daher auch Revolutionen schnell in Diktaturen umschlugen.

Dieser Einspruch gegen solche utopischen Entwürfe ist wohl so weit richtig. Nur gibt es dabei zweierlei zu bedenken. Das Erste ist, dass auch die bestehenden Verhältnisse auf einem am Ende der Eiszeit (vor ca. 12.000 Jahren im Nahen Osten) vorgegebenen Fundament von Sitten, Gesetzen, Besitz, Sprache usw. aufbauen, was bis heute bestimmend wirkt. Ganz ohne Zweifel hat die historische Entwicklung von Fortschritt in diesem Fundament ihre Ursache – aber ebenso auch die Entwicklung von Macht und Gewalt bis hin zum Faschismus und den Weltkriegen usw. (Das hat aber auch nicht das Geringste mit der Evolution zu tun, wie man früher angesichts gänzlich anderer Daten annahm).

Wohl bot die neue autoritär-mythologische begründete Sozialorganisation (zuerst namens >Stamm<) in den Chaosproblemen der gigantischen Naturkatastrophen am Ende der Eiszeit zunächst eine Sicherung an Versorgung und im Sozialleben. Es bedeutete im ersten Schritt im sozialen Engagement einer Elite eine Lösung der entstandenen Probleme. Von einem >Eingriff in die Selbststeuerung< konnte in *dieser* Situation keine Rede sein, war hier diese Steuerung durch die Naturkatastrophen aus dem Griff geraten. Doch so sehr dieses neue autoritär-mythologische Fundament im ersten Moment ersatzweise das *Über*leben und eine neue soziale Stabilität zu organisieren verstand, schlug es mit der Zeit angesichts der menschlichen Anlage notwendigerweise um. Insbesondere die Formen der Jugend-Initiation, die ursprünglich der Entwicklung der persönlichen Selbständigkeit dienten (der Ausbildung des Ichs in der Ablösung von Es und Über-Ich), wurden hier so verdreht, dass hier erst recht die Über-Ich-Strukturen in einem Anpassungsverhalten verankert wurden (Milgram: Gehorsamsbereitschaft).

Bei solchen Verhältnissen bedeutet der Verzicht auf kulturarchitektonische Entwürfe weder Freiheit noch Demokratie, sondern zumindest de facto ein Votum für die bestehenden Macht-Verhältnisse, die immer mit einem Eingriff in die Selbstbestimmung der Persönlichkeit verbunden sind, wenn nicht Ärgeres.

Es geht bei den kulturarchitektonischen Entwürfen der Telotopistik gerade nicht wie bislang um Entscheidungen zu Verhältnissen, die in die Selbstbestimmung der zukünftigen Generationen eingreifen – wie dies allein schon mit dem übermäßigen Verbrauch an Ressourcen und dem Anhäufen von Müll der Fall ist.

Vielmehr geht es ganz im Gegenteil um die Auseinandersetzung, was es an Verhältnissen braucht, um möglichst dauerhaft das Selbstbestimmungsrecht *aller* Menschen zu gewährleisten – wenn auch unter Berücksichtigung der Realität, die man hier gerne außer Acht lässt. Es geht also um Entwürfe, die eine wirkliche, volle und dauerhafte Verwirklichung der Menschenrechte und von Demokratie ermöglichen könnten. Denn nach den Einsichten in die humanevolutionäre Entwicklung können allein Verhältnisse, die der menschlichen Natur entsprechen (> Anthropologie) und auf der Basis gemeinschaftlicher Kommunikation gesteuert werden, auf die Dauer dem sozialen Ruin entgehen. Diktatorische Formen sind dazu angesichts der überaus komplexen neurologischen Anlage des Menschen einfach nicht qualifiziert.

Der Verzicht auf eine kulturarchitektonische Auseinandersetzung und Planung zeitigt noch gravierendere Folgen als ein Verzicht auf einen Bauplan bei dem Bau eines gängigen Ein-Familien-Hauses, was demgegenüber doch sehr simpel ist. Die Schuldenberge der öffentlichen Haushalte sind ebenso zwangsläufig, wie wenn man ohne eine reale Vorstellung mit dem Bau eines heutigen Hauses beginnt.

Es geht nicht um ein Zurück zur Natur, sondern vielmehr um das Zurück zu Kultur. Denn es kam am Ende der Eiszeit mit Folgen bis heute zu substanziellen Verlusten an Kultur, worin sich bei uns Homo sapiens die Probleme von Macht und Gewalt begründen.

Will man diese gesellschaftlich und ökologisch ruinösen Entwicklungen lösen, braucht es eine kulturelle Architektur. Dies ist einerseits aus den positiven Einsichten in die menschliche Anlage (Anthropologie mit Psychologie, Neurologie usw.) und andererseits negativ (in dem, was zu vermeiden ist) aus den Einsichten in die Ursachen und Hintergründe der historischen Problematiken zu entwickeln. M.E. gibt es genügend Anhalte, die für eine wünschenswerte Kultur der Zukunft fruchtbar gemacht werden können.

1.3 Zu den allgemeinen Grundlagen der Telotopistik in Humanevolution, Geschichte und Ethnologie

Der Ansatz meiner Forschung verknüpfte sich sozusagen von je her mit folgendem Fragenkomplex:

- Von woher erklären sich die historischen Probleme bis hin zu Faschismus und den Kriegen?
- Von welchen Gegebenheiten ist in Bezug auf den Menschen auszugehen?
- Wie sähen wünschenswerte Verhältnisse für mich persönlich wie im gesellschaftlichen Gesamtkontext aus und wie ließe sich dies jeweils verwirklichen?

Insgesamt haben mich schon seit meiner Kindheit Berichte über andere Länder und Kulturen, Kunst- und Geschichts-Museen sowie Kulturelles, Biographien und Psychologie interessiert. Denn es war von etlichen Eindrücken (eines mangelnden sozialen Verhältnisses zu uns Kindern) wie auch von partiellen positiven Erfahrungen her schon sehr früh meine Sicht, dass ein besseres und interessanteres Sozialleben als das bestehende möglich und auch nötig ist. Von meiner Herkunft her fand ich die ersten guten Anhalte zunächst im christlichen Kontext, und von daher begann ich zwecks einer Gemeinde-Arbeit mit dem Studium der Theologie. Doch sowohl von den praktischen Erfahrungen als auch von den Auseinandersetzungen her verlagerte sich dies bei mir in den Forschungen in die Bereiche Geschichte, Ethnologie und Anthropologie + Humanwissenschaften.

„Die vergleichende Perspektive [*der Kulturanthropologie*] bringt auch eine Berücksichtigung der zeitlichen Dimension mit sich. Das heißt, sie besteht darauf, dass wir, um die industrialisierten, staatlich organisierten Gesellschaften der Gegenwart zu verstehen, mit dem vertraut sein müssen, was ihnen vorhergegangen ist; wir müssen also die staatenlosen, nichtindustriellen Gesellschaften kennen, aus denen sich die modernen Gesellschaften entwickelt haben.

Uns steht eine einigermaßen vollständige Dokumentation der Gattung Mensch zur Verfügung, die zeitlich fast fünf Millionen Jahre zurückreicht. Die ersten Bodenbau treibenden Gesellschaften traten erst vor ungefähr 10.000 Jahren [*eher vor 11.500 Jahren*] auf, die ersten staatlich organisierten Gesellschaften erschienen erst vor etwa 6000 Jahren; und die Industriegesellschaft hat erst vor 200 Jahren begonnen, sich im großen Maßstab durchzusetzen. Sicherlich können wir nicht hoffen, uns selbst zu verstehen, wenn wir die Berichte über die früheren Lebensformen ignorieren. [...] Man kann z.B. die Ausübung von Herrschaft in modernen politischen Institutionen nicht völlig verstehen ohne einige Vertrautheit mit Gesellschaften, in denen es keine politische Herrschaft gibt und formale Institutionen der Rechtspflege fehlen. […]

Zweitens ist die Anthropologie holistisch in dem Sinn, dass sie den Versuch macht, die Menschen nicht nur als kulturelle Wesen, sondern auch als *biologische Wesen* [1] zu verstehen. Sie befasst sich mit den physischen oder biologischen Charakteristika der Gattung ebenso gut wie mit den sozialen und kulturellen. Die physische Evolution der Gattung *Homo* und die kulturelle Evolution der Menschheit werden nicht als zusammenhangslos nebeneinander laufend betrachtet. Beide sind nötig für ein richtiges Verständnis davon, was für eine Art von Geschöpfe wir sind."

Frank Robert **Vivelo**: Handbuch der Kulturanthropologie, S. 39, 41

---

[1] Das Kursive ist hier meine Übersetzung anstatt >Tiere<. Das wohl im englischen Original gebrauchte *animal* bedeutet ursprünglich >Lebewesen<, vgl. lat. *anima*.

Ganz entsprechend basieren die Grundlagen der vorliegenden Konzeption auf Erkenntnissen aus diesen Bereichen, wie ich sie inzwischen in etlichen Büchern dargestellt habe.

Insgesamt ist zu sagen, dass sich die uns bekannten menschlichen Problematiken in Gesellschaft, Kultur und Verhalten nach den heutigen Einsichten eindeutig aus der historischen Entwicklung und nicht von der Humanevolution und der eiszeitlichen Kultur des Homo sapiens her erklären, wie man früher meinte.

Nach neueren Einsichten erklärt sich die Humanevolution durch die Entwicklung von Kommunikation und Kultur als dem Sachverhalt fähiger Sozial- und Beziehungs-Verhältnisse, vgl. z.B.:

„In jüngster Zeit hat eine Serie neurobiologischer Beobachtungen ein neues Bild entstehen lassen. Es beschreibt den Menschen als ein Wesen, dessen zentrale Motivationen auf Zuwendung und gelingende menschlichen Beziehungen gerichtet sind. […] Wir sind – aus neurobiologischer Sicht – auf soziale Resonanz und Kooperation angelegte Wesen. Kern aller menschlichen Motivation ist es, zwischenmenschliche Anerkennung, Wertschätzung, Zuwendung oder Zuneigung zu finden und zu geben." [2]

Dies aber kann noch nicht mit der Evolution von Technologie und technischer Intelligenz vor ca. 2,5 Mio. Jahren verbunden werden. Hierbei handelt es sich vielmehr um die evolutionäre Stufe der Hominiden, die noch auf der genetischen Verhaltensanlage der Tiere basierte. Auf dieser Stufe ist es mit der Zeit zu Verschärfungen im Sozialleben gekommen.

Die Evolution von Technologie und technischer Intelligenz vermochte wohl die fundamentalen evolutionären Probleme in dem geologischen Umbruch vom Pliozän auf das Pleistozän vor 2,5 Mio. Jahren bewältigen. In diesem Umbruch gingen die Regenwälder in Afrika überaus beträchtlich zurück, dass hier Zweige der Menschenaffen ganz anders der Sonne und dem sehr andersartigen Leben in der Savanne ausgesetzt waren.

---

[2] Der Neurobiologe Joachim **Bauer**: Prinzip Menschlichkeit. Warum wir von Natur aus kooperieren, S. 9, 23

Die Entwicklung der Zweibeinigkeit,[*] die Umwandlung vom Fell zur Haut (mit Schweißdrüsen zur Kühlung) sowie eine neue Handfertigkeit und die Entwicklung von Werkzeugen stehen in diesem Zusammenhang. Unter solchen Notstandsproblemen war diese evolutionäre Entwicklung zu und unter den Hominiden auch höchst leistungsfähig. Doch ohne diese äußere Beanspruchung führten die freien Energien nach dem evolutionären Umbruch angesichts der bestehenden genetischen Verhaltensanlage zu einer Steigerung der Konkurrenzkämpfe um Macht und Geschlechtspartner/innen – letztlich bis zu einem gegenseitigen Selbstruin, das im Aussterben endete.

Aus diesen evolutionär dringend gewordenen Problemen im Sozialleben kam es vor ca. 0,5 Mio. Jahren zu der Entstehung der erst eigentlichen Humanevolution. Sie verknüpft sich mit der Ablösung von der genetischen Verhaltenssteuerung zur Befähigung zur Selbststeuerung. Darin liegt – allein - der *kategoriale* Unterschied zwischen Mensch und Tier wie auch der biologische Inhalt der Entwicklung von >Kultur<. Mit dieser Befähigung entging die humanevolutionäre Entwicklung kurz vor der Entstehung unserer Art Homo sapiens vor vielleicht 150.000 Jahren in letzter Minute dem kompletten Aussterben der hominiden Stufe. Die Entwicklung von durch gemeinschaftliche Kommunikation fähig gesteuerte Sozial- und Beziehungs-Verhältnisse erwies sich als die einzige evolutionäre Alternative zu den ruinös gewordenen Konkurrenzkämpfen um Macht, Ränge und Geschlechtspartner. Umgekehrt entstand hiermit die evolutionär neuartige Dimension von Lebens-Qualität incl. Personalität und Liebes-Beziehungen. Auf dieser Basis wurde die Evolution der Primaten und des Menschen schließlich doch noch zum Erfolg – und dann: in was für einem Ausmaß!

Leider brachen in diese Situation eines im Allgemeinen fähigen Soziallebens in kultureller Lebens-Qualität über Jahrzehntausende (Reisen, Abenteuer und Kunst, wie von den Höhlen her bekannt, usw.) die gigantischen Naturkatastrophen und –Umbrüche am Ende der Eiszeit vor ca. 13.000 Jahren ein.

---

[*] Nach neuen Entdeckungen und Einsichten ist die Zweibeinigkeit auch schon früher aufgekommen, was vielleicht mit vergleichbaren Tendenzen in dem Aufkommen des Pliozäns in Verbindung steht.

Wohl gelang es dem Menschen anders als vielen höheren Tier-Arten zu überleben, doch verbreitet auch nicht viel mehr. Entsprechend kam es hier zu einem Verlust in der Entwicklung von Kultur, Persönlichkeit, Sprache, Sprachbeherrschung und der Fähigkeit zu Kommunikation, die die entscheidenden Grundlagen der menschlichen Existenz sind. Dies wirkte sich recht bald in der Verselbständigung seiner Sozialverhältnisse sowie in externen und internen Kämpfen, autoritären Entwicklungen und Barbareien aus.

Zwar kam es in den Bemühungen, die entstandenen Notstände zu beheben, auch zu Fortschritten, die insgesamt die historische Entwicklung auslösten. Das hierbei bedeutendste Moment lag in der Gründung einer institutionellen Organisation, die eine Reihe der ursprünglichen freien Kleinverbände aus ein bis zwei Dutzend Erwachsenen plus Kinder vereinigte. Diese erste Form von >Staat< ist historisch als >Stamm< bekannt. Damit ließ sich (längst vor einer Aufnahme von Nahrungsproduktion) in neuartiger Form die Beschaffung und Verteilung von Ressourcen organisieren und ein Kampf um Ressourcen vermeiden, worin zunächst die entscheidende Lösung der entstandenen Probleme lag, vor allem unter den wüstenartigen Verhältnissen im Nahen Osten.

Doch wie diese größeren organisatorischen Strukturen die entscheidende Grundlage für den historischen Fortschritt stellten, so trugen sie doch von Anfang an das Problem in sich, dass sie nicht mehr auf einer gemeinschaftlichen Kommunikation aufbauten, worin die entscheidende Entwicklung der Humanevolution gelegen hatte. Ganz offenbar wurde die neue Organisation von einer Elite zur Lösung der durch die Naturumbrüche aufgeworfenen Probleme geschaffen. Schon diese erste frühmesolithische Organisationsstruktur namens >Stamm< zeigt mit ihrer Konzeption der >Stamm-Ahnen< (wie >Adam & Eva<), dass sie auf autoritärer und „mythologischer", d.h. in Wirklichkeit ideologischer Basis errichtet werden musste, da die Kommunikation in den Wirren am Ende der Eiszeit vor allem im Nahen Osten nicht mehr zureichend funktionierte.

Das Engagement einer Elite war unter diesen Notstandsproblemen zweifellos unvermeidlich und auch erstmal hilfreich. Nur wurde mit dem Aufbau dieser neuen Organisation eine in Ideologie und Sprache begründete autoritäre Struktur mit dauerhaften Konsequenzen bis heute institutionalisiert. Wenn sich am Anfang diese >Stammes-Führer< noch als Repräsentanten des Stamms der Basis verpflichtet fühlten, so begann sich dies bereits vor 12.000 Jahren zu verselbständigen (wie etwa bei dem Bau der großen Megalith-Anlage von Göbekli Tepe). Die Konzeption des >Adels< erklärt sich daraus, dass dieser die leibliche Nachkommenschaft der eigentlich mythologischen Stamm-Ahnen (später auch >Götter<) wäre, wie es in etlichen Traditionen überliefert ist. [3] Von dort her geraten die Sozialverhältnisse nun gerade aufgrund dieser Organisation mit der Zeit in zunehmende Elendsprobleme und Disflikte.

Es sind nicht die Ansätze der Nahrungsproduktion an sich, sondern vielmehr diese organisatorischen Hintergründe der Nahrungsproduktion, dass recht bald festzustellen ist:

„Seltener macht man sich klar, wie viel Unglück der Mensch mit der Landwirtschaft über sich selber gebracht hat: die Fron, die Armut, die großen Kriege - und sogar den Hunger." [4]

Im Ursprünglichen hat es bis auf besondere Ausnahmen keine Ernährungsprobleme gegeben. Das Sozialleben erbrachte mit dem Gehirnwachstum in der Evolution der Primaten eine hohe Intelligenz, mit der man gegenüber der Umwelt eine hohe Souveränität erreichte. Doch schon auf der Stufe der einfachen Affen (Anthropoiden) brauchte es dieser hohen Intelligenz, um seine Sozialverhältnisse aufrechterhalten zu können.

„Labortests zeigten deutlich, dass niedere Affen und Menschaffen außergewöhnlich intelligent sind. Feldstudien ergaben allerdings, dass zumindest beim Gewinnen des täglichen Lebensunterhaltes diese Intelligenz kaum beansprucht wird. [...] Mit anderen Worten, für einen nichtmenschlichen Primaten in freier Wildbahn ist der

---

[3] Hierzu nur kurz als Beispiel: „**Ariki** (Ari'i), polynesische Adelsgeschlechter, die an der Spitze der stark hierarchisch gegliederten Gesellschaft standen und ihre Abstammung auf die *Götter* zurückführten." Harenberg Lex. der Religionen, S. 944. In Tibet: „So sind alle Könige Söhne der Götter, sie stehen über den anderen Menschen." Helma Marx: Das Buch der Mythen, S. 411. Bekannt ist dies vor allem vom Alten Ägypten.
[4] Wolf Schneider: Wir Neandertaler, S. 180 f.

Lernprozess über das Vorkommen und vielleicht auch die Reifezeit von Nahrungsressourcen ein intellektuelles Kinderspiel verglichen mit der Vorhersage - und Beeinflussung - von Verhaltensweisen anderer Individuen der Gruppe." [5]

Dass nicht die materielle Versorgung, sondern in Wirklichkeit die Steuerung seines Sozialverhaltens das entscheidende Probleme ist, galt infolge der humanevolutionären Entwicklung erst recht:

„Überhaupt ist es typisch für [*für die ursprüngliche menschliche Lebensform der*] Sammlerinnen- und Jägergesellschaften, die unter Bedingungen wie die der afrikanischen leben, dass sie ein ausgesprochen unbekümmertes, heiteres Naturell besitzen, sich gerne amüsieren und viel lachen.
Die Voraussetzungen dazu sind ihnen auch wahrlich gegeben. Man hat errechnet, dass Buschmänner oder Hadza zum Beispiel einen Arbeitsaufwand von weniger als zwei Stunden pro Tag aufbringen müssen, um ihren Lebensunterhalt sicherzustellen. Es bleibt ihnen also reichlich Muße, die ihre Phantasie beflügelt und die sie denn auch mit viel Spiel, Tanz, Gesang, Unterhaltung und Geschichtenerzählen ausfüllen. Man darf annehmen, dass dies früher [...] nicht viel anders war." [6]

Tatsächlich mangelt es schon lange nicht mehr an Angeboten von Nahrung, Produktion, Technologien und Dienstleistung. Bereits seit den 1830er Jahren wurde – wohl ursprünglich von dem Franzosen Charles Fourier - erkannt, dass in Wirklichkeit das **Gegenteil** das **Problem** ist: nämlich das **Überangebot**, das aufgrund der politisch-ökonomischen Zusammenhänge bislang regelmäßig in Kriege und einen allgemeinen gegenseitigen Selbstruin führte. Wenn nun diese Kriege zu Elend und Versorgungsproblemen führen, ist das nicht erstaunlich, aber weder ein Problem der Natur noch der Evolution, wie man früher meinte. Die ganzen sozialen und ökologischen Probleme begründen sich aus dem am Ende der Eiszeit entstandenen Mangel an Kultur und den daraus resultierenden Machtverhältnissen samt einer diese stützende Ideologie.

---

[5] Roger Lewin: Spuren der Menschwerdung, S. 145 f.
[6] H. Christoph, K. E. Müller & Ute Ritz-Müller: Soul of Africa, S. 91

Diese historiologischen Ergebnisse spielen für die Konzeption von Telotopia eine grundlegende Rolle. Hierbei gibt es im Besonderen zwei Gesichtspunkte.

Einerseits belegen sich bedeutsame Fortschritte, die das völlig neuartige Potential der historischen Entwicklung geschaffen haben. Als die entscheidende Grundlage dabei stellt sich die Entwicklung einer neuartigen organisatorischen Struktur dar.

Wohl lag die Ursache für diese neuartige Organisation zuerst (Frühes Mesolithikum) in Form der Stämme und dann (Mittleres Mesolithikum) des übergreifenden Stämme-Rechts-Bundes von Göbekli Tepe in der Bewältigung von Notstandsproblemen: nämlich zur Lösung der Ressourcen-Probleme und zur Vermeidung von Kämpfen um Ressourcen und Gebiete. Doch zeigte sich vor allem zunächst mit Göbekli Tepe, dass sich durch die systematisierte Organisation der Ressourcen ein völlig neuartiges kulturelles Potential ergab, wie es schon in dem Bau der gewaltigen Megalith-Anlage von Göbekli Tepe (größer als Stonehenge) ab ca. 9.500 v. Chr. zum Ausdruck kommt. Auch die damalige Befahrung von Zypern dürfte mit der neuen Organisation in Verbindung stehen. Die Züchtung von Getreide und die Entwicklung einer systematischen Nahrungsproduktion und der ganzen Grundlagen der zivilisatorischen Kultur dürften ebenso wie unsere historischen Sprachformen von der Organisation von Göbekli Tepe ausgegangen sein.

Andererseits gelang es diesen Ansätzen nicht, sämtliche am Ende der Eiszeit entstandenen Probleme und Verluste an Kultur zu beheben. Von daher verknüpft sich die historische Entwicklung nicht nur mit Fortschritt, sondern auch mit Eskalationen.

In Hinsicht auf die Eskalation zeigen sich zwei Problem-Komplexe, die sich im Weiteren historisch wechselseitig verstärkten. Der eine Komplex verknüpft sich mit einem *substanziellen* Verlust an Kultur, an kindgerechten Verhältnissen und daraus folgend mit einem Verlust der Fähigkeit zu Selbststeuerung und Kommunikation; der andere Komplex mit der Anlage seiner Sozialorganisation. Es kommt zu Problemen der Verselbständigung seiner Sozialverhältnisse und einer kulturellen Verwahrlosung mit Asozialität, Ego, „Macht", Gewalt und sozialen Problemen.

Bei allem sozialen Engagement der Elite hebt die soziale Organisation sehr bald ab, woraus die Macht-Problematik entstand, die sich dann pandemisch über die Welt verbreitete (wohl insbesondere von Göbekli Tepe aus). In dieser Problematik liegt die Ursache, warum es in der zivilisatorischen Entwicklung regelmäßig zu kulturellen Zusammenbrüchen kommt.

Diese Problematik liegt nicht in der Sozialorganisation an sich. Vielmehr ist die systematisierte Organisation zunächst als die Lösung der am Ende entstandenen Probleme an unzureichenden Ressourcen und Konflikten um Gebiete wie als Grundlage des historischen Fortschritts zu sehen.

Das Problem verknüpft sich vielmehr mit der *Form* dieser Organisation. Diese neu geschaffene Sozialorganisation entstand in den damaligen Naturkatastrophen von vorneherein als elitärer Ersatz zu der in den Naturkatastrophen am Ende der Eiszeit verloren gegangen Selbststeuerung auf der Basis gemeinschaftlicher Kommunikation.

Es ist jedoch von den heutigen Einsichten her festzustellen, dass eine höhere Organisation nur dann sozialen und kulturellen Fortschritt schafft, wenn das allgemeine soziale Fundament auf dem Prinzip der Selbstorganisation in gemeinschaftlicher Kommunikation basiert. Dies ist in der vorliegenden Konzeption die Funktion der >Boros< (s.u.). Je höher ein Bau wird, desto entscheidender wird die Anlage des Fundaments. Sonst ist der Einsturz vorprogrammiert. Dies gilt auch für die Sozialverhältnisse samt Ökonomie und Politik.

> „Und ich stimme hier, wie gesagt, *Marcuse* vollkommen zu, dass progressive gesellschaftliche Änderungen nur gestaltet und durchgehalten werden können von Menschen, die sich auch psychisch ändern und mit dieser inneren Umerziehung [*bzw. Entwicklung*] bereits lange zuvor begonnen haben." [7]

---

[7] Horst Eberhard Richter: Lernziel Solidarität, S. 316

1.4 Zu der Konzeption von Telotopia

Insgesamt basiert die Konzeption von Telotopia, wie schon erwähnt, auf Einsichten aus der Humanevolution und den Humanwissenschaften, aus der Historiologie sowie aus der Kulturanthropologie oder Ethnologie.

Auf jeden Fall baut diese Konzeption nicht einfach und unmittelbar auf unserer hiesigen heutigen Kultur auf, da so keine Lösung der bestehenden Probleme zu erreichen ist. Ob man die Kultur von Telotopia als nah oder als eher fremd empfindet, dürfte eine Sache seiner persönlichen Gewohnheiten sein. Als ein Zurück in die Steinzeit ist Telotopia auf jeden Fall nicht gedacht (was sich etwa von dem Bevölkerungsaufkommen auch gar nicht als eine Möglichkeit darstellt).

Einige wohl nicht unbeträchtliche Veränderungen werden bei uns auch gänzlich unabhängig von einem Telotopia kommen, vermutlich schon in den nächsten Jahren. Solche Veränderungen sind natürlich niemals ganz >ohne<. Doch ohne einige Veränderungen werden auch die Lösungen bestehender Probleme nicht zu erreichen sein, da wir ökologisch und gesellschaftlich auch ökonomisch weit über unsere Verhältnisse leben, was nicht mehr lange gut gehen kann. In manchem ist das Problem der Schulden der öffentlichen Haushalte bereits zu spüren, doch sind dies erst die Anfänge.

Von den Einsichten in die Ursachen der historischen Probleme liegen die Anforderungen an den kulturellen Umbau keineswegs gering. Einige Gewohnheiten und Bereiche von Luxus werden davon durchaus berührt sein. Doch in vielem kann das bisherige Leben aus dem Blickwinkel der Individuen bei Interesse durchaus tendenziell fortgeführt werden. Auf der Ebene des Individuums wird hier keine völlig andersartige und fremde Kultur vorgestellt, weder eine Roboter-Welt noch Barbarei (das wird nur aufkommen, wenn man nichts ändert). Doch viele bestehende Formen haben echte innere Gründe, die insofern auch bestehen bleiben.

Vor allem aber bedeutet Telotopia keinen bloßen Verzicht und Verlust und auch keinen Rückschritt. Es geht ganz im Gegenteil um einen wirklichen Fortschritt als Optimierung von *tatsächlicher* Lebens-Qualität. Das Leben in Telotopia ist wohl in der Tendenz äußerlich einfacher, aber deswegen nicht ärmlicher, sondern unkomplizierter: ein Weniger an Popanz und Konkurrenzkämpfen und reicher an Freiheit, kulturellem Potential, Beziehungs-Leben und an Befriedigung tatsächlicher Bedürfnisse.

Im Prinzip sind in Telotopia alle ursprünglichen und sozial produktiven Lebensformen möglich: die *Wildbeuter*-Kultur, ein nomadisches Leben, die *Gartenbau*-Kultur (Hortikultur), ein bäuerliches, ein hauswirtschaftliches, ein handwerkliches Leben; ein Leben in der Natur und ein *urbanes* Leben samt Hightech und industrieller Produktion. Die Einschränkungen, die in Telotopia entstehen, ergeben sich ausschließlich von der Realität her (es geht hier nicht um bloße Fantasie), aber nicht aus Macht und Gewalt wie in der bisherigen Geschichte.

Jede/r kann in Telotopia für sich seine eigene Vision und Form von Leben verwirklichen. Dieser Entwurf schreibt äußerlich nichts Zukünftiges fest. Bis auf bestimmte Grundlagen in der sozialen Organisation ist Telotopia weder an einen bestimmten Geschmack noch an eine bestimmte Tradition gebunden. Insofern wird hier auch das Thema Religion nicht näher aufgenommen, was aber keine Beurteilung meint. Es geht hier um eine soziale Konzeption, die eine wirkliche Selbstbestimmung ermöglicht. Von dort kann jedes Individuum und Sozialwesen seine eigene Vorstellungen und Ästhetik verwirklichen, in der Weltanschauung, im Lebens- und im Baustil, bei Interesse selbst als Fantasia- oder Disney-Land. Wer die Tendenz einer Boro, in der er geboren ist, nicht als seine Form empfindet, kann – auch weltweit – in eine andere Boro ziehen, wo Kapazitäten frei sind.

All dies sind in Telotopia nicht nur bloße Versprechungen. Es ist vielmehr der Kern der dieser Auseinandersetzung. In der Sozialisation in kindgerechten Verhältnissen werden in Telotopia eine entsprechende Persönlichkeits-Entwicklung (insbesondere in Kommunikation und Interaktion) wie auch ökonomisch und juristisch die entsprechenden Grundlagen angelegt.

Jede/r kann im Rahmen der auf den Menschenrechten und einer ökologisch Dauerhaftigkeit aufgebauten Verfassung als Erwachsener entsprechend seiner Eigenart leben, sei es mit einem Minimum an Arbeit
und Aufwand oder auch mit verschiedenen Ansprüchen. Ausgeschlossen ist hier lediglich, dass seine Art zu leben auf Kosten Anderer und
einer ökologischen und sozialen Stabilität geht.

Natürlich wird nicht immer alles und sofort möglich sein. Doch ist die
Kultur Telotopias von ihren Einsichten in die menschliche Natur so
eingestellt, sich gegenseitig bei der Erfüllung seiner Bedürfnisse zu
unterstützen: da auf diese – und nur auf diese - Weise insgesamt das
Optimum an Lebens-Qualität erreicht und eine soziale Stabilität gesichert wird.

Von den historischen Einsichten her erklärt sich die zentrale Problematik mit aus dem Griff geratenen Sozialverhältnissen und von dort
her mit einer kulturellen Verwahrlosungsproblematik mit Gewalt, autoritären Strukturen, „Macht" * und Ausbeutung. Wo eine solche Entwicklung wirksam wird bzw. bleibt, läuft sie je nach Ausmaß schneller
oder langsamer auf einen gegenseitigen sozialen Ruin hinaus, wie es
sich historisch im Besonderen in den regelmäßigen Zusammenbrüchen der zivilisatorischen Kulturen belegt. Das stand auch hinter den
Weltkriegen und dem Faschismus, und diese Problematik ist noch
lange nicht schon bewältigt.

Von daher ist die zentrale Frage, wie die Anlage der allgemeinen Sozialverhältnisse beschaffen sein muss, damit der Mensch wieder
>Mensch< und zum *tatsächlichen* Subjekt werden kann. Es geht dabei
nicht bloß um eine gewisse individuelle Freiheit, sondern vor allem
um eine tatsächliche und hinreichende Steuerung der menschlichen
Sozialverhältnisse. Die historische Problematik stellt sich hier wie ein
Fahren ohne Fahrschul-Unterricht und einer höheren Trunkenheit am
Steuer dar. Ein „Herrscher" oder „Führer" ist lediglich eine *Rolle* einer
kollektiven Autosuggestion. Doch von einem tatsächlichen Beherr-

---

* „Macht" in Anführungsstrichen, weil >Macht< ursprünglich >Leben, power,
Ausstrahlung, Liebe< bedeutet/e, von daher *machen, möglich, Gemächte.* „Macht"
ist lediglich eine projektive Wendung von Ohnmacht. Damit lässt sich lediglich
noch Ohnmächtigeres für sich mobilisieren. Die eigentliche >Mächtigkeit< =
power des Lebens erreicht dies jedoch nie.

schen der Steuerung der Realität der menschlichen Verhältnisse, das die Fehlentwicklungen und den Zerfall des Sozialllebens aufhalten könnte, kann dabei keine Rede sein (ob ein Priesterherrscher Inka, ein ägyptischer Pharao-Götter-Sohn, Cäsar oder Ludwig XIV. usw.). Schon der humanevolutionäre Prozess zeigt, dass der Mensch von seiner Gehirnanlage so komplex ist, dass nur eine tendenziell allgemeine Selbstbestimmung der Erwachsenen in gemeinschaftlicher Kommunikation eine tatsächliche Steuerung seiner Sozialverhältnisse ermöglicht und ein dauerhaft stabiles Sozialleben ergibt, wie dies seit der Entstehung von Homo sapiens bis zum Ende der Eiszeit über etliche Jahrzehntausende der Fall war.

Diese Problematik der verselbständigten historischen Entwicklung und der sozialen Verwahrlosungsprobleme lässt sich nach den Anhaltspunkten in Geschichte und den Humanwissenschaften wohl allein dadurch lösen, dass der wesentliche Teil des gesellschaftlichen Lebens und vor allem die Phase der Sozialisation in einem Fundament sozial überschaubarer und in gemeinschaftlicher Kommunikation selbst bestimmter Verhältnisse verankert und verwurzelt wird.

Wo auf diese Weise ein stabiles Fundament gelegt worden ist, dürfte es möglich sein, darauf dann auch etliche größere Gebilde an Urbanität und Produktion (z.B. von Computern) in tatsächlich demokratischer Steuerung aufzubauen und den historischen Fortschritt ohne die bisherige Verwahrlosungsproblematik von „Macht" und Ausbeutung zu nutzen. Es geht nicht um ein „Zurück in die Steinzeit", sondern nach den entsprechenden Verlusten am Ende der Eiszeit um das Zurück zu Kultur und Mensch-Sein. Sind die Sozialverhältnisse wieder wie ursprünglich Kultur, dann wird auch eine tatsächliche Hochkultur eine echte menschliche Möglichkeit.

Von diesen Einsichten in die historische Problematik ergeben sich bzgl. der Lösung zwei korrespondierende Pole, die auch für Telotopia eine zentrale Rolle spielen.

Der eine Pol verknüpft sich mit der sozialen Basis. Unter ausgedehnten Naturverhältnissen kann bei einer gemeinschaftlichen Kommunikation die alte Form des >Stamms< als eine solche Basis gesehen und genommen werden. Bei einem höheren Bevölkerungs-Aufkommen wie bei uns ist eine andere Konzeption unabdingbar.

Diese neuartige Konzeption wird hier >Boro< genannt. Es handelt sich dabei um eine historisch neuartige Mischung aus Dorf, Urbanität und einem - in Bezug auf *seine eigene Selbstorganisation* - selbständigen Stadtstaat mit etwa 4000 Einwohnern. Größere Städte werden in der Art eines >(Land-) Kreises< oder von >Stadtteilen< bei uns aus einem Verbund einiger Boros gebildet (s.u.), doch liegt die Entscheidungs-Hoheit bei den Boros.

Der andere Pol verknüpft sich mit einer weltweiten Vernetzung der Boros. In Telotopia ist diese Boro-Konzeption mit weiteren Organisationsstrukturen *von unten her* über mehrere Etagen bis auf die Welt-Ebene angelegt. Erst wo in einer solchen Art die Welt-Ebene erreicht ist, kann das Problem von Diktaturen, Kriegen und gewaltsamen Kämpfen um Ressourcen oder auch um „Macht" als überwunden betrachtet werden. Wie eine solche auf den Boros aufbauende weltweite Organisationsstruktur aussehen könnte, wird in Teil 4 angesprochen.

Erst in der Verbindung beider Pole kann die Lösung der historischen Problematik gesehen werden. Erst eine effektive Fundierung in überschaubaren selbständigen Sozialwesen kann eine allgemeine Demokratie, Kultur und die Möglichkeit einer wirklichen persönlichen Selbstbestimmung sichern.

Doch *absolut* selbständige Stadtstaaten sind dazu - genau wie in der Geschichte - auf die Dauer nicht in der Lage. Dazu sind die Naturverhältnisse zu wechselhaft. Schon mit dem ersten Problemfall ist ein für sich allein bestehender Stadtstaat um seines Überlebens willen gezwungen, andere Stadtstaaten zu berauben – woraus insgesamt die Kettenreaktion des historischen Militarismus-Problems entstand. Mit Sicherheit wäre aber ein solcher Stadtstaat, der auf seinem kleinen Gebiet isoliert seine gesamte Versorgung organisieren müsste, gänzlich mit seinem bloßen Überleben beschäftigt, falls das überhaupt gelingt. Ein kulturelles Niveau wäre auf diese Weise keine Möglichkeit.

Von da aus sind die Boros auf eine größere Netzwerk-Organisation angewiesen. Doch muss dies keineswegs zwangsläufig auf eine Verselbständigung dieser Organisation und das pathologische Problem von „Macht" hinauslaufen – solange das Fundament gemeinschaftlicher Kommunikation stimmt. Die historischen Probleme erklären sich aus den in den gigantischen Naturkatastrophen am Ende der Eiszeit entstandenen Verlusten an Kultur und an Entwicklung von Persönlichkeit und Kommunikation. Mit den Kindern wirklich entsprechenden Sozialisationsverhältnissen, mit Kultur, einer wirklichen Persönlichkeits-Bildung und geeigneten organisatorischen Strukturen lassen sich die Sozialverhältnisse wie im humanevolutionären Ergebnis steuern.

1.5 Zu dem Charakter dieses Werks

Der hier vorliegende Entwurf ist architektonisch der konzeptionellen Phase zuzurechnen.

Was mir hier zunächst entscheidend erscheint, ist, eine Idee zu bieten, von woher die Ursachen der bestehenden Probleme und in welcher Richtung die Lösungen gesehen werden. Dies steht in gewisser Weise miteinander in Verbindung.

Hier geht es nicht um eine eingehendere Analyse der historischen Entwicklung, nicht um größere humanwissenschaftliche Theorie und auch nicht um einen schon in allen Einzelheiten ausgearbeiteten Bauplan einer wünschenswerten Kultur der Zukunft. Sehr wohl gibt es bereits weiter gehende Einsichten der verschiedenen Wissenschaften oder auch an ökologischen Technologien, mit denen das hier Vorgestellte möglich erscheint.

Doch das eigentliche Ziel der vorliegenden Konzeption ist ein möglichst überschaubarer und anschaulicher kulturarchitektonischer Entwurf einer wünschenswerten Kultur der Zukunft, der handfest genug ausgeführt sein soll, um dafür Anhalte zu bieten.

Diese Konzeption kann vielleicht eine Reihe an Hinweisen bieten, welche schon bestehenden Ansätze und Projekte hierbei von Bedeutung und Interesse erscheinen. Dieser Entwurf könnte entsprechenden Ansätzen und Projekten den hier notwendig erscheinenden großen

Rahmen stellen, wie umgekehrt ihre Erfahrungen für eine weitere kulturarchitektonische Entwicklung, Debatte und Planung. Denn gänzlich ohne Erfahrungen stehen wir in dieser Hinsicht nicht mehr da.

Die Probleme der historischen Entwicklung bedeuten nicht, dass es nicht auch tatsächlichen Fortschritt und Erfahrungen mit den neuen Entwicklungen gegeben hat.

Allerdings sind die bisherigen Erfahrungen mit der >Entwicklung der Utopie< nicht so problemlos. Dies hat zunächst zwei Ursachen. Die erste Ursache begründet sich in den Problemen der jenseits der Wissenschaft immer noch gängigen Weltgeschichts-Karte, die in vielem mindestens so verzerrt und so falsch liegt wie die damalige Weltkarte mit der Welt als Scheibe. Von dort her verknüpften sich mit der >Entwicklung der Utopie< viele falsche Erwartungen. Viele Mankos bzgl. einer solchen Entwicklung sind bislang noch gar nicht in den Blick gekommen (wie etwa der Unterschied zwischen Reden und Kommunikation und vor allem im Bereich >Sprache<, was neurologisch erheblich mehr umfasst, als wir gemeinhin mit >Sprache< assoziieren).

Zu diesem Problem der falschen Grundlagen bzgl. Geschichte und Kultur kommt noch das zweite Problem hinzu, dass man als Individuum und selbst in Gruppen gar nicht all das leisten kann, was alles für eine wirkliche Entwicklung der >Utopie< notwendig wäre. Auch wenn ich auch positive Bezüge zu Erfahrungen mit der >Utopie< sehe und entsprechende Experimente selbst bei manchen Schwächen als Gewinn betrachte, sind hier konkrete Bezüge dazu mit Absicht nicht aufgenommen. Dies könnte in einem eigenen Werk erfolgen.

Ich möchte im Moment kein Projekt und keinen Ansatz beurteilen. Doch von meinen Erfahrungen erschiene es mir fatal, angesichts der vielen falschen Kontroversen und Alternativen einer *historischen* Richtung und Tradition zugeordnet zu werden. Das meint keine Missachtung früherer Bemühungen. Ich habe von den verschiedensten Ansätzen und Richtungen gelernt – doch fielen mir gerade deswegen auch die historischen Grenzen dieser Ansätze und Richtungen auf (wie etwa die falsche Geschichts-Karte mit „der Welt als Scheibe").

Es wäre gerade in Hinsicht auf die >wünschenswerte Kultur der Zukunft< höchst fatal, wenn man sie von überholten Vorstellungen her verstünde, denn auf dieser Grundlage lässt sie sich einfach nicht erreichen.

In meiner Sicht setzt sich die >Entwicklung der Utopie< aus den unterschiedlichsten Faktoren zusammen. Im Grundsätzlichen habe ich immer eine Verbindung von Theorie und Praxis für unabdingbar gehalten. Eine geistig inkompetente und kaum reflektierte Praxis erschien mir ebenso falsch wie eine erfahrungslose und in bloßen Gedanken verbleibende >Theorie<.

Dies gilt hier insbesondere in Hinsicht auf die >Entwicklung der Utopie<. Die Möglichkeiten von Individuen und Gruppen sind hier viel zu begrenzt, um die volle Dimension dieser Entwicklung repräsentieren zu können. Auch sind unsere sozialen Gegebenheiten aufgrund der historischen Problematik viel zu einseitig und von Widersprüchlichkeiten geprägt, als dass sich das >eigentlich Gemeinte< fraglos vermitteln könnte.

Auch wenn ich mit dem vorliegenden Werk eher ein anschauliches Modell vorführe, so kann ich nur davor warnen zu meinen, dass eine wirkliche Diskussion, Theorie und Wissenschaft in Bezug auf die >Entwicklung der Utopie< unerheblich wäre. Ohne dies verbleibt die >Entwicklung der Utopie< viel zu sehr Projektion, Fantasma und tatsächlich eher im bestehenden Alten (woran so viele Projekte sowohl im Misserfolg als auch im Erfolg scheitern).

Ich selbst sehe diesen Entwurf auch als Theorie-Bildung für eine zukünftige Telotopistik = kulturelle Architektur als Wissenschaft. Die Einsichten in die historische Entwicklung sind hier ebenso von Bedeutung wie die Humanwissenschaften und die Ethnologie. Das mag wohl nicht unbedingt für die persönliche Utopie von Bedeutung sein. Doch sehe ich nicht, wie man anders zu einem insgesamt zutreffenden Verständnis der historischen Probleme und ihrer Lösungen kommen könnte.

Ganz ohne Zweifel bestehen hier für nähere Klärungen im kulturarchitektonischen Bereich noch einige Schwierigkeiten. Man kann ethnologische Beispiele nicht einfach unhistorisch aufnehmen. Die historische Problematik von Macht, Gewalt usw. hat sich recht unterschiedlich ausgebreitet. Von dort her konnten manche Kulturen noch in jüngerer Zeit recht anders funktionieren.

So sehr ich dafür bin, die andersartigen Kulturformen vieler Ethnien deutlich ernster zu nehmen, als dies hier bislang der Fall ist, so wenig können sie hier einfach unmittelbar übernommen werden (und wo dies getan wird, ist dies oft völlig unbemerkt mit erheblichen Veränderungen verbunden).

Ethnologien sind (vor allem in der historischen *Tiefe*) als Aufschluss relevant, wie vielfältig ein Sozialleben angelegt und organisiert werden kann, und sie können für sich selbst betrachtet ggf. auch als Vorbild dienen. Dies meint aber nicht, dass sie ohne weitere Auseinandersetzung für eine kulturelle Architektur der Zukunft verallgemeinert werden könnten. Es ist jedoch bei Interesse möglich, dass verschiedene Alte Kulturen auf der Basis der Verfassung von Telotopia (z.B. Menschenrechte) ihre Lebensform fortführen können. Stämme würden hier organisatorisch analog zu den Boros aufgenommen.

Doch kann sich eine gesellschaftliche Architektur nicht unmittelbar auf historische und ethnologische Beispiele stützten. Ohne eine Auseinandersetzung mit der historischen Entwicklung der Menschheit bliebe dies zu vordergründig und heute wohl auch zum Scheitern verurteilt. Doch schon eine Historiologie (als die Beschäftigung mit den Systematiken der historischen Entwicklung) und eine Sozialpsychologie sind bislang erst überaus anfänglich entwickelt. In Hinsicht auf eine gesellschaftliche Architektur stellt sich noch ein völliges Neuland dar.

Ich kann hier nur sagen, dass bei dieser Konzeption solche >Eindrücke< aus den Humanwissenschaften, der Geschichte und Ethnologien eine Rolle gespielt haben (ein paar familiengeschichtliche Fotos sollen die Geschichte assoziativ einbringen).

Diese Auseinandersetzung mit einer >wünschenswerten Kultur der Zukunft< ist, wie im Vorwort erwähnt, schon lange Bestandteil meiner Forschungen zu Humanevolution und Geschichte. Doch kann hier von einer entwickelten Wissenschaft noch keine Rede sein (weder an Historiologie noch an Kulturologie noch an Telotopistik usw.).

Wohl werden an einigen Stellen die Erwägungen für diese Anlage im Ganzen und in ihren Einzelheiten angesprochen. Doch geht es hier um die Präsentation eines anschaulichen telotopischen Modells und nicht um eine wissenschaftliche Abhandlung.

Mein Anliegen ist hier zunächst, eine entsprechende Auseinandersetzung und Betätigung anzuregen.

Es wäre sicher gut und auch für eine >Entwicklung der Utopie< notwendig, viele Zusammenhänge und Einzelheiten noch näher auszuarbeiten. Vielleicht ergeben sich dazu eine Arbeitsgemeinschaft und weitere Publikationen.

„Eine Kultur, die von Menschen verlangt, auf eine Art zu leben, für die ihre Evolution sie nicht vorbereitet hat, die ihre angeborenen Erwartungen nicht erfüllt und ihre Anpassungsfähigkeit daher bis über deren Grenzen hinaus belastet, muss unweigerlich deren Persönlichkeiten schädigen."

Jean **Liedloff**: Auf der Suche nach dem verlorenen Glück - Gegen die Zerstörung unserer Glücksfähigkeit in der frühen Kindheit, S. 187)

1.6 Zum Aufbau dieses Werks

Der nachfolgend vorgestellte kulturarchitektonische Entwurf gliedert sich in 3 Hauptteile. Dabei verknüpft sich die Konzeption von Telotopia mit zwei Polen.

Der eine Pol liegt in der Boro-Struktur. Es handelt sich bei der Boro um eine historisch neue Kombination aus einem Stamm, einem Dorf mit einiger Selbstversorgung, einem urbanen Kulturzentrum und einem Stadtstaat als einer jeweiligen sozialen Zelle in dem weltweiten Netzwerk. Diese Boro-Struktur wird in Teil 2 am Beispiel eines Modells einer Boro (Telboro) in der Art eines Stadtplans demonstriert. Diese äußere Form wird in Teil 3 biographisch mit Leben gefüllt und dadurch auch näher erläutert.

Der andere Pol von Telotopia verknüpft sich mit der weltweiten Netzwerk-Struktur, die erst die Boros auf Dauer und ihr kulturelles Potential möglich macht. Diese Organisationsstruktur und weitere wichtige übergeordneten Gesichtspunkte werden in Teil 4 beschrieben.

Diese 3 Teile, die unbedingt als Zusammenhang zu sehen sind, sind:

- Telboro – Ein Modell einer Boro (unter hiesigen Verhältnissen)
- Die biographische Struktur
- Die Anlage der übergeordneten Organisations-Bereiche

Diese Beschreibung erfolgt also von dem Fundament her (biographisch entsprechend von der Sozialisations-Entwicklung her). Wenn man die entscheidenden Grundlagen von Telotopia und von Telboro verstanden hat, dürfte sich einiges von dem weiteren Aufbau quasi von selbst erklären. Bestimmte weitere Ausgestaltungen können hierbei den Persönlichkeiten und Gemeinschaften der Zukunft überlassen werden kann.

1.7 Das Grundgesetz der Verfassung von Telotopia

Der Grundsatz der Verfassung von Telotopia

Die Anlage von Telotopia ist geistig wie materiell als Verwirklichung der Menschenrechte gedacht. Sie ist einem menschlichen Sozialleben, dem Schutz der individuellen Persönlichkeit sowie dem Schutz der Natur verpflichtet. Sie möchte ein menschengemäßes Leben in Freiheit und gegenseitiger Zuwendung dauerhaft ermöglichen - also unter den heutigen Verhältnissen das, was von der humanevolutionären Entwicklung unter >Kultur< zu verstehen ist.

§ 1 GG

(1) Der Grundsatz der Menschenrechte begründet sich in der Gestellung kindgerechter Verhältnisse bis zu der Befähigung zu voller Selbststeuerung (Erwachsenheit).

(2) Die Bestimmung kindgerechter Verhältnisse erfolgt (a) nach den Erkenntnissen der Humanwissenschaften (Anthropologie, Psychologie usw.) und (b) nach den konkret artikulierten Bedürfnissen der Kinder (Zuspruch usw.).

(3) Das Prinzip der kindgerechten Verhältnisse bezieht sich auch auf den Kindern entsprechende kulturelle Angebote.

§ 2 GG

(1) Jeder Mensch hat als Person den vollen Anspruch an der Teilhabe der bestehenden Ressourcen: eine hinreichende Ernährung, ein hinreichender Wohn- und Lebensraum, sinnvolle und selbst bestimmte Tätigkeiten und eine hinreichende Betreuung im Krankheits- und Pflegefall.

(2) Jeder Mensch hat mit der Volljährigkeit ein volles Recht auf Selbstbestimmung innerhalb des Rahmens der Verfassung von Telotopia (Menschenrechte + Naturschutz).

(3) Das Bemühen nach persönlicher Selbstverwirklichung innerhalb des Rahmens der Verfassung von Telotopia ist nach Möglichkeit zu unterstützen und zu fördern.

(4) Jede Art von Zwang, der sich nicht aus der Realität selbst ergibt, ist ausgeschlossen. Ausnahmen sind allein bei neurologischen Krankheiten (Wahnzustände usw.), der Verhinderung von Delikten und bei Problemen aufgrund von Naturkatastrophen zulässig.

(5) Es besteht bei der Selbstbestimmung ein volles Recht auf Privat-Eigentum, soweit dies die Sphäre des rein Persönlichen betrifft.

(6) Ein privater Besitz an Land und an Einrichtungen des öffentlichen Lebens sind ausgeschlossen. Eine wirtschaftliche Selbständigkeit kann sich allein auf die eigene Person beziehen. Dieses Prinzip gilt auch in Bezug auf das Erbschaftsrecht.

§ 3 GG

(1) Das Sozialleben von Telotopia ist auf eine ökologische Dauerhaftigkeit auszurichten.

(2) Im besonderen Konfliktfall hat das Prinzip der telotopischen Menschenrechte Vorrang vor Gegebenheiten der Natur. [*]

(3) Die menschlichen Eingriffe in die Natur sind gering zu halten.

(4) Ein weiteres Anwachsen der Bevölkerung ist mit etwaigen Ausnahmen in unerschlossenen Gebieten ausgeschlossen. Entsprechend ist das Recht der Frau im Allgemeinen auf zwei Kinder begrenzt (s. im Lexikon-Teil: → 5.1).

§ 4 GG

(1) Die Basisform der sozialen Organisation verknüpft sich mit der Boro im Rahmen einer weltweiten Netzwerkorganisation.

(2) Die politische Hoheit liegt im Rahmen der Verfassung von Telotopia bei den Boros. Jede Boro hat im Rahmen dieser Verfassung das Recht auf die Selbstbestimmung seiner Sozialverhältnisse. Die Boros bestimmen in einer von unten her aufgebauten Form die übergeordnete Organisation (s. Teil 4).

---

[*] Anmerkung: Schon die Bevölkerungsgröße und –Dichte ist mit dem Wohnraum und der Nahrungsproduktion ein Eingriff in die Natur, was aber soweit unvermeidlich ist.

(3) Die Boro ist auf eine Größe anzulegen, die sozial überschaubar ist und eine Selbstorganisation in gemeinschaftlicher Kommunikation erlaubt.

(4) Die übergeordnete Organisation bis hin zu der weltweiten Netzwerkorganisation erfolgt im Mandat der Boros und über von den Boros bestimmten Vertretern.

(5) Der Aufbau der übergeordneten Organisation der Boros erfolgt von unten nach oben in Instanzen entsprechend der geographischen Zusammenhänge (Kreise, Bezirke, Bundesländer (Kantone, Provinzen), Länder usw.).

Aus der wohl soweit sicher aus dem Paläolithikum stammenden **Verfassung** (>*Wunan*<) der Ngarinyin-Aborigines:

„Alle teilen alles miteinander, Kinder ... Frauen ... Männer
Keiner ist ausgeschlossen ... alle gehören dazu,
Vögel ... alle Tiere ... Hunde
jedes lebendige Geschöpf gehört zum *Wunan* [...]
alle gehören zum *Wunan*, egal welche Sprache,
es ist allen gemeinsam ... das ist das *Wunan*
Nach dem *Wunan* wird alles geteilt,
alles hat seine Ordnung ... keiner bleibt draußen
alle ... das *Wunan* ist eine einzige große Familie
Oh ja! Ein *Wunan* für alle" [8]

---

[8] Nyawarra, in: Jeff Doring, Gwion Gwion, S. 182 f.

44

2 Telboro
Ein Modell einer Boro

Da das Entscheidende des Fundaments von Telotopia insgesamt in den Boros (oder in Naturkontexten analog in >Stämmen<) liegt, soll hier der typische Charakter der Anlage einer Boro an dem >Telboro< genannten Beispiel gezeigt werden.

Im Einzelnen sind die Anlagen und Optiken der Boros in Telotopia je nach den Naturgegebenheiten, den historischen Beständen (erhaltenswerte Stadtbereiche und –Viertel) und natürlich den Vorstellungen der jeweiligen Telotopianer durchaus unterschiedlich. Telboro ist in diesem Sinne kein Reißbrett-Modell, nach dessen Schema F in Telotopia alle anderen Boros gebaut würden. Telboro ist lediglich ein Modell, an dem gezeigt werden soll, wie die historisch *in gewisser Weise* völlig neuartige Struktur namens >Boro< gedacht ist.

Im Besonderen ist die Struktur namens >Boro< in der menschlichen Sozialisations-Entwicklung begründet. Dies wird entsprechend in Teil III ausgeführt.

Diese Boros (oder die den Boros entsprechend gegliederten Stämme-Strukturen) sind in Telotopia der übliche Sozialisations-Kontext der kindlichen Entwicklung bis zur Twen-Phase, bis die eigenen Kinder unabhängig werden. Die Boro selbst kann man als Erwachsener frei wählen. Ab der Unabhängigkeit der eigenen Kinder lässt sich der weitere Lebensstil frei bestimmen, auch in dauerhafter Reise und Ortswechseln. Doch all dies hat in Telotopia eine andere Grundlage in Gesellschaft, Sozialisation und Ökonomie als bei uns, was in der Boro-Struktur begründet ist.

Schon in Bezug auf die gängigen Boros soll gezeigt werden, dass sich Urbanes und Natur ähnlich wie in den alten Städten auch bei dem heutigen Bevölkerungsaufkommen durchaus gut verbinden lassen. Die heutigen Schattenseiten der Städte wie der Dörfer haben in den historischen Macht- und Ausbeutungsverhältnissen ihre Ursache und sind nicht per se zwangsläufig.

2.1 Zur Bevölkerungsgröße und Altersstruktur von Telboro

Die Größe der Bevölkerungszahl in einer Boro darf die soziale Überschaubarkeit einer Boro nicht übersteigen. Die soziale Überschaubarkeit einer Boro ist die substanzielle Grundlage der demokratischen Selbststeuerung von Telotopia insgesamt. Es besteht jedoch keine Notwendigkeit, dass jede Person jede Person einer Boro kennt. Die Überschaubarkeit bezieht sich auf die Sozialprozesse einer Boro: auf die sozialen >Effekte<, auf das >öffentliche Leben< und ihre Steuerung. Da die Boros z.B. in >Siedlungen< und >Viertel< auch mit dem Recht auf Selbstbestimmung weiter untergliedert sind, muss diese Bevölkerungszahl nicht ganz gering liegen. Eine zu kleine Bevölkerungszahl einer Boro erscheint mir (jenseits besonderer Naturgegebenheiten) im Allgemeinen nicht wünschenswert, da damit das kulturelle Potential einer Boro zu klein bliebe. Eine Boro soll nicht bloß ihr Überleben fristen können, sondern im Eigentlichen ein regelrechtes Kulturzentrum sein, das den allgemeinen kulturellen Bedürfnissen des Menschen entspricht (für spezielle Bedürfnisse stehen z.B. die >Oberzentren< im Auftrag und in der regierenden Bestimmung der Boros zur Verfügung, s. dazu weiter → Teil 4).

Ich bin von diesen Überlegungen her bzgl. einer Boro auf eine Größe von 4.000 Einwohner (mit dem Ansatz einer durchschnittlichen Lebensdauer von 80 Jahren) gekommen. Bei einer Bevölkerungsdichte wie derzeit in der BRD mit etwa 231 E/km² ergäbe sich damit durchschnittlich eine Boro-Fläche von 4,16 km x 4,16 km = 17,3 km² und in kürzester Linie eine Strecke von ca. 4,16 km von einem Boro-Zentrum zu dem nächsten Boro-Zentrum mit über 3 km ländlichem Gebiet dazwischen. Dies entspräche unseren Verhältnissen auf dem >Land<, nur dass jede Boro über ein effektiv urbanes Zentrum verfügte.

Die Anlagen einer Boro können durchaus unterschiedlich sein. Die Zahlen sind nur als ein gewisser Anhalt in Bezug auf die vorgestellte Größenordnung zu verstehen. Doch sind sie für ein Verständnis der weiteren kulturarchitektonischen Überlegungen von Relevanz.

Diese Größe bedeutet eine durchschnittliche Jahrgangsstärke von 50 Personen. Das ergibt im Einzelnen folgende Bevölkerungsstruktur:

Alter	Zahl	
1. Lebensjahr	50	
2. – 3. Lebensjahr	100	
4. – 6. Lebensjahr	150	
=	**300 Kleinkinder**	
7. -12. Lebensjahr	**300**	= insgesamt **600 Kinder**
13. – 18. Lebensjahr	**300 Jugendliche**	
19. – 68. Lebensjahr	**2500 aktive Erwachsene**	
68 +	**600**	
=	**4000 Einwohner**	

Wir haben also in Telboro durchschnittlich ca. eine Geburt und einen Todesfall pro Woche.

2.2 Zur Versorgung einer Boro

io-Landbedarf für Nahrungsmittel-Selbstversorgung (500 Personen, Raum Zürich)					
rodukt roh	verarbeitet	Person / Woche	500 P / W	pro Jahr	Anbau / Futterfläche
emüse räuter		2kg	1000 kg	50'000 kg	2,5 ha
ilch		2 l	1'000 l		
	Joghurt	0,4 kg	200 l		
	Käse	0,3 kg	150 kg		
	Butter	0,2 kg	100 kg	260'000 l	60 Kühe, 30 ha
ier		4 St.	2'000 St.	100'000 St.	500 Hühner, 5 ha
etreide	Brot	1 kg	500 kg		
	Teigwaren	1 kg	500 kg	50'000 kg	15 ha
artoffeln	.	1 kg	500 kg	25'000 kg	1 ha
bst, Beeren, Most		3 kg	1'500 kg	75'000 kg	8 ha
leisch		0,6 kg	300 kg	15'000 kg	Rind 12 t, 17,5 ha Schwein 3 t, 5 ha
otal			6 t	300 t	85 ha

mgerechnet aus: Karthago, Zürich, 1986, S. 38)

aus Bolo'Bolo

Nach dem obigen Modell ergibt sich bei einer Boro von 4000 Einwohnern ein Bedarf von 680 ha an Fläche für die eigene Versorgung. Eine Boro dieser Größe verfügte bei der Bevölkerungszahl von Deutschland im Schnitt über 1730 ha. Es bliebe demnach eine relevante Menge Fläche für Natur und zur Disposition sonstiger Flächennutzung übrig. Auf jeden Fall erscheint der Planungsansatz nicht unrealistisch und auch nicht mit zu hohen Zwängen verbunden. Doch sicher wird man in Telotopia an Optimierungen in der Versorgungsanlage arbeiten (etwa auch Bepflanzungen von Dächern; evtl. Erdhäuser, Baumhäuser; Fischzucht usw.).

Nach diesem Modell bleibt auch genug Produktionsfläche für die Überschüsse an Nahrung übrig, die neben den Dienstleistungen als Gegenwert für den Bezug externer Dienstleistungen und Produkte wie z.B. Computer, Motoren usw. dienen.

2.3 Die Boro-Konzeption

Die organisatorische Form der >Boro< ist das Herzstück der Konzeption von Telotopia. Es handelt sich hierbei um eine gewisse Entsprechung zu der früheren Polis, einem selbständigen Stadtstaat mit Umland zwecks seiner Versorgung. Die Boro unterscheidet sich jedoch darin fundamental von der Polis, als dass sie keine absolute Selbständigkeit hat, etwa ein Recht auf Eroberungen, auf Sklavenhaltung oder einen ökologischen Verbrauch bis zum Ruin. Sie ist an die Verfassung von Telotopia gebunden und steht in einem weltweiten Verbund, womit die produktiven historischen Entwicklungen bis hin zur Computer- und Weltraum-Technologie aufgenommen sind.

Eine Boro ist im Allgemeinen also eine neuartige Kombination von Ortschaft, Land, Kultur, Urbanität und Staat mit einer durchschnittlichen Größenordnung von ca. 4000 Einwohnern. Jede Boro ist eine Art selbständiger demokratischer Staat, jedoch in einem Verbund einer weltweiten Organisationsstruktur. Im Rahmen der Verfassung von Telotopia und weiterer übergeordneter Regelungen wie etwa in Bezug auf die Flussläufe hat jede Boro das volle Recht auf seine Selbstbestimmung.

Es geht bei der Boro in erster Linie um eine organisatorische Form, die gleichzeitig Selbstbestimmung wie eine demokratische Bestimmung der entstandenen umfassenderen Sozial- und Wirtschaftsverhältnisse auf unserem Planeten ermöglichen und auch garantieren soll. Ganz in diesem Sinne werden in Telotopia auch die ethnologischen Formen von >Stämmen< in der Art des Boro-Systems gesehen und organisatorisch aufgenommen.

In unseren Verhältnissen ist jedoch eine >Boro< als Kombination von Dorf, Land, Urbanität und Staat in einer durchschnittlichen Größenordnung von ca. 4000 Einwohnern die gängige Grundform der gesellschaftlichen Sozialorganisation.

Die weitere Organisation von Telotopia baut stufenweise auf der Grundlage einer Boro auf (oder in analoger Form auf >Stämmen<). Mehrere Boros bilden organisatorisch einen >Kommunal-Verband< (ggf. eine >Stadt<), mehrere >Kreise< einen >Bezirk<, mehrere >Bezirke< ein >(Bundes-) Land< usw. (s. genauer → 4.4.3). Es ist demnach ähnlich wie hier. Nur werden die höheren Strukturen nicht durch Parteien, sondern konsequent von unten her von den Boros her demokratisch bestimmt.

So werden auch die >urbanen Zentren< – die heutigen Städte – analog zu den >Kreisen< und unseren Stadtvierteln aus mehreren Boros gebildet (→ 4.4.2). Umgekehrt ist auch eine Boro weiter untergliedert: in Siedlungen und Quartiere, in den man im Rahmen einer bestimmter Satzungen selbst bestimmt und selbst organisiert leben kann (→ 4.3.1 ff.).

Es ist also in gewisser Weise ähnlich wie bei uns, nur dass dieses Prinzip in Telotopia nicht über Parteien und Partei-Fürsten reguliert wird und weder ökonomisch noch ansonsten auf der nationalen Ebene im globalen Machtkampf steht. Die Souveränität liegt im Rahmen der Verfassung bei den Boros und also aufgrund deren Überschaubarkeit tatsächlich bei der Bevölkerung. Diese Bestimmung der Verhältnisse ist hierbei optimal differenzierbar. Die Regulierung eines Flusses wie der Rhein ist hier eine Sache einer dafür eingerichteten Behörde. In dieser Hinsicht sind den Boros wie den Individuen in Telotopia Grenzen gesetzt. Doch innerhalb solcher – sich hier tatsächlich aus dem Interesse einer Allgemeinheit ergebenden – Grenzen können die Boros, die Siedlungen innerhalb der Boros wie die Individuen ihre Lebensform *effektiv* selbst bestimmen und sind nicht irgendwelchen nationalen Gesetzen und internationalen Ökonomien unterworfen.

Umgekehrt ist eine Boro aber nicht *gegenüber Anderen* absolut >souverän<, sondern nur in Hinsicht auf ihre eigene menschlich-soziale Selbstbestimmung. Sie hat weder gebietsmäßig noch in Form von Macht legitime Rechte auf Eingriffe in die Menschenrechte und die

Natur sowie auf Übergriffe auf andere Boros. Wo auf dem Gebiet einer Boro etwa Erze abgebaut werden, ist dieses Erz kein Eigentum dieser Boro. Wohl muss dieser Abbau mit den Ansprüchen der Boro auf Selbstbestimmung und eine bestimmte Lebens-Qualität in Verbindung gebracht werden, doch der Abbau selbst und die Entscheidung über den Abbau erfolgt auf einer höheren organisatorischen Ebene, letztlich der Welt-Ebene. Wo eine Boro aufgrund von Naturumbrüchen ihr Gebiet und/oder ihre Existenzgrundlage verliert, hat deren Bevölkerung >nur< das Recht einer angemessenen Kompensation. Ein gewaltsamer Übergriff auf andere Boros zwecks Ersatzes an Gebiet gälte als Delikt und fände eine entsprechende Reaktion.

Die einzelne Boro ist in Telotopia nicht alles. Sie steht in einem höheren Verbund, der erst die Existenz der Boro und ihr hohes kulturelles Niveau ermöglicht und der das spezielle Potenzial urbaner und technologischer Zentren erschließt. Wer interessiert ist, kann – auch zeitweilig in verschiedenen – anderen Boro-Formen leben oder auf Reisen gehen. Doch ist die jeweilige Boro das Fundament der Organisation des Soziallebens, der Bestimmung seiner Regional-Verhältnisse wie vor allem auch des organisatorischen Fundaments Telotopias insgesamt.

Auf dieser Ebene ist der Großteil des sozialen Lebens in einem überschau- und kommunizierbaren Fundament verankert. Dies spielt vor allem auch bei der Sozialisations-Entwicklung der Kinder eine entscheidende Rolle. Wer die ersten 20 oder 30 Jahre seines Lebens ein Leben auf der Basis von Sozialität, Selbststeuerung und Kommunikation incl. Konflikt-Umgang gelernt hat, wird sich weder so einfach zu einem hörigen Rädchen von Macht-Prinzipien machen lassen noch unter fähigen Sozialverhältnissen zu Asozialität und Ausbeutung neigen.

Eine gemeinschaftlich bestehende Selbststeuerung und Kultur ist die höchste Form von Freiheit, Selbstverwirklichung und Lebens-Qualität. Diese Einsicht findet sich in der Psychologie, doch auch schon bei den Alten Kulturen. Auf einem effektiv sozialen Fundament wird alles Bedeutsame ohne die ganzen destruktiven Schattenseiten möglich. Wo die ersten 30 Lebensjahre soziale Organisation in überschaubaren Grundlagen gelernt sind, muss nicht per se befürchtet werden, dass höhere organisatorische Formen sich zu Machtgebilden pervertieren, genauso wenig, wie einem Chefarzt per se bloße Machtgier unterstellt werden muss. In Telotopia ist die demokratische Vertretung auch insofern ein gutes Stück gesichert, als dass ihr Aufbau über die Boros hinaus stufenweise angelegt ist. Wer sich auf der Boro-Ebene nicht bewährt, könnte gar nicht Kreis-Abgeordneter werden, und ohne dies käme man nicht auf die nächste höhere Verwaltungsebene usw. Diese Willensbildung bezieht sich in Telotopia auch auf die Produktion und auf die Ressourcen-Organisation, dass es auch von dort her nicht zu diktatorischen und ausbeuterischen Formen kommen kann.

Die Boros sind in den hoch besiedelten Gebieten wie bei uns die typische Basisorganisation von Telotopia. In dem Fall von Telboro steht diese Boro soweit für sich selbst. Doch können Boros auch in der Art von hiesigen Stadtvierteln zusammen so etwas wie eine Stadt bei uns bilden. In Form solcher Bündelungen sind sogar Entsprechungen zu unseren Großstädten möglich, und prinzipiell sind in Telotopia ganz nach Interesse auch große urbane Zentren möglich. Diese aus mehreren Boros gebildeten urbanen und/oder technologischen Strukturen sollen ebenso wie die einer Boro übergeordneten organisatorischen Formen in Teil IV besprochen werden.

Telotopia ist also von den Boros mit ihren lediglich ca. 4.000 Einwohnern her insgesamt nicht als eine Art „Dorfleben" misszuverstehen, auch wenn es in ihren Boros auch gutes Dorf- und Nachbarschafts-Leben bietet. Aufgrund der übergreifenden weltweiten Netzwerk-Struktur kann Telotopia all das an Kultur, Lebens-Qualität wie auch an notwendiger Technik bieten, was heute im Guten möglich ist.

Das zunächst Bedeutsame von Telotopia besteht jedoch darin, die ganzen historischen Schattenseiten aufgrund der verselbständigten Sozialorganisation bis hin zu den Diktaturen, Faschismen, Kriegen und regelmäßigen Zusammenbrüchen der sozial und organisatorisch falsch aufgebauten „Hochkulturen" vermeiden zu können. Das technologische Potential lässt sich durchaus zu Hochkultur entwickeln – sofern nur das Fundament in sozialer und ökologischer Stabilität auf dem basiert, was von der humanevolutionären Entwicklung her unter Kultur zu verstehen ist.

2.3.1 Zu dem Wort Boro

Boro entspricht einerseits der *ursprünglichen* Bedeutung von grie-
chisch *polis* und andererseits englisch *borough* und stellt eine Anspie-
lung auf deren indoeuropäische Ausgangsform dar (vgl. indisch *pur,*
deutsch *Burg* ursprünglich >Stadt<, wie etwa in *Hamburg*). Deutsch
Burg und die ursprüngliche Parallele *Dorf* wie in *Düsseldorf* zeigen,
wie klein ursprünglich unsere >Städte< waren – vor einem Jahrtausend
und selbst noch um 1800 oft kleiner als eine Boro.

Diese geringe Größe schließt jedoch wie damals bei den entsprechenden Netzwerk-Bezügen kulturelles Niveau nicht aus. Jede Boro ist insgesamt ein Kulturzentrum - ohne aber sozial und aufgrund der sozialen
Kommunikations-Zusammenhänge in der organisatorischen Bestimmung auch wortwörtlich den Boden unter den Füßen zu verlieren. Jede
Boro ist auch – nicht völlig, aber wesentlich – mit seiner Selbstversorgung verbunden.

Da es hier jedoch um einen neuartigen Sachverhalt geht, der sich in
seiner ganzen Art von unseren historischen Begriffen >Stadt<,
>Staat< und >Gemeinde/Kommune< usw. unterscheidet, macht es
Sinn, hierfür einen neuen Begriff einzuführen, wie es ein anderer uto-
pischer Entwurf namens *Bolo'Bolo* mit >*bolo*< vorschlug. Doch da
sich die vorliegende Boro-Konzeption von der >bolo< bezeichneten
Konzeption unterscheidet, machte eine Aufnahme der Bezeichnung
bolo keinen Sinn.

2.4 Die Anlage von Telboro

Das Zentrum von Telboro

In gewisser Weise lässt sich das Zentrum von Telboro mit einer Fußgänger-Zone einer mittelgroßen Stadt vergleichen, doch ist dieses
Zentrum ein regelrechtes >Kultur-Zentrum<. Neben Rathaus, Bahnhof, Stadthalle, Bibliothek und Läden finden sich dort vor allem Restaurants, Cafés und Kneipen für Treffen und Zusammensein.

Nicht nur das Zentrum, sondern die Boro insgesamt ist im Prinzip >au-
tofrei<. Alles ist innerhalb einer Boro fußläufig erreichbar, ggf. nutzt
man Fahrräder. Lediglich einzelne Transporter und Traktoren sind
motorisiert, doch sind hierbei auch oft Pferde im Einsatz.

Die Zentren einer Boro dienen den sozialen Bedürfnissen über das engere Beziehungs-Leben hinaus. Die kulturelle Dimension ist hierbei stark betont.

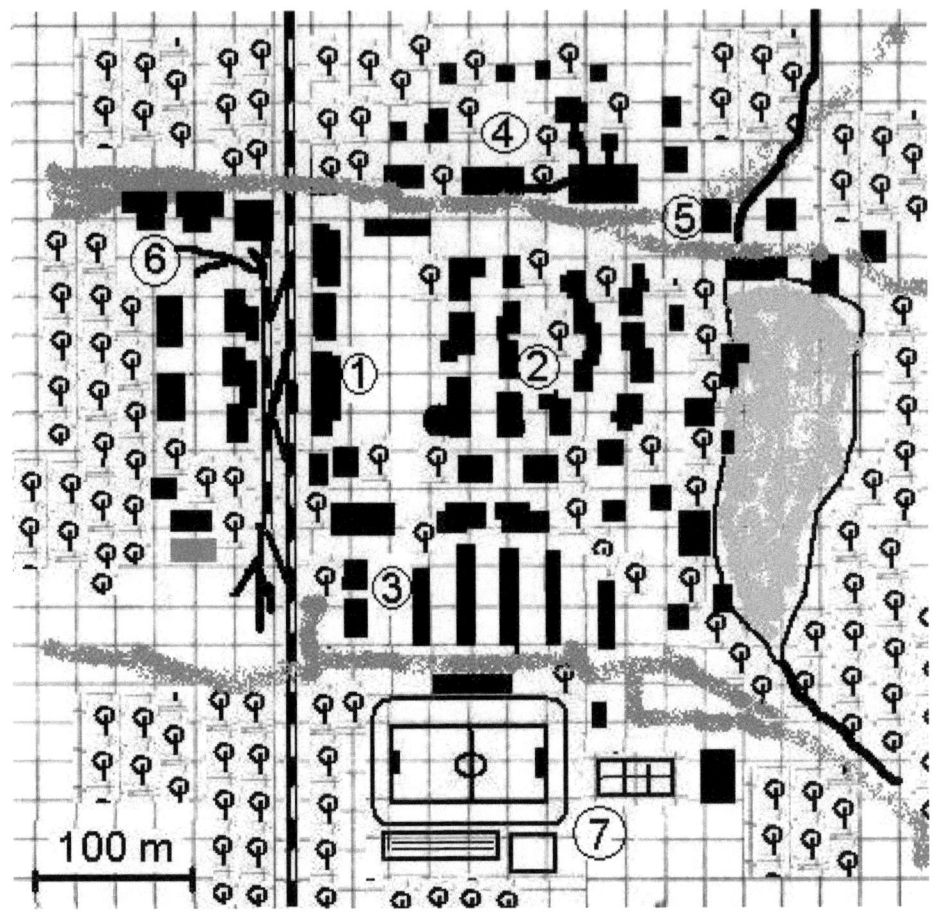

Boro-Plan des Zentrums von Telboro
entsprechend der Bilder und Ausführungen

1 Zentrum mit Bahnhof, zugleich Stadthalle
2 Altstadtbereich
3 Gründerzeit-Viertel
4 Zentrum des Medizinischen Instituts
5 Anlagen des Biologischen Instituts
6 Güter(bahnhofs)bereich, Logistik, Werkstätten
7 Sportzentrum mit Tennisplätzen, Stadion mit Tribünen,
    Sporthallen

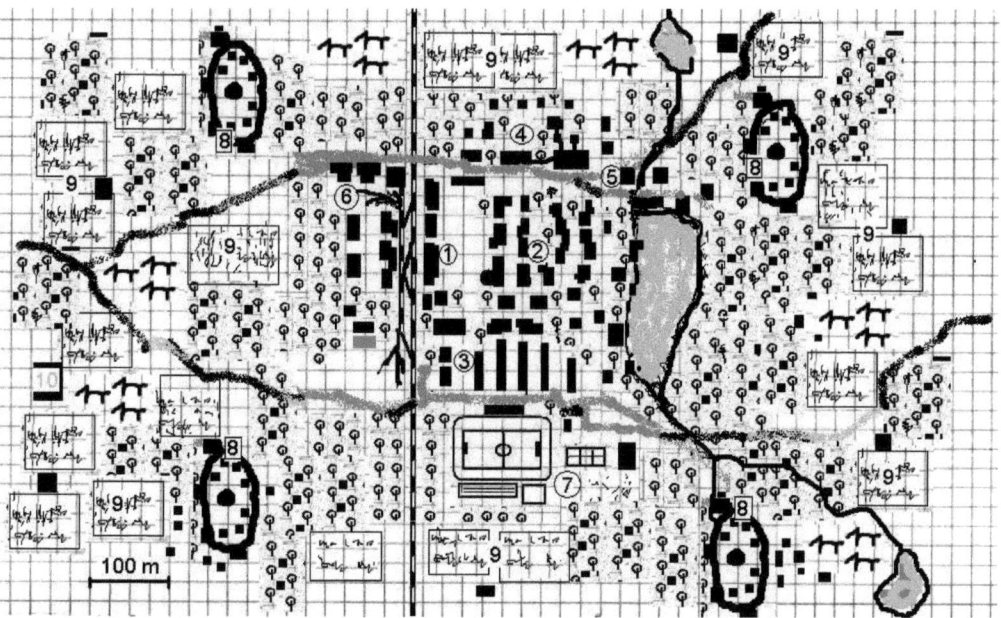

Schematisierter Entwurf (ca. 1200 x 800 m)

8 Übergangsbereich der Kinder-Garten-Anlagen (fett umrandet, dort Hecken
9 Wiesen, Felder für Nahrungsproduktion (umrandet)
10 Beispiel für einen Hofbereich

Die hier dargestellte Fläche misst etwa 1200 x 800 m. Eine Boro, in der die deutsche Bevölkerungsdichte von ca. 231 E/km² zu organisieren wäre, hätte dabei eine Ausdehnung von ca. 4,16 km x 4,16 km (s.u.), d.h. es käme noch über 1,5 km an Land in jeder Richtung zu einer Boro dazu = es lägen über 3 km Land zwischen den Boro-Zentren.

59

Es gibt in den Boro-Zentren auch Läden, doch sind diese im Wesentlichen nicht verselbständigt wirtschaftlich, sondern kulturell motiviert. Es wird dort angeboten, was der Erfahrung nach authentisch interessiert. Die Läden werden insgesamt eher über die Boro-Verwaltung betrieben. Doch gibt es auch Möglichkeiten, im privaten Engagement Geld zu verdienen.

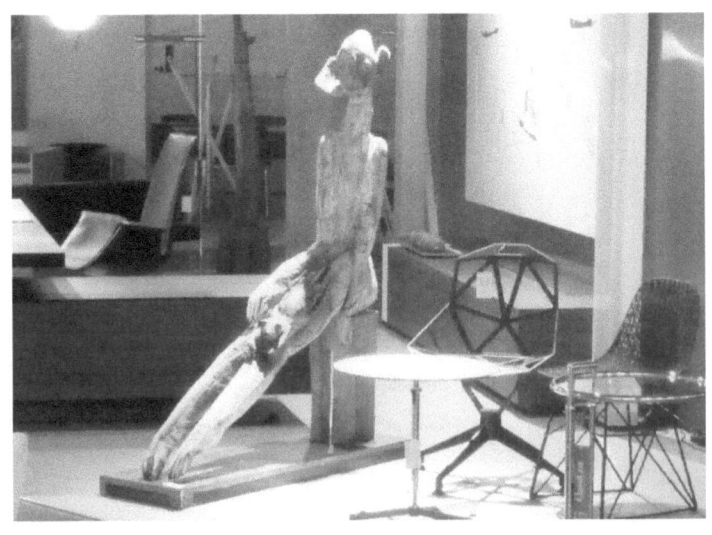

Der andersartige Charakter der Läden zeigt schon in den Schaufens-
tern, dass es nicht um eine verselbständigte Wirtschaft, sondern um
Kultur im tatsächlichen Sinn geht. Man produziert hier gerne Anre-
gendes und als gut Empfundenes, doch im Interesse an Kreativität und
aus Lebensfreude und nicht zwecks Status, Privilegien usw.

Die Bibliothek ist gleichzeitig auch ein (auch Second-) Buchladen, Galerie und Kulturtreff. Der Literarische Kreis organisiert Themen-Schwerpunkte, Lesungen, Autoren-Kreise und auch eine Produktion von Büchern, digital, ggf. in Kleinauflage oder als Einzelexemplar wie ein Kunstwerk. Dies ist gleichzeitig auch mit anderen kulturellen Bereichen verbunden, wie Kunst, Musik, Mode usw.

Ggf. dienen manche Läden auch als Treff-Ort (z.B. Cafe) oder in bestimmten Bereichen auch zur Produktion (z.B. Schneiderei).

Design und Kultur interessieren natürlich auch in Hinsicht auf seine Aufmachung und Kleidung. Auch hier ist man in Telotopia gerne experimentell. Insgesamt wird dieser Bereich aber *von klein auf* an sehr bewusst unter dem Aspekt Theater – Inszenierung aufgenommen, auf der höheren Ebene auch von dem Aspekt Eros her – um damit gerade keinen Geschlechts-Stereotypen zu verfallen.

Auch in Telotopia lässt man den Abend gerne gesellig ausklingen. Da dort aber das gesamte Leben von seinem sozialen Interesse her gestaltet ist, muss dies dort nicht am Abend nachgeholt werden. Der Abend steht unter dem Aspekt des Ausklingens, und es wird dabei nur selten spät.

Die Bahnhofs- und die Stadthalle von Telboro dienen auch für Messen, Kunst-Ausstellungen, Theater-, Tanz- und Musik-Aufführungen bzw. auch als Disco und für Tanz-Veranstaltungen.

Nur der innerste Bereich von Telboro ist (aus praktischen Gründen) gepflastert. Nach außen schließen sich daran parkähnliche Bereiche sowie das kleine Altstadt- und Gründerzeit-Viertel an.

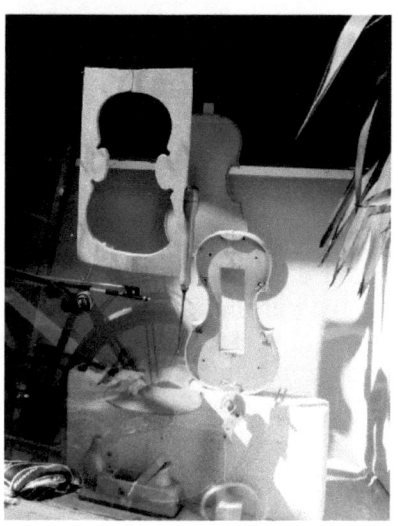

In dem Altstadt- und Gründerzeit-Viertel finden sich einige kleine Studios und Produktions-Ateliers wie etwa eine Näherei, Schmuck- und kunstgewerbliche Werkstatt, Geigenbau-Werkstatt usw. Sie können von einem Institut für besondere Arbeiten wie auch zur Lehre gestellt werden und dienen gleichzeitig auch als Laden.

Von je her lagerte Homo sapiens gerne am Wasser. Falls eine Boro nicht sowie am Wasser liegt, staut man sich gerne Seen an, auch am Rand des Zentrums.

In Telotopia spielt der Schienenverkehr noch eine Rolle, doch ist dies dort insgesamt eher mit einem gelegentlichen Landverkehr zu vergleichen. Dabei sind auch vielfach Draisinen im Einsatz. Der entsprechende Bahnhof fungiert auch als eine Stadthalle und als Restaurant.

Für Güter- und Personen-Transporte dienen in einer Boro oft auch Kutschen, die (in Verbindung mit einem Hof) insbesondere von Senioren wie von Jugendlichen geführt werden.

Das Biologische Institut

Das biologische Institut spielt in jeder Boro eine recht zentrale Rolle. Es ist die zentrale Einrichtung für die Nahrungsproduktion vor Ort. Doch erklärt sich diese Bedeutung auch aus dem gängigen Interesse der Telotopianer an der Natur. Insofern hat der am Zentrum gelegene Bereich des biologischen Instituts auch etwas von Zoo und einem Naturkunde-Museum. Es gibt dort auch Gewächshäuser mit besonderen Pflanzen auch jenseits von Nahrungszwecken (s.u. etwa Kakteen). Diese Gewächshäuser dienen ggf. auch als Cafés, als Unterrichts- und Studien-Orte wie auch als eine besondere entspannte Atmosphäre dem >Sein<.

78

Die unterschiedlichen Einrichtungen (Verwaltung, Unterricht, Produktionsstätte) des biologischen Instituts werden in ihrer Bauweise und in ihrer Lage (Nutzung von Sonnenlicht und – Energie) möglichst ökologisch angelegt, doch immer auch von sozialen und kulturellen Gesichtspunkten her (z.B. in der Architektur).

Das Stadtgebiet von Telboro

An das innerste Zentrum von Telboro schließen der Altstadt-Bereich und die weiteren Baustile der späteren Zeit an (z.B. der Gründer-Zeit), soweit sie als erhaltenswert und als sinnvoll betrachtet werden. In Telboro ist dieser Häuser-Bereich insgesamt nur recht klein und eng an das Zentrum angeschlossen und läuft schnell über eine aufgelockerte Bauweise auf Siedlungen und den ländlichen Bereich hinaus.

Diese urbane Bauweise dient in den Boros nur bedingt zum Wohnen, sondern vor allem der Verwaltung, der Unterrichtung und als Werkstätten. Diese Bauweise findet sich in den Oberzentren noch ausgeprägter. Doch dienen dort die Wohnungen wesentlich nur als Zweitwohnung, als eine Art Hotel oder als vorübergehender Aufenthalt im Erwachsenen-Alter für bestimmte Arbeits-Tätigkeiten, wo die Kinder schon aus dem Haus sind.

Schon schnell hinter dem Zentrum (nach etwa 100 – 200 m) löst sich die eigentliche urbane Bauweise in eine lockere Gestaltung mit Hausanlagen und Siedlungen auf, die in geeigneter Strukturierung eigene soziale Einheiten bilden.

Dass die bauliche Anlage strukturiert soziale Einheiten schafft, ist ein wichtiges Prinzip der Sozialorganisation der Boros und von Telotopia insgesamt. Dies ist eine konstitutive Grundlage dafür, dass eine wirkliche Demokratie überhaupt möglich ist.

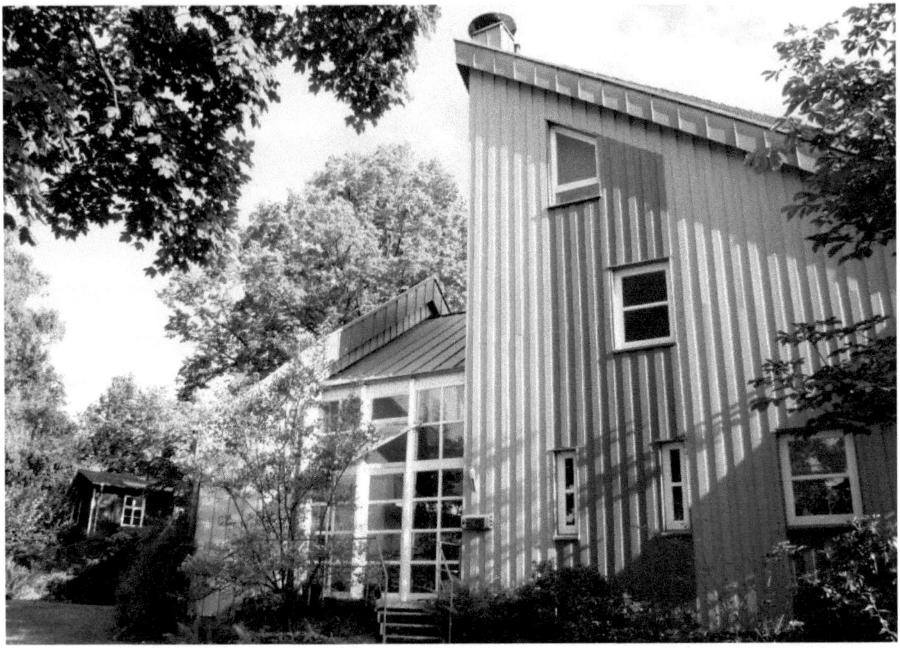

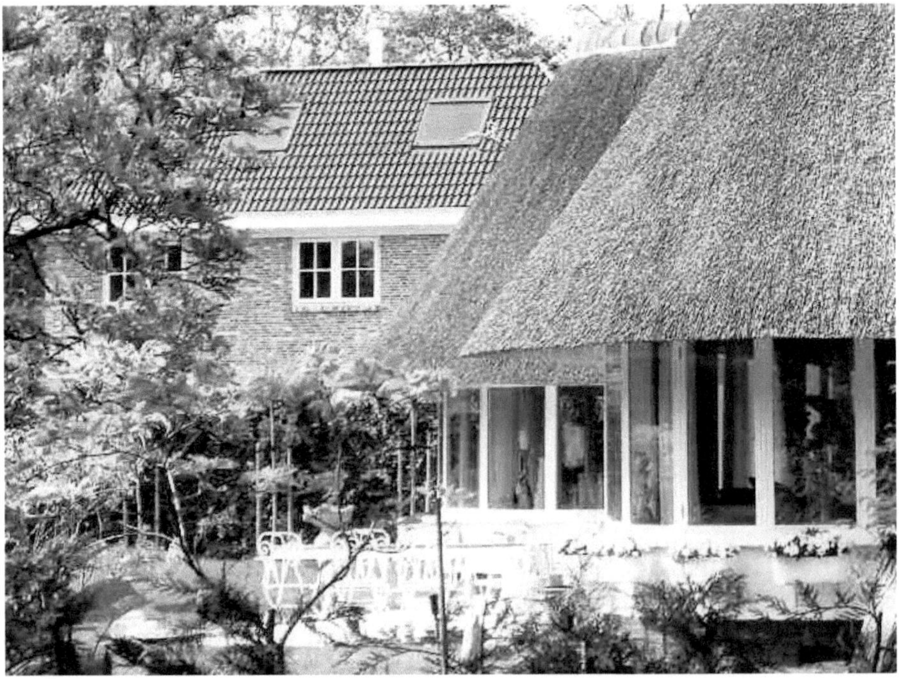

Das ländliche Gebiet von Telboro

Die ländlichen Wohngemeinschaften und Siedlungen sind mehr oder weniger mit Formen von Nahrungsproduktion verbunden, etwa auch mit der Zucht von Gemüse in Gewächshäusern. Das muss hier gar nicht in >Arbeit< ausarten. Bei den Siedlungen können die Mahlzeiten in Form eines Restaurants organisiert sein, das man gemeinschaftlich betreibt.

Oben eine Hausgemeinschaft mit etwas Anbau, unten ein Sägewerk
(mit Wasserkraft betrieben) mit Zimmerei

Diese Bereiche sind schon stärker auf die Nahrungsproduktion ausgerichtet.

Recht beliebt (vor allem im Sommer) ist, in den Kleinsiedlungen in der Art von Kleingarten-Anlage zu leben. Diese Lebensweise ist sehr unaufwendig und bietet Ruhe und Platz z.B. für künstlerische Aktivitäten (auch literarischer Art). Dieser Lebensstil wird auch gerne aufgenommen, wenn man Kinder in der Säuglingszeit hat.

oben: Landschaftsbild mit einer Kleinsiedlung im Außenbereich von Telboro, Entfernung ca. 1 km
unten: die Siedlung hinter dem See

Neben den traditionellen Bauformen gibt es viele interessante Formen in der Architektur wie u.a. auch Erdhäuser, Baumhäuser. S. dazu die Hinweise bzgl. des Internets und an Literatur S. 319, 322

3 Die biographische Struktur in Telotopia

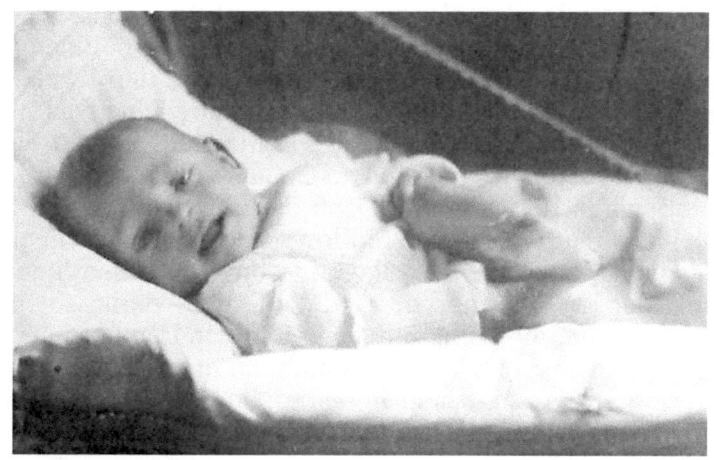

3.1 Zur Bedeutung kindgerechter Verhältnisse

Die materielle und organisatorische Anlage von Telboro und insgesamt von Telotopia begründet sich aus der humanevolutionär entwickelten menschlichen Anlage (Anthropologie, Kulturologie) und hierbei zunächst einmal aus der Sozialisations-Entwicklung des Menschen.

Das Fundament einer demokratischen und auf den Menschen bezogenen gesellschaftlichen Anlage hat seine Grundlage in einem dialogischen Verhältnis zwischen den Erwachsenen und den Kindern sowie in kindgerechten Verhältnissen, wie sie ursprünglich etwa mit Lagern am Strand oder an Wasserplätzen mit Möglichkeiten zum freien Spielen geboten wurden. Dies begründet sich aus der Prozesslogik der humanevolutionären Entwicklung. Denn die Entwicklung von Kultur – und auch von Kreativität - hat evolutionär und dann auch entsprechend in der Sozialisation seine Grundlage in dem kindlichen Spiel. [9] Die Bedeutung der Erwachsenen bestand „lediglich" darin, solch umfassende Kindheiten ermöglicht und die kindlichen Impulse in erwachsener Erfahrung in der sozialen Praxis aufgenommen, gewürdigt und zu Kultur systematisiert zu haben. In dem dialogischen Bezug zwischen den Erwachsenen und den Kindern in der humanevolutionären Entwicklung stammen die kreativ-chaotischen Impulse und das Spielerische als der Grundlage von Lebens-Qualität aus der Kindheit und die soziale Funktionsfähigkeit und Stabilität aus der erwachsenen Erfahrung.

Sofern man also irgendwie an einem dauerhaften, nachhaltigen und lebensfreudigen Sozialleben interessiert ist, kommt man nicht daran vorbei, dem Aspekt der kindlichen Sozialisation eine entsprechend gebührende Aufmerksamkeit zu schenken.

---

[9] S. dazu >Vom Ursprung der Kultur im Spiel<, so der Untertitel des Buchs >Homo Ludens< von Johan Huizinga und meine weiteren Ausführungen in meinen beiden Büchern zur Humanevolution. S. hier auch weiter unter → 3.2.3.1

Bei dem heutigen Bevölkerungsaufkommen muss es für eine wünschenswerte Kultur der Zukunft um die Entwicklung einer kulturarchitektonischen Anlage gehen, die systematisch auf die jeweiligen Gegebenheiten der kindlichen Bedürfnisse und Möglichkeiten eingestellt ist.

Auch ist die Schaffung kindgerechter Verhältnisse als Grundlage der Menschenrechte, von Demokratie, Lebensqualität und kulturellem Niveau zu sehen.

3.1.1 Das Sozialisations-Modell von Erik H. Erikson

Als Grundlage für entsprechende kulturarchitektonische Reflexionen soll zunächst das bekannte Sozialisations-Modell des Psychologen Erik H. Erikson aufgenommen werden, was freilich nicht bedeutet, sämtliche Auffassungen Eriksons im 1:1-Verhältnis zu übernehmen.

In diesem Modell kommt Erikson zu den folgenden acht grundlegenden Stufen der Persönlichkeits-Entwicklung, die in seinem Buch „Identität und Lebenszyklus" näher beschrieben werden (s. auch das Diagramm dort S. 214 f.). Bei jedem der nachfolgend aufgeführten Punkte steht an der ersten Stelle, welche Entwicklung im positiven Fall entsteht, und an der letzten Stelle, welche Konsequenzen in dem Fall des Misslingens in der Bewusstseins-Verfassung entstehen können.

1) Vertrauen gg. Misstrauen
2) Autonomie gg. Scham
3) Initiative gg. Schuldgefühl
4) Werksinn gg. Minderwertigkeitsgefühl
5) Identität + Ablehnung gg. Identitätsdiffusion
6) Intimität + Solidarität gg. Isolierung
7) Generativität gg. Selbstabsorption
8) Integrität gg. Verzweiflung

Von diesen 8 Stufen umfassen die ersten 6 die menschliche Sozialisations-Entwicklung bis zum Erreichen von Erwachsenheit. Schon von dort her wird quantitativ die zentrale Bedeutung des Fundaments dieser Entwicklung ersichtlich.

Wo hierbei ein gelungenes Fundament geschaffen ist, wird eine weitere Entwicklung bis zu höchster Höhe ganz nach dem eigenem authentischem Bedürfnis möglich. Ohne ein solch stabiles Fundament bleibt der Bau einer Hochkultur ein projektives Fantasie-Produkt als tatsächlicher Machtkampf um das >Oben<. Von daher ist deren Einsturz vorprogrammiert, wie es sich in der bisherigen Geschichte regelmäßig belegt.

Diese Stufen der Entwicklung der menschlichen >Persönlichkeit< können nicht bloß rein psychologisch betrachtet werden. Dies wäre jenseits der therapeutischen Arbeit eine unsinnige Abstraktion.

Vielmehr sind diese jeweiligen Gegebenheiten der menschlichen Persönlichkeits-Entwicklung voll und ganz in der soziokulturellen Anlage umzusetzen. Dies ist die unabdingbare Voraussetzung dafür, jeder Person zu ermöglichen, sein Leben als Erwachsener tatsächlich selbst bestimmen und beherrschen zu können. Alles Andere ist (als Strukturelle Gewalt) ein Verstoß gegen die Menschenrechte.

3.1.2 Die kulturelle Architektur der Lebensalter

Was dieses Sozialisations-Modell von der gesellschaftlichen Anlage her sozial und in Hinsicht auf Bildung bedeuten könnte, wird im Weiteren in diesem Kapitel in Entwürfen vorgestellt. Eine völlige Parallelität zu Eriksons Modell ergibt sich mir hier nicht, da der Blickwinkel ein etwas anderer und vor allem im Bereich Pubertät auch eine Frage der jeweiligen Kultur ist.

Dazu folgendes Modell als Überblick:

Innere Entwicklung nach **Erikson**	Sozialer Bewusstseinskontext in **Telotopia**	
1) Vertrauen gg. Misstrauen		1. Lebensjahr
2) Autonomie gg. Scham		2. + 3. Jahr
3) Initiative gg. Schuldgefühl	1) **Prima**	Kinder-Garten
4) Werksinn gg. Minderwertigkeitsgefühl	2) **Sekunda**	(Grund-Schule)
	3) **Tertia**	(ab ca. 9 - 10 J.)
5) Identität + Ablehnung gg. Identitätsdiffusion	Pubertät	
6) Intimität + Solidarität gg. Isolierung	4) **Quarta**	Jugend
7) Generativität gg. Selbstabsorption	5) **Quinta**	Twen
	6) **Sexta**	ab ca. 30
	7) **Septima**	ab den 30ern
	8) individuelle Weiterbildungen	
8) Integrität gg. Verzweiflung	>Leben<	

Die Stufen, die hier >Prima, Sekunda< usw. genannt werden, sind jedoch nicht in der Art unserer Schulklassen, einer sozialen Klassifizierung und Bewertung zu verstehen. Vielmehr geht es hier um eine gesellschaftlich zu reflektierende Konzeption von äußeren sozialen Gegebenheiten und Angeboten an Bildung, Kultur und Sozialkontexten in Entsprechung zu der Sozialisations-Entwicklung des Menschen und dann der individuellen Persönlichkeit des Menschen im Verhältnis zu den bestehenden Anforderungen. Dies wird im Weiteren näher erläutert.

3.1.3 Zu dem Charakter der biographischen Architektur von Telotopia

Die kulturarchitektonische Anlage von Telotopia ist darauf angelegt, dass jede Person von klein auf an ihr Leben selbst bestimmen kann. Dies gilt gerade auch für die Kinder. Es gibt hier jenseits der >Realität< keinen Zwang. Man muss in Telotopia nicht rechnen und nicht schreiben können, um an dem Sozialleben teilnehmen und gut leben zu können. Doch nicht zumindest etwas Rechnen, Lesen und Schreiben lernen zu wollen, wäre in Telotopia (jenseits von Behinderungen) relativ ungewöhnlich, zumal es dort dafür spannende und spielerische Vermittlungen aller Art gibt.

Dieses Prinzip der Selbstbestimmung auch der Kinder bedeutet aber nicht, dass man die Kinder sich hier selbst überlässt. Wohl lässt man den Kindern den Raum, den sie sich wünschen. Doch ist hier eine Bezugsperson für sie immer erreichbar. Da man in Telotopia ein dialogisches Verhältnis zu den Kindern pflegt, besteht auch nicht die Gefahr, dass die kindliche Freiheit auf Verwahrlosung hinausläuft.

Allerdings liegt der kindliche Entwicklungsgang hier entscheidend anders als bei uns. Die Sach- und Funktionsaspekte stehen hier nicht im Vordergrund, sondern die Persönlichkeitsentwicklung und das Soziale und dementsprechend das Kreative und Spielerische. Doch geht damit kein Verlust an funktionalen und technischen Fähigkeiten einher, soweit es dafür einen authentischen Bedarf gibt (wohl im Gegenteil). Dieser Unterschied hat nur zur Folge, dass die höheren Spezialisierungen an Tätigkeiten in Telotopia gemeinhin erst ein volles Jahrzehnt oder gar noch später aufgenommen werden, eher erst mit 30, 35 oder gar erst mit 40. Doch beginnt dies dann keineswegs mehr bei null.

Ich sehe hier vielmehr gerade in der gut entwickelten Grundlage die Garantie für eine soziale Stabilität und ein menschlich fähiges und lebensfreudiges Sozialleben.

3.2 Die Kindheit
3.2.1 Säuglings-Phase

Erikson: 1. Stadium: >Ich bin, was man mir gibt<

„Da ihre [der Säuglinge] ersten Erfahrungen in dieser Welt sie nicht nur am Leben erhalten, sondern auch dazu beitragen sollen, ihre empfindliche Atmung und ihre metabolischen und Kreislaufrhythmen zu koordinieren, müssen wir ihnen außer der Nahrung auch Sinnesreize in der richtigen Stärke und zur rechten Zeit bieten, damit ihre Aufnahmebereitschaft nicht plötzlich in diffusen Widerstand oder in Lethargie umschlägt." (S. 64)

„Die einfachste und früheste soziale Verhaltensweise ist das >Nehmen<, nicht im Sinne des Sich-Beschaffens, sondern in dem des Gegeben-Bekommens und Annehmens. [...] Die so hergestellte Wechselseitigkeit der Entspannung ist für die erste Erfahrung eines freundlichen Anderen von höchster Bedeutung; die Psychoanalyse hat uns gelehrt, dass das Kind *gibt*, indem es nimmt, was ihm gegeben wird, und indem es lernt, die Mutter zum Geben zu veranlassen, auch die notwendigen Grundlagen dafür entwickelt, ein Gebender zu werden, sich mit der Geberin zu >identifizieren<. Wenn diese wechselseitige Regelung versagt, zerfällt die Situation in eine Reihe von Versuchen, durch einseitige Willensakte in die Gewalt zu bekommen, was durch beiderseitiges Entgegenkommen nicht erreicht wurde. Der Säugling versucht durch ziellose Aktivitäten zu erlangen, was er im zentrierten Saugen nicht findet; er erschöpft sich im Suchen oder findet seinen Daumen und kehrt der Welt den Rücken." (S. 65 f.)

„Die erste Station am Wege war entspanntes Liegen. Das Urvertrauen, das auf der Erfahrung basiert, dass der Grundmechanismus des Atmens, Verdauens, Schlafens usw. in ursächlicher und vertrauter Beziehung zur Nahrung und Pflege steht, die ihm zuteilwerden, gibt der sich entwickelnden Fähigkeit, sich aufzusetzen und später sich aufzustellen, ihre Würze." (S. 88)

Ganz am Anfang der Welt hatte unsere Mond-Mutter einen wunderschönen Traum. In diesem Traum spürte sie, dass sie gerne Kinder wollte, und so dachte sie: ich werde ihnen eine Welt erschaffen, die genau zu ihnen passt, sodass sie gut zu leben haben. Von diesem Traum erzählte sie dem Mond-Vater, und sie liebten sich, und dann bauten sie zusammen eine große tolle und spannende Welt, in der ihre Kinder schön spielen, sich lieben und viele Abenteuer erleben konnten.

Aus der ursprünglichen Mythologie des Homo sapiens [10]

„Eins hatte ich durch die Beobachtung von Schimpansen und ihren Jungen gelernt: dass ein Kind ein Vergnügen sein sollte." [11]
Jane Goodall

---

[10] aus: C. Rosenthal: Vom Wunder und Abenteuer des Lebens. Ein archäologisches Erzählexperiment der Rekonstruktion der eiszeitlichen Mythologie und Sprache
[11] Jane Goodall: Grund zur Hoffnung. Autobiographie, S. 125

Da Telotopia in seiner Anlage gänzlich auf den Menschen ausgerichtet ist, besteht dort das Gefühl, mit der durchschnittlichen Perspektive von 80 Lebensjahren über reichlich Zeit in seinem Leben zu verfügen.

Von daher wird der Zeitraum, der persönlich seinen meist allenfalls zwei Kindern – vor allem in ihrer Kleinkind-Phase - zu widmen ist, als ziemlich kurz empfunden. Entsprechend wird in Telotopia das relativ kurze Erleben einer besonderen persönlichen Beziehung mit einem Kleinkind als ein besonderes Moment an Lebens-Erfahrung betrachtet - als Möglichkeit, aber nicht als ein Muss. Es gibt hier keinen Zwang zu Nachwuchs. Im Gegenteil ist in Telotopia die Zahl der Kinder im Grundsätzlichen auf zwei (fortpflanzungsfähige) Kinder pro Frau begrenzt (→ 5.1), da ein weiteres Bevölkerungs-Wachstum ruinös ist und entsprechend als unerwünscht betrachtet wird.

Sicher ist ein Kleinkind eine Anforderung. Doch es ist auch eine einzigartige Erfahrung, sich so ein Wesen in diesem Ausmaß entwickeln zu sehen, und es ist auch ein einzigartiges Erleben von Nähe.

Man sieht es dort etwa wie eine Bergbesteigung. Auch da gibt es Phasen der Anstrengung. Doch gehört diese Anstrengung dazu, dass eine Bergbesteigung zu einem Erlebnis wird. Die Mühe, die aufzubringen ist, gibt diesem Prozess erst seinen wirklichen Wert.

Die Chance zu dem Beziehungsverhältnis zu einem eigenen Kind ergibt sich in Telotopia im Allgemeinen lediglich zweimal im Leben. Für entsprechend kostbar wird dort diese Gelegenheit genommen und nach Möglichkeit genutzt. In Telotopia hat man auch den Raum hierfür. Man wird hier – auf jeden Fall in dieser Phase - nicht von anderen Verpflichtungen besetzt und muss dafür auch keine Nachteile in Kauf nehmen. Die Lebensform dieser Kleinkind-Phase ist in Telotopia auf die Kleinkinder eingestellt.

Auch wenn in der unmittelbaren Betroffenheit diese Anstrengungen mitunter als gravierend erscheinen, so sieht man bald im Abstand, wie schnell ein Kind aufwächst und wie schnell die verschiedenen Phasen der Kindheiten mit ihren ganz eigenen Qualitäten vorbei sind.

Von der biographischen Anlage her soll hier zunächst mit der Geburt begonnen werden, obwohl dies vom Praktischen her ein Thema der Mutter bzw. den Eltern ist. Aus dem Blickwinkel der Mutter oder Eltern liegt die Phase der Geburten in Telotopia gemeinhin in der *Quinta*-Stufe (s. dort). Dem Säugling ist in seinen ersten Lebenswochen damit am besten gedient, wenn der Mutter und ggf. dem Vater gesellschaftlich optimale Verhältnisse gestellt werden, die es ermöglichen, sich so ungehindert wie nur möglich auf die neue Situation mit dem so hilflosen Säugling einzustellen.

Um hier dennoch biographisch anzufangen, ist zu sagen, dass es in Telboro wie zumeist in Telotopia insgesamt besondere eigene Einrichtungen gibt, die auf den Kontext der Geburten eingestellt sind.

Hierbei lässt sich an Häuser denken, die wohl jeweils optisch für sich selbst, aber dennoch in unmittelbarer Nähe der Klinik von Telboro liegen, die bei Notfällen zur Verfügung stehen. Von dort her wird auch die spezielle Pflege im Kontext der Geburten her organisiert.

Im Einzelnen kommt es in den Boros auf die jeweilige Entwicklung der Bedürfnisse und Bräuche an. In dem angenommenen Durchschnitt kommen wir bei einer Boro auf etwa 50 Geburten pro Jahr = eine Geburt pro Woche. Werden pro Geburt 4 Wochen zum Einleben und der Zeit nach einer Geburt in dieser Einrichtung in Anspruch genommen, bedarf es im Allgemeinen Platz für 12 Mütter. Vielleicht würde man bei einer solchen Tradition zwei Geburtshäuser für jeweils 6 Mütter anlegen, um gleichermaßen Kontakte wie Ruhe zu bieten. Die Väter könnten dort (in Teilen) mitwohnen, ganz wie es von Mutter und Vater gewünscht wird. Die hinreichende äußere Versorgung wird hier jedoch von der Einrichtung gestellt, wenn man mag. Das Private kann sich in dieser Phase ganz auf die Beziehung, den Säugling und die persönlichen Bedürfnisse in dieser Situation konzentrieren.

Es wäre jedoch auch gut vorstellbar, dass in der Lebensform der Boros in Hinsichten auf die Geburtstermine eine gewisse Saisonalität aufkäme. Vielleicht empfände man in unseren Bereichen eine Geburt im Winter oder am Anfang des Frühjahrs als optimal. Dann hätte man nachfolgend die warme Jahreszeit für die weitere Säuglingszeit, in der man gut im Freien verbringen kann. Vielleicht wäre dies aber auch von den Gegebenheiten des Säuglings her auch eher der Grund für die Geburten im Herbst, da man hierbei vielleicht zunächst besser in warmen Häusern lebt und dann die nun schon etwas aktivere Phase des Säuglings für die warme Jahreszeit hat.

Dies könnte bedeuten, dass es evtl. keine speziellen Geburtshäuser gibt, sondern die Geburten in Pflege-Einrichtungen der Boro-Kliniken stattfinden, die aber für entsprechende Zwecke in der gleichen Art in kleineren Häusern angelegt sind. Bei den Geburten im Herbst ließe sich vorstellen, dass man nach den Geburten dann in besondere komfortable Häuser im Landbereich der Boros umzieht, wo man dann bis zur warmen Jahreszeit verbringt. Auch dies läge etwa nur ein km oder ggf. auch nur 200 m von der Boro-Klinik entfernt, dass dies nicht mit einem besonderen medizinischen Risiko assoziiert werden muss, sondern vielmehr mit einer optimalen Einstellung auf die gängigen Bedürfnisse der Mütter und Säuglinge. Besondere Problem-Fälle verbleiben erstmal im Pflegbereich der Boro-Klinik oder werden bei ganz besonderen Komplikationen an eine spezielle Einrichtung einer Regional- oder Landes-Klinik vermittelt.

Für die Zeit, in der man Säuglinge hat, pflegt man in Telotopia (ggf. nach einer speziellen Phase in einem Geburtshaus bei der Klinik) gemeinhin „auf dem Land" zu leben. Das muss in einer gängigen Boro nicht unbedingt mehr bedeuten, als etwa 100 m von dem Boro-Zentrum entfernt zu wohnen. Mit einem Verlust eines Bezugs zu dem kulturellen Zentrum einer Boro ist dies auf keinen Fall verbunden. Bis auf beabsichtigte Ausnahmen lebt man in Telboro selten mehr als 1,5 km vom innersten Zentrum entfernt.

Bei dieser Lebensform „auf dem Land" kann man bzgl. dieser Phase der Theorie nach zwischen zwei Formen unterscheiden. Die eine Form steht nach unseren Begriffen mit einer Art >Hof< in Verbindung, der tatsächlich auch der landwirtschaftlichen oder einer sonstigen Produktion dienen kann. Die andere Form besteht aus Kleinsiedlungen unterschiedlichster Art, etwa mit Bau- oder Wohnwagen, Zelthütten, einer Art Gartenhäuser, Tiny-, Erd- und Baumhäuser.

Der Unterschied zu einem >Hof< ist jedoch nur relativer Art, da die gängige Hof-Anlage auch dort mit weiteren Häusern und Hütten usw. verbunden ist. Umgekehrt liegen auch die Kleinsiedlungen zumindest in guter Nähe zu weiteren Häusern und komfortablen Einrichtungen zur Unterkunft bei schlechtem Wetter, zwecks Produktion wie auch zum Waschen usw., und auch dies ist nie weit von einem Hof oder wie hier bei einem Camping-Platz von sanitären und sonstigen sinnvollen Einrichtungen in der Nähe entfernt. Dennoch sind diese Anlagen gut strukturiert und liegen entzerrt genug, dass sich hier jeder Verband seinen eigenen Stil zu leben einrichten kann (ob möglichst einfach oder möglichst gut eingerichtet). Auch kann sich jede Person einem Verband seiner Wahl anschließen, was auch individuell sehr Zurückgezogenes ermöglicht. Es mag nicht immer alles und nicht immer sofort gehen, wie dies bei uns erst recht nicht der Fall ist. Doch besteht in Telotopia eine Kultur, die darauf ausgerichtet ist, jedem/jeder bei der Erfüllung seiner/ihrer Bedürfnisse behilflich zu sein.

Ich liebe dieses Foto, auch wenn hier einige Details nicht (gut) zu erkennen sind. Es zeigt meine Großeltern 1931 mit meiner Mutter am ländlichen Haus, wo man wesentlich von Selbstversorgung lebte (Subsistenzwirtschaft).

Diese Lebensform „auf dem Land" kommt aus zwei Gründen für die Kleinkind-Zeit gut in Betracht. Der erste Grund liegt schlichtweg darin, dass die Eltern bis zu dieser Zeit, wo sie Kinder kriegen - was in Telotopia insbesondere in dem Alter von Anfang bis Mitte 20 der Fall zu sein pflegt -, sowieso häufig in einem Hütten-Verband oder einer Kleinsiedlung mit einer insgesamt einfachen Einrichtung leben.

Dies ist auch sehr gut für Kleinkinder und die Kleinkind-Beziehungen geeignet. Es vergleicht sich den anthropologischen Verhältnissen, unter denen sich die Evolution des Menschen und insbesondere auch die der Kinder vollzogen hat. Unter diesen Verhältnissen entsprechen sich die Lebensformen der Erwachsenen und die der Kinder in einem großen Maße, und so kann man sich (vorausgesetzt es entspricht einem) dabei ganz anders auf die Kleinkind-Ebene einlassen und diese teilen. Hier müssen nicht auf wertvollere Bestände der Wohnung, Einrichtungen und Gegenstände Rücksicht genommen werden. Hier macht es nichts, wenn sich die kindliche Kreativität auf ihre Weise entfaltet und etwa die Wände bemalt werden.

In Telboro bedeutet diese Lebensform kein medizinisches Risiko, ist eine medizinische Einrichtung allenfalls ein bis zwei Kilometer entfernt und bestehen hier auch regelmäßige Verbindungen. In gewisser Weise handelt es sich bei dieser üblicheren Praxis in Telboro so etwas wie bei unseren Sommer-Urlauben, nur in beliebiger Länge und als echtes und umfassendes Leben.

Wichtig für diese Säuglingsstufe (bis etwa 3 Jahre) ist eine Situation, die effektiv auf das Verhältnis zu einem Säugling eingestellt ist. Dies meint einerseits eine Situation für die jungen Eltern, dass sie sich nach ihren Möglichkeiten auf ihr Kind einlassen können, ohne von weitergehenden Anforderungen absorbiert zu werden. Es meint andererseits eine kindgerechte Situation, wo der Säugling, wenn er zu krabbeln beginnt, dies ohne besondere Probleme und Gefahren tun kann. Etwas (ebenerdiges) Gelände mit Sandflächen, flache Wasserstellen zum Matschen und Plantschen und soziale Kontexte mit Kleinkindern (wie dies bei den Lagerplätzen der ursprünglichen Kulturen des Homo sapiens der Fall gewesen sein dürfte) erscheinen hier ideal.

In den ersten Monaten des Säuglings ist es nicht von Bedeutung, einen festeren Standort zu stellen. Man kann hier auch mit einer gewissen Mobilität seinen Tätigkeiten nachgehen, so in dieser Phase am besten Garten-, landwirtschaftlichen oder Hand- bzw. handwerklichen Arbeiten. Der Säugling ist dann im Tragetuch dabei, und er kann auch in unmittelbarer Nähe zum Schlafen abgelegt werden. Dabei braucht es keine absolute Stille – diese scheint auch gar nicht zu günstig. Die beruhigende Erfahrung besteht ja gerade darin zu empfinden, dass das Leben, auch wenn man schläft, im Guten weitergeht.

Angesichts des meist jungen Alters der Eltern wäre hier gar nicht verkehrt, sich diese Phase mit den Kleinkindern als eine Art längerem Camping-Urlaub mit ausgiebigem Sozialleben vorzustellen. Man isst und kocht zusammen, beschäftigt sich in lockerer Form mit Kreativem, einfachen Gartenarbeiten, vielleicht mit etwas Kleintier-Haltung sowie mit Singen, Geschichten Erzählen und einfachen Spielen, an die (zumindest teilweise) dann auch die Kleinkinder anknüpfen können. Abends sitzt man dann am Lagerfeuer zusammen (wo man ggf. auch grillt).

Je nach Bedürfnis kann man auch Tätigkeiten oder einer Ausbildung nachgehen. Es besteht keine Notwendigkeit, dass beide Elternteile ständig am Ort sind. Es lässt sich auch abwechseln. Doch sollte das Verhältnis zu seinem Kind eine wichtige Rolle spielen (ohne dass daraus ein Kinder-Kult entsteht), und man sollte sehen, worauf das Kind positiv reagiert und sich darauf einstellen.

Der Charakter der Wohnverbände und Kleinsiedlungen ist in Telotopia überaus unterschiedlich. Dies ist natürlich auch abhängig von den klimatischen und sonstigen Verhältnissen. Wichtig erscheint, dass die übliche Existenzform mit kleineren Kindern aus einem **Verband** in der Größe von etwa 6 bis 20 Erwachsenen (als der *typischen anthropologischen Sozial-Einheit*) besteht.

Das **Entscheidende** dabei ist, dass jedes Kleinkind ab entsprechenden Fähigkeiten die *selbständigen* Möglichkeiten zur Kontakt- und Beziehungsaufnahme zu anderen Kindern *wie* zu den Eltern und anderen vertrauten Erwachsenen hat. Das Verhältnis zu den Kindern wird in Telotopia als eine besondere Gastfreundschaft betrachtet, auf keinen Fall (wie in vielen früheren *historischen* Traditionen) als Besitz.

Angesichts des Soziallebens in Telotopia hat das Leben mit den Kindern immer auch weitere Sozialkontexte. Die Trennung eines Paares ist über das Persönlich-Situative hinaus kein Drama. Wenn ein Paar oder auch eine einzelne erziehende Person von dem Umgang mit ihrem Kind überfordert ist, gibt es in Telotopia genügend Möglichkeiten, dies in einer für alle besten Form aufzunehmen, als Betreuung, Unterstützung und in diversen Einrichtungen, die einen geschützten und sozialen Rahmen bieten. Neurologisch begründete psychiatrische Probleme sind niemals gänzlich zu verhindern, doch sehr wohl soziale.

Bei harten Konflikten bzgl. des Kindes können hier entsprechend geschulte Mediatoren herangezogen werden. In Telotopia liegt das Primat bei dem Wohl des Kindes, nicht bei den Erwachsenen. Die Erwachsenen haben bei entsprechenden Problemen andere Lösungen als die Vereinnahmung von Kindern zu finden.

Die Gestellung einer *problemlosen räumlichen Nähe* zu anderen Kindern und Erwachsenen gilt in Telotopia als die Verwirklichung des Menschen- und Persönlichkeitsrechtes des Kindes.

Wenn der Säugling mobil wird, beginnt eine neue Phase, die in Hinsicht auf die Gestellung kindgerechter Verhältnisse zu bedenken ist. Möglicherweise sind die Wohnverbände, in denen man lebt, darauf bereits eingestellt. Ansonsten würde man in darauf angelegte Wohnkontexte umziehen.

Die für das Aufwachsen von Kleinkindern gedachten Wohnverbände sind so angelegt, dass die Kleinkinder ab entsprechenden Möglichkeiten selbständig agieren können. Es sind hier immer einige der Erwachsenen in direkter Nähe, entweder direkt im Garten oder sonst im Haus (zumindest jeweils eine primäre Bezugsperson), aber sie gehen dabei eigenen Tätigkeiten nach. Sie dienen hier nicht als bloße Aufpasser, was nicht als produktiv erscheint. Die Eltern der Kleinkinder pflegen während dieser Phase wesentlich Tätigkeiten, die für die Kinder verstehbar werden, wie etwa Gartenarbeiten, Essenszubereitung, gewisse Handarbeiten und handwerkliche Tätigkeiten wie Stricken, Nähen/Schneidern, Töpfern, Holzarbeiten, Malen usw. (all dies ohne Stress und in prinzipieller Offenheit für eine Zuwendung zu den Kindern). Diese Tätigkeiten bieten den Kleinkindern erste Ideen vom Leben, und deswegen scheinen diese Aktivitäten auch gleichermaßen beruhigend [12] wie anregend und bewusstseinsfördernd auf die Kinder zu wirken.

---

[12] das Erleben von „Nichts", von Künstlichkeiten und Langeweile wirkt nicht bloß nicht anregend, sondern auch als Stress und schafft Unruhe und wohl auch Irritation. Eine recht eindrucksvolle Erfahrung in dieser Hinsicht war für mich in einer

Da diese Hüttenverbände oder Kleinsiedlungen mehr oder weniger dicht am Wasser gelegen zu sein pflegen, besteht hier für die Kinder gleichermaßen die Möglichkeiten zum Herummatschen und Plantschen wie die Möglichkeit zur Säuberung.

Gemeinschaft mit einem gut anderthalbjährigen Kind, das sich nicht zum Einschlafen bringen ließ. Ich übernahm es, mit dem Kind in einem Tragesack auf den Rücken spazieren zu gehen. Das Kind war regelmäßig in Minuten eingeschlafen. Ich erkläre mir den Sachverhalt so, dass das Kind bei solchen Aktivitäten das Schlafen-Sollen nicht als eine Art Abschiebung und Lebensverlust erlebt. Das Leben geht weiter. Mit diesem Gefühl lässt sich der Müdigkeit hingeben.

Es ist es bei den für die Kleinkind-Betreuung angelegten Wohnverbänden und Kleinsiedlungen verbreitet, in einem gewissen Umfang
Gartenbau zu betreiben. Die überschüssigen Produkte werden entweder privat abgegeben oder an entsprechende Stellen geliefert, ggf. auch
im Tausch gegen andere Produkte.

Der Gartenbau-Betrieb:

- der Anbau von Gemüse: Kartoffeln; Tomaten; Zucchini; Zwiebeln,
   Lauch; Gurken, Bohnen, Kohl-Sorten aller Art, Kürbis usw.,

- der Anbau von Obst wie Erdbeeren, Beeren-Sträucher (Himbeeren
   usw.) und Bäumen (Apfel, Birnen, Kirschen, Pflaumen usw.)

- der Anbau von Kräutern und von Blumen: zur Zierde, aus Interesse
   an Botanik, zu Nutzzwecken wie die Sonnenblumen-Kerne,
   zum Würzen oder auch zu medizinischen Zwecken.

An Kleintier-Haltung kommt etwa in Betracht:
Kaninchen, Meerschweinchen; Hühner, Gänse; Schafe, Ziegen,
Schweine…

Vielleicht ist damit auch der „Kleintier-Bedarf" der Kinder gestillt, vielleicht gibt es darüber hinaus Vögel, Hunde, Katzen usw. Weitere Tiere wie Pferde finden sich in dem Kinder- und Jugend-Farm-Bereich im Kinder-Garten und für ältere Kinder in weiteren Bereichen des Biologischen Instituts.

Gewisse handwerkliche und künstlerische Aktivitäten in den Klein-siedlungen:

Spinnen, Stricken, Wolle-Färben; Weben, Flechten; Nähen; Töpfern;
Treibarbeiten (Schmieden), einfache Schreiner-Arbeiten (Sägen,
Schnitzen)
Koch-Kunst; Grillen; Einmachen;
Malen, Plastizieren;
Musik: Singen; Klatschen, Perkussion; Gitarre; Blasinstrumente -
Tanz
Erzählen, Theater (Rollen-Spiele; Figuren-Theater)
Kunst

Selbst produzierte Keramik in Hand-Arbeit:
Schüssel, Teller (farbig)

Zur Abwechselung gibt es auch Streifzüge durch die Natur, Spazier-gänge sowie Besuche. Die Streifzüge können dabei auch gezielten Un-ternehmungen dienen:

Beeren-Pflücken (Waldbeeren; Brombeeren, Himbeeren; Holunder,
Sanddorn), Sammeln von Pilzen, Bärlauch, Nüssen usw., von Buch-eckern; evtl. Kastanien, Eicheln usw. für die Tiere.

Diese Kleinsiedlungen sind oft auch von den Tätigkeiten unmittelbar mit einem Hof-Betrieb verbunden, so etwa bei dem Melken, dem Heu Machen, eine Aufsicht bei den Schaf-Herden usw.

Doch ist auch denkbar, dass die Erwachsenen (tages-) zeitlich begrenzten Aktivitäten auch außerhalb der Siedlungen nachgehen, vermutlich eher Männer, aber bei Interesse und Bedarf auch Frauen (etwa auch im Abwechseln). Dieses Maß ist im Einzelnen eine Sache der Bedürfnisse und der Absprache. Zu denken ist hier an eine durchschnittliche zeitliche Größenordnung eines Vormittags oder Nachmittags, was auch ein Abwechseln der Eltern ermöglicht. Eine ganztägige oder gar mehrtägige Abwesenheit kommt vor, jedoch eher nur in Einzelfällen bei außergewöhnlichen Persönlichkeitsanlagen und bei besonderen Angelegenheiten.

Auch bei diesen Tätigkeiten außerhalb der Siedlungen wäre im Allgemeinen während der Kleinkindzeit an entsprechende Tätigkeiten wie am Haus zu denken: Feldarbeiten (Pflügen, Heumachen, Getreideanbau) in Verbindung mit dem Biologischen Institut, Arbeiten bei der Großtier-Haltung (Pferde, Milchproduktion), Arbeiten bei der Weiterarbeitung von landwirtschaftlichen Produkten (Molkereiprodukte, Küchenarbeiten in den Restaurants usw.), handwerkliche und künstlerische Arbeiten in entsprechenden Einrichtungen wie einer Töpferei, Holzwerkstatt usw.

Der Grundsatz ist hier der gleiche. Es empfiehlt sich im Allgemeinen, wenn die Arbeiten in der Zeit der Säuglingsstufe seiner Kinder mit der Lebensform in den Wohnverbänden in Verbindung stehen und *für die Kinder begreiflich* sind. Hier und da werden die Kleinkinder mit zu diesen Aktivitäten mitgenommen, zunächst auch in Tragetüchern oder Tragesäcken.

Diese Formen der Aktivitäten außerhalb der Siedlungen während der Kleinkind-Zeit dienen in Telotopia den legitimen Bedürfnissen der Eltern nach Abwechselung oder zu differenzierteren Aktivitäten, als sie in der Siedlung möglich sind. Es gibt hier keinen Grund, solcherlei Aktivitäten zu problematisieren, sofern sie sich zeitlich im Rahmen halten und effektiv eine Sache der gegenseitigen Kommunikation sind. Sich auf ein Kind einzulassen, meint nicht, sich als Sklave des Kindes sehen zu müssen oder gar zu sollen. Sofern effektiv kindgerechte

118

Verhältnisse geboten werden, haben sowohl die Kinder als auch die Frauen und die Männer Recht auf Selbstverfügung. Kultur bedeutet dabei die Fähigkeit, das Persönlichkeitsmoment und das Soziale in ein produktives Verhältnis zu bringen. Man begreift es in Telotopia jedoch als Bestandteil des Einlassens auf das Kind, sich während der Zeit der ersten Lebensjahre des Kindes wesentlich eine einfache, sinnliche Lebensform aufzunehmen, was tendenziell auch dem üblichen biographischen Durchgang entspricht. Geistig oder technisch komplizierte Aufgaben und Tätigkeiten pflegt man in Telotopia typischerweise erst ab 30 aufzunehmen, sofern man daran interessiert ist.

Die sich hier empfehlenden Tätigkeiten sind nicht von der Sache mit großen Herausforderungen verbunden. Dafür ist zu anderer Zeit Gelegenheit. Hier geht es um die Herausforderung einer optimalen Beziehung zu seinen Kindern. Die Garten-, handwerklichen und Handarbeiten sind hier auf jeden Fall ein Ansatz für die Chance, die Welt auf der Erwachsenen-Ebene mit den Augen der Kleinkinder entdecken zu lernen, und dies ist gleichermaßen für die Kinder wie für die Erwachsenen förderlich.

Hüttenanlage mit Feuerstelle, Sandkasten, Gewächshäusern (hier nicht zu sehen)

3.2.2 Die Kinder-Garten-Anlagen

Ein Beispiel für den Übergangs-Bereich mit Blick auf die Anlauf-Häuser

Nach dem Ende der (evolutionär ursprünglichen) Säuglings-Phase beginnt etwa im Alter von 3 Jahren eine neue Entwicklungs-Phase, die in Hinsicht auf die äußeren Gegebenheiten von bedeutsamer Konsequenz ist.

Die Kinder werden körperlich und vor allem geistig ein entscheidendes Moment selbständiger. Erikson bezeichnet die hier zuerst aufkommende Stufe als >Initiative vs. Schuldgefühle<.

Bei uns ist diese Phase mit dem Brauch verbunden, die Kinder in einem Kindergarten unterzubringen. In Telotopia ist dies ähnlich, doch auch entscheidend anders. Das Konzept des >Kinder*gartens*< geht in die richtige *Richtung,* ist aber effektiv weiterzuentwickeln.

In Telotopia gilt die wissenschaftliche Einsicht, dass eine tatsächliche Pädagogik zunächst einmal darin besteht, den Kindern einen kindgerechten Lebensraum mit für sie interessanten Lern- und Tätigkeitsmöglichkeiten samt der Möglichkeit zu dem Kontakt zu mindestens einem Elternteil zu bieten.

Diese Einsicht ist dort in der Anlage der Kinder-Gärten umgesetzt. Diese Kinder-Gärten sind eine spezielle, weitgehend mit einer Hecke umgebene größere Einrichtung in einer Art Park, die in Anlage und Ausstattung auf die Bedürfnisse, Interessen und Möglichkeiten der Kinder in dem Alter von ca. 3 bis 10 Jahre zugeschnitten sind.

Diese Kinder-Gärten sind also nicht bloß für die Kindergarten-Phase angelegt - die in Telotopia Primar-Stufe genannt wird -, sondern auch für die Entwicklungen der Grundschule bei uns (in Telotopia Sekundar-Stufe sowie Beginn und Übergang zur Tertia). Von diesen Zusammenhängen in dem Kinder-Garten können die Kinder selbst ihre Entwicklungen und Lern-Formen in Tempo und Ausmaß bestimmen. Die verschiedenen Angebote an Spiel und im Lernen werden in dem Kinder-Garten immer aktuell auf die Interessen und Entwicklungen der Kinder abgestimmt.

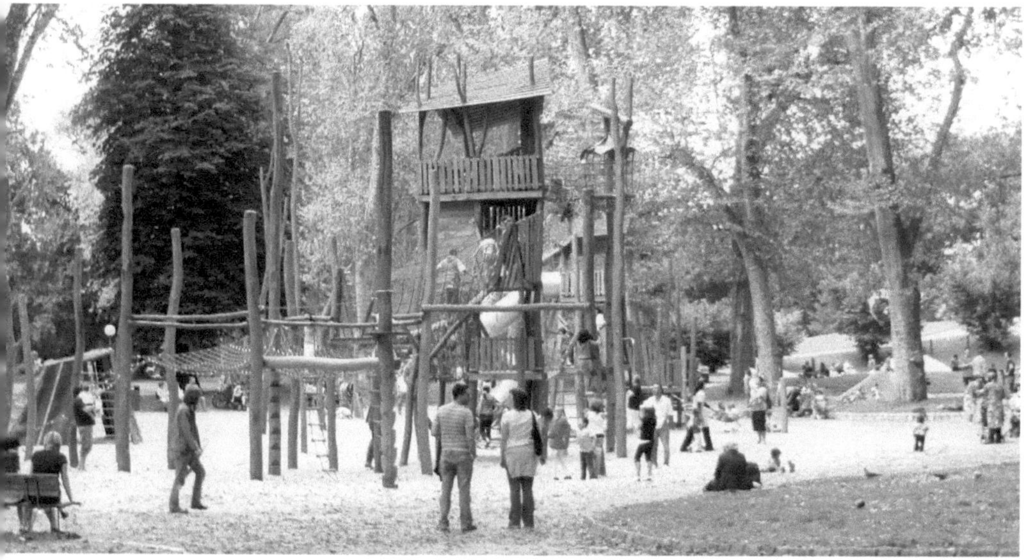

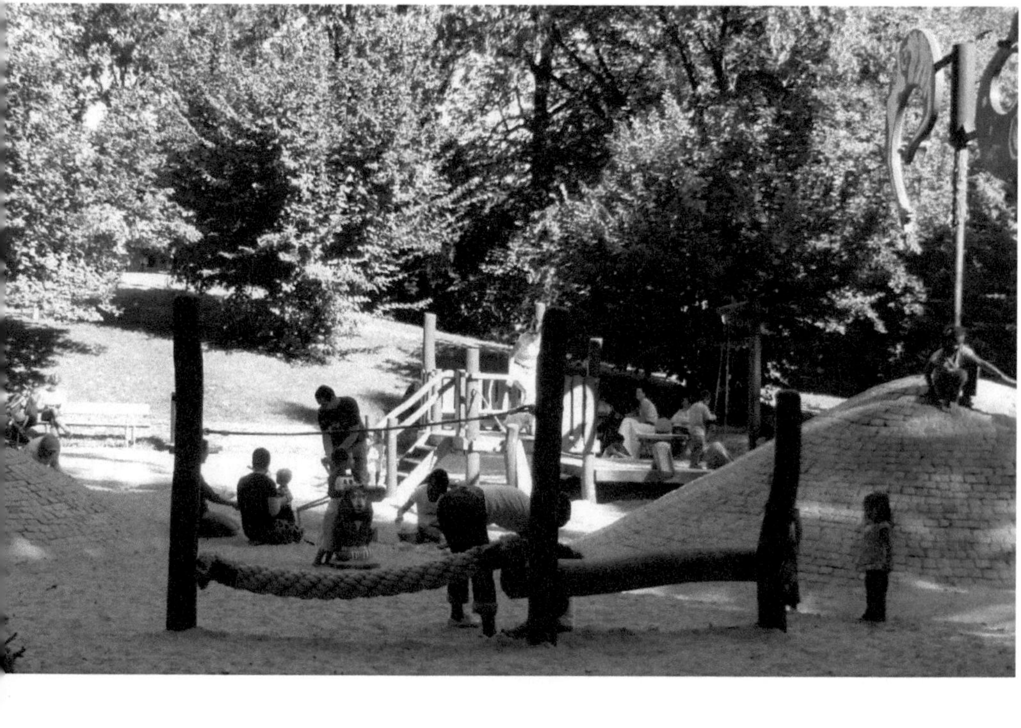

Am Wasser (Fluss, See)

Insgesamt sind die Kinder-Gärten von Telotopia jedoch ein Park voller Attraktionen für Kinder und Erwachsene. Er kann in Teilen >fantastisch< wie ein Fantasia- oder Disney-Land angelegt sein. Er beinhaltet eine Art Zirkus-Theater mit vielen Aufführungen, Erzählungen, Theater-Spielen, Figuren-Theater und Musik; eine Kinder-Farm mit Tieren und Gärten; eine Anlage mit verschiedenen Künstler-Ateliers und Werkstätten mit Angeboten für Kinder und Erwachsene usw. Entsprechend ist es üblich, dass die Eltern diese um die Ecke liegenden kulturellen Möglichkeiten auch für sich selbst nutzen, vor allem in der Zeit, wo die Kinder noch klein sind. Der Kinder-Garten enthält auch Arbeitsmöglichkeiten und Bildungsangebote für die Eltern, auch jenseits eines Kinder-Kontextes.

3.2.3 Die Primar-Stufe

Auf jeden Fall lernt ein Kind aufgrund der Attraktionen für Kind und Eltern eine Kinder-Garten-Anlage schon vor dem Alter von drei Jahren kennen, zunächst freilich eher nur in (mit der Zeit zunehmenden) Ausflügen.

In Telboro gibt es 4 solcher Kinder-Gärten. Doch insgesamt hängt in Telotopia die Anzahl der Kinder-Gärten von den Naturgegebenheiten und der Anlage einer Boro und dem Aufbau ihrer Kultur- und Bildungs-Angebote ab.

Bei 4 Kinder-Gärten in einer Boro umfasst ein Jahrgang ungefähr ein Dutzend Kinder. Dies ergibt für unsere Kindergarten- = Primar-Stufe entsprechend der Jahrgänge 3 – 4 Dutzend, also bis zu etwa 50 Kinder und noch einmal so viel für die Grundschul- = Sekundar-Stufe. Da diese Stufen strukturiert sind, ist diese Anlage für die Erwachsenen und bald auch für die Kinder gut überschaubar.

Insgesamt umfasst ein Kinder-Garten-Park die verschiedensten Elemente und Einrichtungen. Diese sind nicht nur für die Kinder angelegt, sondern bieten auch den Eltern Möglichkeiten zu Aktivitäten für die Länge der Zeit, in der die Kinder dort verbleiben wollen.

Dazu gehören auch Waschmaschinen und die Möglichkeiten, Essen zuzubereiten, aber auch Möglichkeiten zu beruflichen und/oder kulturellen Aktivitäten. In diesen Kinder-Gärten gibt es auch Bereiche mit Gartenbau und Tierhaltung, die auch zur Selbstversorgung dienen. Wichtiger aber ist das bunte vielseitige und abwechslungsreiche Angebot vom einfachen Da-Sein über Spiel bis Arbeit in selbst bestimmter Mischung, die es auch für das Alter der jungen Eltern interessant machen, zumindest während der Kindergarten-Zeit (Primar-Stufe) ihrer Kinder dort auch selbst einen halben Tag oder mehr zu verbringen.

Es besteht *für die Kinder* keine Pflicht, in den Kinder-Garten zu gehen, weder allgemein noch im Tagesbetrieb. Nur haben umgekehrt die Eltern kein Recht, ihren Kindern den Aufenthalt im Kinder-Garten vorzuenthalten.

Die Anlage dieser Kinder-Gärten gilt in Telotopia >lediglich< als die allgemein optimale Form, mit seinen Kindern in Verbindung zu leben und wirklich etwas von seinen Kindern und ihrer einmaligen und letztlich kurzen Kindheit zu haben. Denn hier ist der speziell dafür eingerichtete Raum für die Lebendigkeit, die Kreativität und die Lebensfreude der Kinder und einer dialogischen Beziehungs-Kultur mit den Kindern auf Augenhöhe. Die jeweils konkrete Ausgestaltung seiner Aktivitäten kann hier jede/r in gemeinsamer Kommunikation selbst bestimmen. Die Eltern fungieren hier nicht als „Aufpasser", nicht als die Verantwortlichen für die Unterhaltung der Kinder und nicht zwangsweise als die unabdingbaren Spiel-Partner. Als >Aufpasser< an den Spielplätzen und –Geräten gibt es dort, wenn dies nicht Eltern oder Großeltern übernehmen, Pädagog/innen. Die Eltern können, ganz wie sie wollen, in Gemeinschaften zusammen sein, ein Buch lesen, auf dem Rasen picknicken, an Spielen teilnehmen oder Arbeiten und Tätigkeiten nachgehen. Es soll nur auf jeden Fall zumindest eine Bezugsperson für das Kind *selbständig* nach seinem Bedarf erreichbar sein.

Der Aufbau der Kinder-Garten-Parks entspricht dem allgemeinen Entwicklungsprozess der Kinder. In ihren Eingangsbereichen liegen die Spielplätze: größere Sandkästen (mit entsprechendem Spielzeug), Spielgeräte, Rasenflächen zum Picknicken, Liegen oder Spielen, somit also der Bereich, der zuerst für die kindliche Entwicklung zentral ist.

Daran schließen die Einrichtungen an, die im Weiteren von Interesse werden. Noch weiter außen liegen die speziellen Einrichtungen für die Sekundar-Stufe und ganz für sich am Rand und optisch gut geschützt die Einrichtungen für die ganz anspruchsvollen Inhalte, wie etwa die Schreib-Werkstatt, die Mathe-Werkstatt und ein >Haus der Bücher< (mit Büchern für die Kinder). Dort können sich die Kinder in ansprechender ruhiger Atmosphäre von interessanten Personen in die Geheimnisse des Lesens, Schreibens, Rechnens und des Lebens (über die Bücher) einweihen lassen und sich darin einüben.

Insgesamt gibt es in den Kinder-Gärten noch weitere Einrichtungen, so etwa eine Art Zirkus, eine Kinderfarm mit Tieren, Gärten und Beeten, bei denen die Kinder mitmachen können, wenn sie mögen. Alle diese Möglichkeiten, vom Spielplatz bis zu dem Zirkus zu den Gärten und einem >Haus der Bücher<, liegen in dem Kinder-Garten in großer Nähe, vom Zentrum bis zu dem Rand kaum über 50 m auseinander. So können sich die Kinder ganz entsprechend ihrer Entwicklung diese Möglichkeiten Schritt für Schritt erschließen und diese dann ganz nach ihren Bedürfnissen und Interessen nutzen.

Die Anlage der Kinder-Gärten und ihre Struktur nimmt also die neue Entwicklung der Kinder auf, die in dem Alter von etwa 3 Jahren einsetzt. Für diesen Zugang sind zunächst die Spielplätze in den Eingangsbereichen angelegt.

Die Bekanntschaft mit den Kinder-Gärten beginnt für die Kinder damit, dass die Eltern mit ihrem Kind in dessen 3. Lebensjahr zunächst gelegentlich zu einem Kinder-Garten gehen. Wenn sie merken, dass bei dem Kind ein näheres Interesse daran erwächst, beginnen sie, sich und das Kind systematischer auf den Besuch des Kinder-Gartens einzustellen. Zunächst geht man dann häufiger in diesen Kinder-Garten.

Auch für die Eltern ist dieser Prozess bei dem Kind gemeinhin insofern von Bedeutung, als dass damit auch für sie ein neuer Lebensabschnitt in Wohnen und Tätigkeiten beginnt. Auch die Eltern stellen sich nun für sich darauf ein, inwiefern der Kinder-Garten auch für sie selbst von Interesse sein könnte, etwa mit einer Ausbildung, mit Hobbys oder auch beruflichen Tätigkeiten.

Falls man bislang ganz am Rande einer Boro lebte, wird man nun in eine Nähe eines Kinder-Gartens ziehen, die für die Kinder selbständig machbar wird. Für das 4. Lebensjahr ließe sich vorstellen, dass zumindest ein Elternteil zunächst mit dem Kind zusammen für eine täglich begrenzte Zeit zu dem Kinder-Garten hin und dann auch mit ihm wieder nach Hause geht. Das Kind wird nicht gleich die ganzen Möglichkeiten des Kinder-Gartens aufnehmen können.

Doch mit der Zeit wird die kindliche Initiative bzgl. seiner Umgebung und des Kinder-Gartens profilierter. An dieser Stelle wird es mehr und mehr von Bedeutung, dass die Strecke zwischen dem Wohn-Kontext, dem Kinder-Garten und einem Elternteil für das Kind >machbar< ist.

Darin besteht der zunächst entscheidende Punkt für die kindliche Entwicklung. Das Kind soll über seine Aktivitäten soweit selbst entscheiden und hierbei auch mindestens eine Bezugsperson selbständig aufsuchen können.

Auf jeden Fall gibt es in guter Nähe zu den Kinder-Gärten einige Häuser, die für ein Wohnen mit Kindern in dem Kindergarten-Alter konzipiert und dafür bei Bedarf reserviert sind (ggf. auch speziell als Übergang für die Zeit der 4jährigen). Da es anspruchsvollere und/oder interessantere Wohn-Möglichkeiten in für größere Kinder kaum nennenswerter Entfernung gibt (z.B. 100 m), wird man in diesem Fall danach meist gerne wieder umziehen, wenn man nicht gleich dort eingezogen ist. Ab dem Alter von 6 dürfte eine Wegstrecke von 100 m oder wenigen Hundert Metern gemeinhin kein Problem darstellen, gibt es hier keine Gefahren eines Straßenverkehrs oder sonstiger Art.

Die allgemeinere Erfahrung geht dahin, dass im Alter von ca. 3 Jahren in der kindlichen Bewusstseinsentwicklung eine Stufe aufkommt, auf der die Möglichkeiten des Kinder-Gartens zu einem systematischeren Interesse werden.

Diese Entwicklung pflegt in Telotopia in der Form aufgenommen zu werden, dass die Eltern mit den Kindern diese Anlage zunehmend aufzusuchen pflegen. Das geschieht neben Rundgängen in der Anlage und einem gezielten Aufsuchen der besonders interessierenden Angebote auch in der Form, dass man zusammen zu der großen Spielplatzanlage geht. Dort sucht man sich bei gutem Wetter einen Picknick-Platz aus, wo man sich niederlässt. Für schlechtes Wetter gibt es verschiedene Räumlichkeiten zum Aufenthalt.

Das Kind kann hier bald eigenständig den Arbeitsplatz von Mama oder Papa in dem nebenan gelegenen biologischen Institut aufsuchen

Selbst wenn hier die Mutter bzw. die Eltern mit ihrem Kind allein hierhin kommen sollten, so ist doch zu erwarten, dass auch noch andere bekannte Erwachsene mit ihren Kindern hier erscheinen. Von daher hat auch das Kind bekannte Spielkameraden, und auch für die Erwachsenen ergeben sich von dieser gemeinschaftlichen Basis her die unterschiedlichsten Möglichkeiten. Es wäre auf jeden Fall überhaupt kein Problem, wenn jemand von den Eltern für eine Stunde in eins der dortigen Häuser geht. Selbst wenn das Kleinkind plötzlich ganz dringend die betroffene Person brauchen sollte, ist immer ein bekannter Erwachsener da, der das Kind zu ihr bringen kann. Gemeinhin ist ein dreijähriges Kind nach ein paar Wochen zu der Orientierung in der Lage, bei Bedarf bei diesen geringen Entfernungen den Arbeitsplatz der Mutter oder des Vaters alleine aufzusuchen oder auch den Weg nach Hause allein oder zumindest im eigenen Rückgriff auf eine Bezugsperson zu bewältigen. Damit erreichen die Kinder eine entscheidende Stufe an Selbständigkeit.

Insgesamt verfügt ein typischer Kinder-Garten von Telotopia über:

- einen im Eingangsbereich befindlichen gut ausgestatteten Spielplatz mit Sand,

- eine Art „Bagger-Teich", d.h. ein kleiner flacher „See" mit Sand-Strand zum Plantschen und Matschen; evtl. auch über ein kleineres Schwimmbad;

- flache Gelände für Spiele wie etwa Fußball;

- ein Gelände mit Bäumen als „Abenteuer-Spielplatz" zum Buden-Bauen, Klettern und mit Feuerstellen;

- Häuser mit Küche und Ess-, Spiel- und Unterrichtsraum;

- Gartenanlagen und einen Kinder- und Jugend-Zoo-Farm-Bereich des Biologischen Instituts mit diversen Tieren wie Hamster, Ponys usw.;

- diverse Werkstätten und Künstler-Atelier;

- Hütten oder Zelte für Zirkus-, Erzähl-, (Figuren-) Theater-Vorführungen,

- Räumlichkeiten für Theater-Spiele, Musik, Tanz usw.

Weiterhin gibt es in der typischen Art Telotopias flexible Raum- und überdachte Möglichkeiten wie spannbare Planen, Zelte, Hütten und Bauwagen.

3.2.3.1 Kreativität und Spiel

„Die Wurzeln der Kreativität liegen in der Kindheit." [13]

Die humanevolutionäre Entwicklung entstand aus den Weiterentwicklungen des kindlichen Spieltriebs.

Der kindliche Spieltrieb ist biologisch mit der evolutionären Entwicklung des Großhirn-Sektors (Neokortex) als Teil der Gehirn-Anlage verbunden. Sind die anderen Bereiche des Gehirns genetisch fixiert, so kam in der Evolution der Neokortex hinzu, um über den kindlichen Spieltrieb das genetisch fixierte Verhalten durch eigene Erfahrungen erweitern zu können. Entsprechend sind die Kindheiten umso länger, je höher der Anteil des Neokortex im Gehirn liegt.

Existiert dieser Spieltrieb allgemein bei den Lebewesen mit einer Neokortex-Anlage, so entstand aufgrund der Evolution von Sprache bei den Hominiden vor ca. 2,5 Mio. Jahren dann mit der Humanevolution vor etwa 0,5 Mio. Jahren eine entscheidende Weiterentwicklung der Kindheit. Bei den mit einem deutlich unreiferen Gehirn geborenen Säuglingen kam es zu einer beträchtlichen Ausweitung der Kindheit und des Spiels. Von dort her ist in der Tat „Vom Ursprung der Kultur im Spiel" zu sprechen, wie es Johan Huizinga im Untertitel seines Buchs >Homo ludens< formulierte.

Der humanevolutionär entscheidende Komplex verknüpft sich, anders als oft immer noch vertreten wird, mitnichten mit der Ausprägung von Sprache, mit technischer Intelligenz und Werkzeugen – dies liegt vielmehr bereits auf der vorausgehenden Stufe der Hominiden. Doch starb diese im Unterschied zu den Menschenaffen und den noch älteren einfachen Affen bei aller Verbreitung komplett aus – nicht, weil sie über zu wenig Gehirn, Sprache und Technologie verfügte, sondern in *ihrer Form* über zu viel.

---

[13] D. Goleman, P. Kaufman & M. Ray: Kreativität entdecken, S. 60

Die Bedeutung der Evolution von Sprache und der technischen Intelligenz verknüpfte sich mit den evolutionären Notstandsproblemen vor ca. 2,5 Mio. Jahren in dem geologischen Umbruch vom Pliozän auf das Pleistozän. In Hinsicht auf die hier entstandenen Notstandsprobleme wurde die Entwicklung von Sprache und technischer Intelligenz in Verbindung mit einem immer größeren Gehirn höchst leistungsfähig. Doch ohne die besonderen Notstandsprobleme war ihre Anlage zu aufwendig und zu kompliziert, und von daher entstanden offenbar immer größere soziale Probleme, bis diese Stufe dem Aussterben verfiel.

Von hierher wurde die humanevolutionäre Entwicklung von Kultur von Bedeutung und bei dieser höheren Großhirn-Anlage mit Sprache auch zur – *alleinigen* – evolutionären Lösung. Die kulturale Anlage unserer Art Homo sapiens entstand aufgrund von Kreativität, Spiel und Kommunikation in der Ablösung von der genetischen Verhaltenssteuerung zwecks einem fähigen Beziehungs- und Sozialleben = *Kultur*. [14] Erst auf der Basis der Kulturellen Intelligenz konnte die hominide Stufe mit Sprache, Technischer Intelligenz und Technologie menschlich sinnvoll wie übrigens auch steuerbar werden. Die Bedeutung des Spielerischen liegt beim Menschen im Eigentlichen nicht in der Vorbereitung zu Technischem und Funktionalem, sondern im Erwerb von Beziehungs- und sozialer Verhaltens-Fähigkeit.

Aufgrund der besonders hohen Unreife des Gehirns der Säuglinge zum Zeitpunkt ihrer Geburt kommt also beim Menschen dem Spielerischen eine besonders große Rolle zu. Dies beginnt schon auf der frühen Säuglingsstufe mit so wunderbaren Theatersprachspielen wie *ei-tei-tei* und *du-du-du,* was in Interaktion mit dem Säugling auch oft in einer veränderten Stimmlage gesprochen wird (>Ammensprache<). Diese Spiele sind von großer Bedeutung für die kindliche Entwicklung und entsprechen den ersten Möglichkeiten des Säuglings. Diese ersten Theatersprachspiele, die schon auf der Stufe 1 bei Erikson beginnen, erweitern sich dann in ihrem Niveau zu Sprachspielen, Singen und theaterartigen Interaktionsspielen mit dem Säugling.

---

[14] Eine ausführliche Abhandlung dieser Entwicklung findet sich in meinen beiden Büchern zur Humanevolution

Das Spielerische und Kreative beginnen schon auf den ersten beiden Stufen nach Eriksons Modell (das hier auf den Erkenntnissen Freuds basiert). Auch dies ist von erheblicher Bedeutung und in der Anlage von Telboro berücksichtigt. Doch auf der dritten Stufe nach Eriksons Modell kommt in es der kindlichen Entwicklung etwa im Alter von 3 Jahren geistig wie körperlich zu einem neuen Niveau. Hier beginnt bei uns die Kindergarten-Zeit und in Telotopia die Aufnahme des Kinder-Gartens, zunächst in Form der Primar-Stufe.

Ohne dies in einen Gegensatz zu den ersten beiden Stufen in Eriksons Modell zu stellen, kann gesagt werden, dass Eriksons Stufe 3 = die Primar-Stufe von Telotopia die entscheidende Grundlage für die Entwicklung des Kreativen und Spielerischen in Persönlichkeit und Sozialleben stellt. Ganz in diesem Sinne kommt der Primar-Stufe der Entwicklung von Lebendigkeit und Lebens-Qualität eine fundamentale Bedeutung zu, und ganz entsprechend ist diese Stufe in Telotopia beachtet und ausgestaltet, so bereits äußerlich in der Anlage der Kinder-Gärten.

Es ist in der Wissenschaft an sich längst bekannt, dass das freie und von den Kindern selbst bestimmte Lernen in einem spielerisch-kreativen Kontext die optimale Form des Lernens und der Entwicklung von Lebensqualität ist (erklärt sich auch die humanevolutionäre Entwicklung allein in dieser Weise).

„Um die logischen Fähigkeiten von Tieren genauer zu bestimmen, setzte man junge Schimpansen in einen Käfig, in dem ein langer Stock lag, und platzierte gerade außer Armreichweite eine Banane. Die Schimpansen hatten noch niemals Gelegenheit gehabt, mit Stöcken zu spielen, und unternahmen auch keinen Versuch, den Stock in ihrem Käfig zum Heranziehen der Banane zu benutzen. Sie bemühten sich, die Banane mit der Hand zu erreichen, und gaben nach einigen vergeblichen Versuchen schließlich auf. Eine andere Gruppe junger Schimpansen, denen man vor dem Test drei Tage Zeit gegeben hatte, mit Stöcken zu spielen, erkannten innerhalb von zwanzig Sekunden die Lösung. Ihr scheinbar zielloses Herumspielen hatte es ihnen erlaubt, ein reichhaltiges Wissensnetz über Stöcke aufzubauen. [...]

Mit Kindern im Alter von 3 bis 5 Jahren führte man ein ähnliches Experiment wie mit dem Schimpansen durch. Sie wurden vor die Aufgabe gestellt, zwei Stöcke zusammenzuschrauben, um damit Gegenstände zu erreichen, die am anderen Ende des Tisches auf einem Tablett standen. Kinder, denen man zunächst erlaubt hatte, mit Stöcken und Verbindungsstücken zu spielen, konnten das Problem nicht nur schneller lösen als andere Kinder, die keine Gelegenheit gehabt hatten, solche Erfahrungen zu sammeln, sondern auch schneller als eine Gruppe von Kindern, denen ein Erwachsener die richtige Methode vorgemacht hatte." [15]

Entsprechend stellt der Hirnforscher Gerald Hüther fest:

„Deshalb können wir Menschen vor allem während der Kindheit auch so viel lernen. Aber eben nicht, indem uns schon früh Druck gemacht und Leistung abverlangt wird. Und erst recht nicht, wenn wir zum Lernen gezwungen werden und uns vorgeschrieben wird, was wir zu lernen haben.
Damit dieses riesige Potenzial an Vernetzungsmöglichkeiten im Gehirn möglichst gut stabilisiert werden kann und die in unseren Kindern angelegten Talente und Begabungen zur Entfaltung kommen, müssten wir ihnen möglichst lange und in einer möglichst vielfältigen Lebenswelt Gelegenheit bieten, ihrer Entdeckerfreude und ihrer Gestaltungslust in allen nur denkbaren Bereichen nachzugehen. Mit anderen Worten: Sie müssen so viel und so oft wie möglich und auf so vielfältige Weise wie möglich – spielen dürfen." [16]

Doch vor allem >Werksinn< (s.u.) geht es bei dem Kreativ-Spielerischen um die soziale Dimension.

„Jedes echte Spiel ist eine Schule des Gemeinsinns." [17]
„Wer spielt, begegnet dem anderen als einem Gegenüber auf Augenhöhe." [18]

---

[15] John McCrone: Als der Affe sprechen lernte, S. 139 f.
[16] Gerald Hüther & Christoph Quarch: Rettet das Spiel! S. 39
[17] Gerald Hüther & Christoph Quarch: Rettet das Spiel! S. 200
[18] Gerald Hüther & Christoph Quarch: Rettet das Spiel! S. 17

Der Märchenonkel im Einsatz

Neben Laut-, Sing- und Bewegungsspielen wird im Weiteren das Erzählen von Geschichten von Bedeutung und Interesse. Dies beginnt zunächst mit Märchen, erhält dann aber zunehmend, auch von dem Interesse der Kinder her, eine didaktische Logik in der Vermittlung von Gegebenheiten der Welt.

„Kleine Kinder lieben Geschichten und wollen immer wieder welche hören. Sie können komplexe Zusammenhänge begreifen, sobald man sie ihnen in Form von Geschichten präsentiert [...]." [19]

„Märchenstunden sind die höchste Form des Unterrichtens." [20]

„Ein guter Lehrer wird Geschichten erzählen. [...] *Geschichten* treiben uns um, nicht *Fakten*. Geschichten enthalten Fakten, aber diese Fakten verhalten sich zu den Geschichten wie das Skelett zum ganzen Menschen. Wer glaubt, beim Lernen gehe es darum, Fakten zu büffeln, der liegt völlig falsch; Einzelheiten machen nur im Zusammenhang Sinn, und es ist dieser Zusammenhang und dieser Sinn, der die Einzelheiten interessant macht. Und nur dann, wenn die Fakten in diesem Sinne interessant sind, werden wir sie auch behalten." [21]

---

[19] Oliver Sacks: Der Mann, der seine Frau, S. 242
[20] So der Hirnforscher Gerald Hüther: Was wir sind, S. 164
[21] (Der Neurowissenschaftler) Manfred Spitzer: Lernen, S. 35

Sehr beliebt sind Clown-Figuren

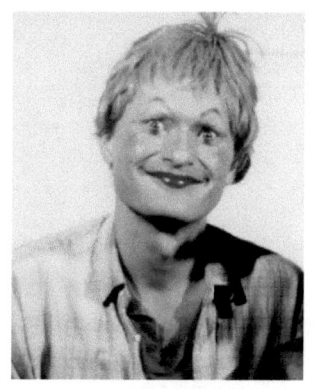

Dieses Erzählen wird auch in Form von Puppen- und Figurentheater und schauspielerisch geboten und in theaterartigen Rollenspielen aufgenommen. Wie schon das Zitat von Erikson unter „Initiative vs. Schuldgefühle" angesprochen hat, liegen in dieser Phase auch die Grundlagen des Spiels mit Rollen. Entsprechungen in Ausgangsformen von Theater sind hier von Bedeutung, um Erfahrungen bzgl. seiner Identität wie seiner Verhaltensfähigkeit zu schaffen. Erfahrungen mit Rollen-Spielen sind die einzige sichere Alternative zu Identitätslosigkeit, falschen Identifikationen und einer Fixierung auf Rollen – womit das menschlich Eigentliche an Persönlichkeit nicht erreicht würde.

Rollen-Spiele: Tiere nachspielen
Figuren-Theater: Spielpuppen, Spielfiguren, Verkleiden; Maske
Spiele: Geschicklichkeits-Übungen   Zirkus

Ein Ansatz dabei ist die Aufnahme des kindlichen Bezugs zur Natur. Dem wird in Telboro in der Anlage der Kinder-Gärten und dort im Besonderen mit der Kinder-Farm wie mit Exkursionen ganz nach dem Interesse der Kinder entsprochen.

„Kleine Kinder hegen eine echte, tiefe Liebe zur Natur, eine unersättliche Neugier und einen Sinn für das Wunder winziger Kleinigkeiten. Sie bestaunen mit offenem Mund einen Marienkäfer, der einen Halm hinaufkrabbelt, oder hocken sich auf den Boden, um eine Ameisenarmee dabei zu beobachten, wie sie ein Blatt zu ihrem Ameisenhügel trägt. [...]
Draußen zu sein weckt die Ausgelassenheit in den Kindern, die Lust, durch den Wind zu laufen, sich Grasabhänge hinabzurollen, Bäche hinaufzupaddeln, am Strand Rad zu schlagen oder barfuß im Regen zu tanzen. Wenn sie einmal draußen sind, kommt die Motivation und Fantasie zum Spielen von selbst. Aber auch dann brauchen sie immer noch verantwortungsvolle Erwachsene, die die Zeit und Energie finden, sie mitzunehmen – und die ein paar Spielideen in petto haben. [...] Das Wichtigste ist ohnehin, die Freude und Begeisterung des Kindes zu teilen, ob es nun einen Schmetterling oder Wurm, eine Vogelfeder oder einen Kaninchenschädel entdeckt hat.“

Fiona Danks & Jo Schofield: Spielplatz Natur, S. 13

(Wald-Kindergarten)

Großvater mit Enkel unterwegs

Kaum zufällig ergibt sich hier eine Verbindung zu >**Kunst**<, gehört dies zu diesem Spielerischen als eine fundamentale Bewusstseins-Kategorie von >Kultur<, etwa als Malen und Plastizieren.

„Malen – eine Anleitung zum Glücklichsein. [...] Im Moment des Malens, des kreativen Schaffens, fällt alles von einem ab. Ein schwereloser Zustand ist erreicht. Fühlen, Erkennen, Gestalten sind eine Einheit.
Für Kinder ist das selbstverständlich, solange man sie frei lässt, nicht beeinflusst, nicht kritisiert. Ihre Phantasie ist grenzenlos, schwingt noch in Bereichen, die uns längst verschlossen sind. Die unglaublichsten Dinge werden ganz selbstverständlich miteinander verknüpft. Es gibt nicht richtig und falsch. Alles ist möglich. Und vor allem: Es gibt nicht begabt und unbegabt. Diese Wertigkeiten gelten nur im Erwachsenenleben. Bei kleinen Kindern, besonders im Vorschulalter, wenn noch niemand an ihnen herumgeschnitten hat, malt >der liebe Gott< noch mit. Innen- und Außenwelt sind bei ihnen noch unmittelbar miteinander verbunden.
[...]
Frühkindliche Kreativität muss erhalten bleiben, da sie später sehr viel schwerer wiederzugewinnen ist. Erwachsene soll es [*das Buch*] auffordern, den Kindern zu folgen, nicht feige zu behaupten: Ich kann nicht malen, sondern sich alleine oder mit den Kindern ohne Hemmungen in das Abenteuer Farbe und Form zu stürzen." [22]

Komplex geformte Äste (Strauchwerk) zu bemalen, hat sich mir als ein guter Ansatz gezeigt. Daraus folgte spontan die Malerei einer 4-Jährigen (rechts, Größe Din A4)

---

[22] A. Tesche-Mentzen [Text] & H. Koebl [Fotos]: Kunst von Kindern, S. 10 f.

3.2.4 Die Sekundar-Stufe

Erik Erikson schreibt zu der diesbezüglichen Stufe >**Werksinn**< als der *Alternative zur Entwicklung des Minderwertigkeitskomplexes*:

„Obwohl alle Kinder es brauchen, dass man sie zeitweilig allein spielen lässt (oder sie später den Büchern, dem Radio, dem Film oder Fernsehen überlässt, die wenigstens manchmal etwas zu bieten scheinen, das den Bedürfnissen des kindlichen Geistes entspricht), und obwohl alle Kinder Stunden und Tage in einer spielerischen Als-ob-Welt[*] verbringen müssen, werden sie doch alle früher oder später unbefriedigt und mürrisch, wenn sie nicht das Gefühl haben, auch nützlich zu sein, etwas machen zu können und es sogar gut und vollkommen zu machen; dies nenne ich den *Werksinn*. Ohne ihn reagiert das bestunterhaltene Kind, als würde es ausgebeutet. Es ist, als ob es wüsste und als ob seine soziale Umwelt wissen müsste, dass es psychologisch nun schon ein rudimentärer Erwachsener ist und daher anfangen muss, etwas zu arbeiten und für etwas Sorge zu tragen, ehe es auch biologisch ein Vater oder eine Mutter wird. [...] So wie es einmal danach strebte, gut zu laufen, etwas gut wegzuwerfen, so strebt es nun danach, etwas gut zu machen. Es entwickelt eine Lust an der Vollendung eines Werkes durch Stetigkeit und ausdauernden Fleiß. [...]

Drittens besteht die Gefahr (vermutlich die üblichste), dass das Kind in den vielen langen Schuljahren niemals die richtige Arbeitsfreude und den Stolz erlebt, wenigstens *eine* Sache gut zu machen. [...] Andrerseits ist dieses Stadium in sozialer Beziehung höchst entscheidend: da der Tätigkeitsdrang das Tun mit und neben anderen umfasst, entwickelt sich in dieser Zeit ein Gefühl für *Arbeitsteilung* und für *gerechte Chancen*." [23]

---

[*] Es geht bei diesem Spiel um >selbst entworfene Welten< als Ausdruck seiner Subjekt-Entwicklung
[23] Erik H. Erikson: Identität und Lebenszyklus, S. 102 - 105

Wenn Erik H. Erikson die Phase des >**Werksinns**<, die bei ihm bis zur Pubertät geht, bereits ab dem Alter von 6 Jahren ansetzt - was durchaus zutreffen dürfte -, so beschreibt dies unter unseren heutigen Verhältnissen eine beträchtliche Entwicklungsphase bei den Kindern.

In Telotopia stellt diese Bandbreite kein Problem dar, da damit keine Stufen an sozialer Hierarchie verbunden sind. Diese Entwicklung beginnt hier in der Primar-Stufe in dem Kinder-Garten und geht in fließenden Übergängen in die Pubertät.

Doch von der Anlage und dem Angebots-Charakter her ist diese Phase des >Werksinns< in Telotopia von dem Niveau her auf jeden Fall in zwei Hauptphasen zu unterteilen, in die Sekunda und die Tertia. Hierbei entspricht die Sekunda in etwa unserer (früheren) Grundschul-Phase, also grob dem Alter von etwa 6 bis etwa 9 oder 10, doch ohne feste Grenzen. Die Sekunda spielt sich im Eigentlichen noch in dem Kinder-Garten ab, wenn auch die Ausflüge zunehmen. Hingegen ist die Tertia bei allen Übergängen im Eigentlichen nicht mehr in den Kinder-Gärten angesiedelt und knüpft in erster Form an das gängige Boro-Leben an.

Beim Backen

Entspricht die Prima in Telotopia bei uns der Kindergarten-Zeit, so die Sekunda der Grundschul-Zeit im Alter von ca. 6 bis 10. Die Abgrenzung der Sekunda von der Prima und danach zur Tertia ergibt sich hier jedoch ausschließlich aus der jeweiligen Entwicklung eines Kindes, die hier differenziert nach den jeweiligen Bereichen aufgenommen werden kann. Es lässt sich hier lediglich allgemein strukturell sagen, dass auf der Stufe der Sekunda das kindliche Interesse gegenüber der Prima stärker von dem >Werksinn< bestimmt wird, der dann auf der Stufe der Tertia eine neue Dimension annimmt.

Diese Stufen werden aber in Telotopia dem Kind nicht in festen und bestimmten Formen oktroyiert, sondern dienen lediglich dem Verständnis der unterschiedlichen Bedürfnisse in der kindlichen Entwicklung, auf die hin entsprechende Angebote anzulegen sind.

Die Kinder-Gärten von Telotopia stellen hierfür den ersten Rahmen, für die Prima *und* die Sekunda bis zu den Übergängen zur Tertia (s.u.). Dies ermöglicht den Kindern in Hinsicht auf die verschiedenen Bereiche, ihre Aktivitäten über den Tag hinweg wie insgesamt in Verbindung mit ihrer Entwicklung in Entsprechung zu sich selbst zu gestalten. Die Ausgangsbasis bleibt mit dem Kinder-Garten durch die Kindheit hindurch bis etwa 10 soweit die Gleiche. Doch die Wahrnehmung und Nutzung der Kinder-Gärten wird sich im Verlauf der Kindheit ganz nach der eigenen Entwicklung der Kinder verändern.

Das Kind kann hier also ganz nach seiner Eigenart, seinen Bedürfnissen und auch entsprechend seiner Entwicklung die verschiedenen Möglichkeiten und Angebote eines Kinder-Gartens aufnehmen und gerät dabei nicht in die falsche Alternative der Bedürfnisse zu spielen oder aber zu „lernen". Es gibt hier keine >Klassen<, die sozial und inhaltlich in Jahren vorgeschrieben werden und innerhalb deren man in seinem Verhalten und in seinen Leistungen >bewertet< wird (was für eine Unverschämtheit und was für ein *Verbrechen* mit so vielen Opfern!), bis dahin, dass man aus dem Klassenverband aussortiert werden kann.

In Telotopia gibt es in den Kinder-Gärten statt „Klassen" vertraute Bezugsgruppen und Freundeskreise, in denen man sich als Kind und Erwachsene jenseits der unterschiedlichen Sachbezüge zu treffen pflegt. Diese Freundeskreise mögen ihren besonderen Hintergrund in den jeweiligen Kleinsiedlungen oder Wohngemeinschaften haben, in denen man wohnt. Da diese Kreise hier jedoch positiv durch Freundschaften und nicht primär negativ zum Schutz *gegen* Andere und Bedrohungen motiviert sind, sind sie offen und können auch je nach Angeboten und Interessen in ihrer Zusammensetzung variieren. Ganz entsprechend stellt sich hier auch das Thema >Koedukation< im Allgemeinen gar nicht. Weder werden hier die Mädchen und Jungen künstlich getrennt noch künstlich zusammengebracht. Sie sind hier wohl im Allgemeinen zusammen, können aber nach Bedürfnis in Spielen, Kursen und Aktivitäten auch jeweils unter sich bleiben. Es gehört jedoch zu den Aufgaben der Pädagog/innen der Kinder-Gärten darauf zu achten, ob sich bei den Gruppenbildungen oder bzgl. eines Kindes Probleme durch Abwertungen, Ausgrenzungen usw. (z.B. aufgrund des Geschlechts oder Anderem) andeuten. Dem würde man dann nachgehen und zu beheben versuchen. Dies gilt im Besonderen für Kinder mit Beeinträchtigungen, Behinderungen oder einer langsameren Entwicklung.

Die Kinder werden hier weder nach Jahrgang noch in ihrer Tages-Gestaltung festgelegt. Sie gehen bis zur Tertia schlichtweg in ihren Kinder-Garten, der den Kindern als ihre besondere >Welt< jenseits von zuhause angeboten ist. Sie können ihn in Absprache mit den Eltern morgens selbst bestimmt aufsuchen und ebenso selbst bestimmt wieder nach Hause gehen, wenn sie dort genug haben und/oder wieder zu Hause sein wollen. Sie können auch tendenziell beliebig mit den Eltern auf Reise gehen. Allerdings hält man in Telboro für die Kinder dieser Stufen im Allgemeinen den Besuch des Kinder-Gartens für gut, da er ja speziell auf die kindliche Entwicklung abgestellt ist. Wenn ein Kind prinzipiellere Probleme mit einem Kinder-Garten zeigt, würde man dies pädagogisch zu ergründen versuchen. Doch bestimmt löst es dort eine pädagogische Intervention aus, wenn dieser Besuch Kindern vorenthalten wird. (Bei den nomadischen Kulturen wird es besondere Regelungen geben, die sowohl diesen Kulturen als auch diesen entwicklungspsychologischen Einsichten entsprechen).

Die >Stufen< wie Prima, Sekunda, Tertia haben lediglich für das allgemeine Verständnis der Angebote und des Entwicklungsstandes eines Kindes eine Funktion. Ansonsten beziehen sie sich auf die jeweilige Sachebene. So kann ein Kind der Primar-Stufe bei entsprechender Befähigung an Sekunda-Kursen in Lesen, Schreiben, Rechnen oder Musik, Kunst, Theater teilnehmen (auch etwa schon im Alter von 5).

Ein Sekunda-Kind (mit dem Alter von 7 bis 10) wird im Allgemeinen bei den Sekunda-Kursen dabei sein, kann aber etwa in Rechnen in der Prima verblieben und in Sachen Kunst schon zu Tertia-Kursen zugelassen sein (oder umgekehrt). Dies ist hier nicht mit einer übergeordneten Bewertung verbunden. Es wird hier kein Schema F vertreten, und man motiviert hier nicht durch Konkurrenz, Schelte oder Drohungen, sondern durch Zuwendung und durch für die Kinder passende Angebote. Die Frage ist hier allein, was der Eigenart eines Kindes wirklich entspricht und wie man ihm (am besten) entsprechen kann. Weder eine Überforderung noch eine Unterforderung eines Kindes ist günstig, weder für das Kind selbst noch für alle Anderen. Wo man eine Überforderung oder eine Unterforderung eines Kindes in einem Kurs bemerkt, bemüht man sich mit dem Kind, eine bessere Lösung zu finden.

Da man hier diese Sachaspekte wie Rechnen, Lesen, Schreiben oder Musik usw. als Sachaspekte begreift, gilt hier eine höhere Einstufung nicht als Aufwertung und eine Abstufung in einem Kurs nicht als Abwertung. Es gilt als völlig natürlich, dass der eine besser in diesem Bereich ist und die andere in jenem. Die Einstellung ist „es ist schön, dass es Dich gibt". Dies gilt hier auch in Hinsicht auf „Schwachbegabte" und >Behinderte< aller Art.

Im Übrigen sind auch die Sekunda-Kurse selbst nicht von einheitlichem Niveau, wie auch bei uns mit den Klassen 1, 2, 3 usw. Der grundlegende Unterschied zwischen Prima und Sekunda verknüpft sich damit, dass man bei der Primar-Stufe darauf eingestellt ist, dass das Interesse weniger auf die Sache als vielmehr auf das Spielerische und Soziale ausgerichtet ist und die Impulse der Kinder überaus sprunghaft sein können. Wenn ein Kind bei einem Mal-Kurs der Prima nach 5 Minuten wieder geht und dabei alles stehen und liegen lässt, ist das okay. Für die Teilnahme an Sekunda-Angeboten wird schon etwas mehr an Sachinteresse und an >Disziplin< vorausgesetzt, natürlich auch je nach Alter, nach den Bereichen wie den jeweiligen Stufen der Kurse. Im Großen und Ganzen kommen dabei keine größeren Probleme auf, weil es hier keinen fundamentalen Sprung von der Prima zur Sekunda gibt, sondern das Niveau in den Kursen ganz nach den Entwicklungen der Kinder Schritt für Schritt aufgebaut wird. Wenn man die Kinder reif für den nächsten Schritt hält, dürfen sie, wenn sie wollen, das fortgeschrittenere Angebot aufnehmen. Falls dies mit Wechseln am Ort und der/dem Lehrenden verbunden ist, wird dies persönlich vermittelt.

Im Grundlegenden kann man die besonderen Angebote der Sekunda über die Spielplätze und die Angebote der Prima hinaus etwa in folgende Hauptbereiche aufteilen:

- Zirkus – Theater – Basteln/Werkeln/Kunst als dem kreativ-spielerischen Bereich,

- der Kinder-Farm- und Haushalts-Bereich, der mit >Arbeiten< verbunden ist und

- der Unterrichts-Bereich, insbesondere zunächst mit Rechnen, Schreiben und Lesen.

So sehr diese Angebote auch in eigener Form erstellt sind, gehört es doch zur Pädagogik von Telotopia, diese Bereiche untereinander in vielfältiger Weise in Beziehung zu setzen. So kann man bei der Essens-Bereitung zeigen, dass ein bestimmtes Rechnen sinnvoll ist (heute kommen statt 5 Kindern und 2 Erwachsenen 10 Kinder und 4 Erwachsene zu uns zum Essen. Wie viel mehr an den verschiedenen Produkten brauchen wir – woraus man in dieser Art schon ein anspruchsvolleres Rechnen begründen kann).

Vor allem werden auch Theater und Kunst als spielerischer Zugang zu Wissen (durch Geschichten) und praktischen Einübungen verwendet. Wenn man den Kindern die richtigen „Brücken" baut: wo die Prozesse möglichst spielerisch anlegt und ihren Sinn bzw. ihre Perspektive inhaltlich und menschlich gut vermittelt, dann werden die Kinder dies - ganz nach ihrer jeweiligen Art – motiviert aufnehmen. Denn unser Gehirn ist in der Kindheit (mehr als bei irgendeinem anderen Lebewesen) auf ein Lernen an Knowhow und praktischen Fähigkeiten angelegt: Lernen und Interesse an Neuem (gar „Neugier") ist ein fundamentales und starkes **Bedürfnis** des Menschen wie essen und trinken, solange dies nicht vereinnahmt (entfremdet), frustriert und verbaut wird.

Als Sekunda ist in Hinsicht auf die Kurs-Ansprüche lediglich definiert, dass ein Kind a) ein bestimmtes Interesse an dem Stoff und b) eine bestimmte Geduld hierbei mitbringt. Andernfalls bleibt er auf dem jeweiligen Gebiet auf Kurse der Primar-Stufe verwiesen, die wesentlich spielerisch orientiert sind. Ist bei manchen Problemen jedoch ein gewisses Interesse an sich zu erkennen, gibt es auch Förder-Kurse oder individuellen Förder-Unterricht. Bei einem solchen individuellen Förder-Unterricht werden auch gerne versuchsweise etwas ältere Kinder bei Interesse für das Vermitteln herangezogen. Manchmal macht es die andere Ebene der Kinder einfacher, und die vermittelnden Kinder lernen selbst etwas dabei.

Im Grundsätzlich bleiben auch in der Sekunda >Kunst/Werkeln< und >Zirkus/Theater< als den Entsprechungen zu Kreativität und Spiel bedeutsam. Sie unterscheiden sich lediglich in ihrem Niveau von der Primar-Stufe. Auf diese Weise geraten das Spielerische und der >Werksinn< nicht in für die Kinder falsche Gegensätze, und es kommt zu ganz natürlichen Übergängen von der Prima auf die Sekunda und innerhalb der Stufen der Sekunda.

Mit den richtigen Konzeptionen kann das etwas unterschiedliche Niveau von Kindern aufgenommen werden, so im theaterartigen Spiel bei der Verteilung von szenischen Rollen, bei den Beiträgen (z.B. Musik – Singen; Jonglieren) und von Aufgaben (wie im >Bühnenbau<, Malen; Basteln, auch von Kleidung). Ganz entsprechend können hier auch Erwachsene, die Eltern und die Großeltern wie auch >Behinderte< dabei sein.

Entsprechend sind hier >Kunst/Werkeln< und >Zirkus/Theater< mit Spielen, Geschichten, Musik, Tanz, Geschicklichkeitsspielen und Werkeln die Hauptansätze der Sekunda-Pädagogik von Telotopia.

Mit >Zirkus – Theater< kann auch der Bau von Hütten oder einem Bereich in der Art eines >Abenteuer-Spielplatzes< verbunden werden, im Ansatz in der Art einer Kirmes, eines >Marktes der Möglichkeiten< oder auch einer Ausstellung. Neben dem Alltäglichen wird man hier auch besondere Feste und im kreativen Bereich Ausstellungen anlegen. Dies vermag Entwicklungsschübe zu motivieren, und ihre Präsentationen können besondere soziale Highlights bedeuten.

Man kann in diesem Kontext auch Hämmern (Nageln), Sägen oder auch Reiten lernen. Viele praktische Fähigkeiten werden hier aufgenommen bzw. spielerisch vorbereiten. Von hierher lassen sich problemlos alle Brücken für die kindliche Entwicklung bauen.

Dies gilt auch in Hinsicht auf die eher praktisch orientierten Bereiche wie die Kinder-Farm und den Haushalts-Bereich wie in Hinsicht auf den Unterricht von Lesen, Schreiben und Rechnen.

Als ich mal bei Bekannten auf dem Land an einem Schuppen mit dort herum liegenden Steinen mit bildhauerischen Versuchen begann, hatte ich bald eine ganze Kinderbande am Hals. Alle wollten >Steine kloppen<, auch eine 5Jährige, selbst wenn sie sich vielfach auf die Hand schlug, was etwas weh tat. Der Eifer war enorm, und die Kinder sprachen bei Besuchen noch Jahre davon.

3.2.4.1 Lesen, Schreiben, Rechnen usw.

Da die Buchstaben-Schrift, das Kleine Einmaleins und die Grundre-chen-Arten für Erwachsene gemeinhin keine besondere Schwierigkeit darstellen, gibt es insgesamt genug Personen, die für diesen Unterricht in Betracht kommen. Im Grunde genommen kann damit permanent im Kinder-Garten und auch überall ein solcher Unterricht angeboten wer-den.

Insgesamt wird in allen möglichen Kontexten auf die besonderen Möglichkeiten von Lesen, Schreiben und Rechnen verwiesen: bei dem Erzählen von Geschichten, mit den Büchern auf der Liegewiese, in der Kinder-Farm usw. Entsprechende Angebote, dies zu lernen und zu üben, gibt es in allen Ausgangsbereichen der Kinder-Garten-Anlage, inhaltlich wie praktisch in den zentralen Gebäuden dort.

Damit können die Kinder selbst das Tempo ihrer Lern-Entwicklung und das Ausmaß ihrer Übungen selbst bestimmen. Diese Entwicklung wird nicht forciert, aber durch eine gute und spielerische Pädagogik angeregt. Doch muss man in Telotopia nicht lesen, schreiben und nicht rechnen können, um am Sozialleben teilnehmen und gut leben zu kön-nen. Im Rahmen einer Boro ist dies auf jeden Fall möglich. Weiteres ist bei einem Einlernen in Begleitung möglich. Liegt das „Problem" in der Persönlichkeit nur punktuell (etwa als Legasthenie), dürfte dies in Telotopia auch selbständigen Reisen in die Ferne nicht entgegenste-hen.

Über diese allgemeinen Angebote gibt es auf dem Gelände der Kinder-Gärten noch spezielle Einrichtungen, die in eigenen kleineren Häusern angelegt, evtl. von einer höheren Hecke umgeben und damit ein klei-nes >eigenes Reich< sind. Diese kleineren Häuser dienen in ihren An-geboten entweder für eine besondere Förderung von Kindern, wo diese als hilfreich erscheint und gewünscht wird, oder aber für die Weiter-entwicklungen jenseits der allgemeinen Grundlagen.

Diese Häuser sind oft in besonderer Form mit bestimmten Personen verbunden. Dies kann, muss aber nicht in der Art sein, dass dort eine Person (für Zeitabschnitte) wohnt. Vor allem bei den Kunst-Ateliers und Bastel-Werkstätten kann es gut so sein, dass dort Künstler und/oder sonstige Anleiter immer nur für eine Unterrichts-Einheit anwesend sind und als eine besondere Bezugsperson für Kinder oder für bestimmte Kurse dienen.

Hierbei sind diese Häuser je nach ihrem Zweck für Malen und Zeichnen, zum Werkeln mit Knetmasse und Ton oder zum Werkeln mit Holz angelegt und mit den entsprechenden Werkzeugen, Materialien usw. ausgestattet. Bereiche, die verbreitet von den Kindern in Anspruch genommen werden und die eher zur allgemeinen Einführung dienen, sind in etwas größeren Häusern im zentraleren Bereich untergebracht. Die kleineren, weiter außen liegenden Häuser dienen (je nach Größe) zu Kursen, die auf wenige Teilnehmer zugeschnitten sind. Ein Jahrgang umfasst bei den vier Kinder-Gärten in Telboro ohnehin nur rund ein Dutzend Kinder pro Kinder-Garten.

Dies ließe sich ggf. in zwei Kurs-Gruppen aufteilen. Damit kann die Atmosphäre *sehr* persönlich werden, und dieser persönliche Bezug kann eine bedeutsame Komponente in der Lernentwicklung eines Kindes darstellen. Doch ginge es in Telotopia nicht eigentlich um eine Leistungssteigerung als vielmehr um Lebens-Qualität.

Freilich kommt dies, wie schon die humanevolutionäre Entwicklung zeigt, oft auch gleichzeitig der Produktivität zugute. Je höher die Lebens-Qualität liegt, desto kreativer, innovativer und produktiver sind die Verhältnisse. (Je schlechter sie liegt, desto reproduktiver sind sie und desto stärker werden sie unbewusst und unterschwellig von Sabotage und Rache bis ggf. hin zum sozialen Kollaps geprägt).

Interessant könnte diese spezielle Anlage von Häusern zunächst vor allem auch in Hinsicht auf Lesen, Schreiben und Rechnen sein. Es könnte in dieser Art ein >Haus der Bücher/des Lesens< sowie eine >Schreib-Werkstatt< und eine >Mathe-Werkstatt< in jeweils eigenen Häusern geben, da auf diesen Gebieten (jenseits der Anfänge) eine gewisse Ruhe und Konzentration nützlich ist.

Von hierher ist eine etwas abgesonderte ruhige Lage in besonderer Atmosphäre von Vorteil. Diese Häuser könnten einen schönen Vorgarten und nach hinten eine Terrasse haben, wo man bei seinen Übungen bei schönem Wetter draußen sitzen kann. Diese Häuser wirken nach etwas Besonderem, und tatsächlich wird man hier ja auch in die Geheimnisse des Lesens, Schreibens, Rechnens, von Büchern und Gegebenheiten eingeführt. Diese Kurse finden in einer kleinen Gruppe statt. Bei 6 Kindern wäre dies jedoch bereits in einem Kinder-Garten (bei 4 Kinder-Gärten in einer Boro) die Hälfte eines Jahrgangs.

Dazu sind diese Häuser auch wie ein kleines Museum eingerichtet, mit Bildern und Materialien, die Interesse auf die jeweiligen Gebiete wecken. Bei den Übungen dort, die so etwas sind wie hier Hausaufgaben, können die Kinder auch Wasser, Saft, Obst und ggf. (nach Absprache) auch kleinere Leckereien erhalten, sodass eine gewisse >familiäre< Atmosphäre bei diesen Lern-Übungen entsteht. Dort kann die lehrende Person dabei von besonderer Bedeutung sein.

Die Idee dabei ist, dass in diesem Fall eine Person und/oder die Atmosphäre dieses Hauses oder dieser Werkstatt die Kinder motiviert, sich für die entsprechenden Sachgebiete zu interessieren. Hier können diese Personen und/oder die Atmosphäre vermitteln, dass diese Gebiete wirklich von Interesse sind. Dies kann auf eine ganz unproblematische Weise zur „Nachhilfe" dienen, ggf. auch im einzelnen Kontakt. Ansonsten ist hierbei vor allem an die Weiterentwicklungen zu denken, wo etwa ab 8 J. der Aspekt des >Werksinns< immer stärker wirksam wird. Weitere Häuser könnten weitere Sachgebiete vermitteln, so etwa Geschichte. Das Gebiet von >Erdkunde< (Geologie und Geographie) ist für die Sekunda gemeinhin in dem Bereich der Kinder-Farm untergebracht, sei es zusammen mit der Biologie oder auch hier in einem eigenen kleinen Haus (mit Garten).

So gibt es in den Kinder-Gärten die verschiedensten Möglichkeiten und Zugänge in den Lernentwicklungen. Für die einen Kinder werden vielleicht die Angebote in den größeren Gruppen attraktiver sein (da dort mehr mitmachen), für die anderen Kinder stärker ein persönlicher Kontakt und für noch andere die Faszination bzgl. der jeweils herausgestellten Sachgebiete (Bücher, Schreiben, Mathe usw.).

Wie schon erwähnt:

„Kleine Kinder lieben Geschichten und wollen immer wieder welche hören. Sie können komplexe
Zusammenhänge begreifen, sobald man sie ihnen in Form von
Geschichten präsentiert [...]." [24]

Dieses Interesse ist ein geeigneter Ansatz, um ganz spielerisch mit
dem Malen und Schreiben zu beginnen, wie es auch historisch der Fall
war, vor allem bei der Entwicklung der chinesischen Schrift. Diese
historischen Schriftzeichen (hier für chin. *guī* >Schildkröte<) bringen
die Symbolik der altchinesischen Märchen zum Ausdruck, was für
Kinder interessant ist.

„Bei vielen antiken Völkern sym-
bolisiert sie das Universum. Dabei ruht die Welt auf dem Schild
einer oder mehrerer Schildkrö-
ten." [25]

Das Malen kann als eine spielerische Einführung in das Schreiben genutzt werden, doch dienen die spielerischen Zeichen auch als eine
Grundlage und Anregung für das Malen. So ergeben die Geschichten,
die Zeichen, das Malen und das Schreiben einen Synergie-Effekt, und
diese Verbindung ermöglicht den Kindern unterschiedliche Zugänge,
so wie es ihnen halt entspricht.

---

[24] Oliver Sacks: Der Mann, der seine Frau mit einem Hut verwechselte, S. 242
[25] Die Zeichen (Nachzeichnung) und Zitat nach: Fazzioli, S. 161

Ein Beispiel für einen Zeichenschatz: ein Tier-Alphabet

Die Zeichen sollten ebenso einfach sein wie ein Buchstabe

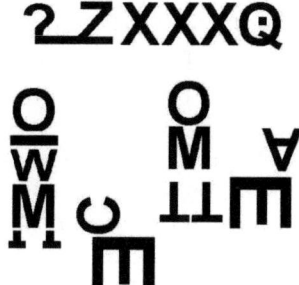

Buchstaben als Zeichen-Formen

3.2.5 Der Kinder-Farm-Bereich

In dem Kinder-Farm-Bereich (No. 3 auf den Karten)

Es gibt bei uns in der Kinder- und Jugend-Arbeit den interessanten Ansatz von Kinder- und Jugend-Farmen (s. dazu im *Internet*). Dieser Ansatz ist in Telotopia in Form eines Kinder-Farm-Bereichs in den Kinder-Gärten aufgenommen. Für die Jugendlichen könnte es in Telotopia auch besondere eigene Einrichtungen geben, doch werden sie dort schon – ganz nach eigenem Bedarf der Kinder - mit der Tertia in den landwirtschaftlichen Bereich einer Boro eingearbeitet und eingesetzt. Die Jugendlichen können auch dort Reiten lernen, doch haben die Pferde in Telotopia auch wieder eine praktische Funktion als Zugtiere, Rückepferde oder auch im Reiten für Kurierdienste zu den umliegenden Boros. So werden hier Interessantes, Hobby und praktische Funktion mit Synergie-Effekt auf eine neue Art verbunden.

Auf der Stufe der Sekunda ist dies in einer einfacheren Form als Kinder-Farm-Bereich in den Kinder-Gärten angelegt. Der Kinder-Farm-Bereich wird von dem örtlichen Biologischen Institut aus organisiert, und er kann von daher bei einem entsprechenden Interesse durchaus botanisch und zoologisch anspruchsvoller angelegt sein, so etwa mit Gewächshäusern, besonderen Pflanzen, Aquarien, Terrarien und vielleicht sogar ein paar (Zoo-) Tieren. Tatsächlich kann dieser Bereich etwas von Zoo haben. Auf jeden Fall ist er reizvoll angelegt, *auch* um die Kinder (und durchaus auch die Erwachsenen) für Botanik und Zoologie zu interessieren.

Aus dem Bereich des Botanischen Gartens

Es gibt dort auch einen grundlegenden Biologie-Unterricht mit Tier-, Pflanzen- und etwa Kräuterkunde. Hierbei gibt es auch wie im Museum einiges interessantes Anschauungsmaterial, etwa Skelette und Schädel verschiedener Tiere, schöne Federn, Muscheln und Schneckenhäuser, Fossilien (vielleicht sogar einen Dinosaurier-Knochen), Apothekengläser mit den unterschiedlichsten Inhalten, Bücher und in Form von Wandbildern Herbarien, die anregen, auch selbst kleine Herbarien mit Funden von besonderen Blättern und Blüten von seinen Ausflügen anzulegen.

Hierbei werden auch Bezüge zu der Nahrungs-Bereitung hergestellt. Es könnte gut sein, dass es hier (z.B. in den Gewächshäusern) besondere Beeren und besonderes Obst gibt, was sonst in der Gegend nicht vorkommt. Bestimmt wird man hier jedoch besondere Säfte, Smoothies, Fonds, Marmeladen und auch Farbmaterialien herstellen. Überhaupt kann man dort unmittelbar Obst, Salat, Gemüse, Kräuter und andere Produkte zur täglichen Ernährung in dem Kinder-Garten beziehen, was man in Teilen selbst ernten kann/muss. Dies ist nicht nur sehr gesund. Es entsteht auch durch das Erleben der Zusammenhänge ein ganz anderes Verhältnis zu seiner Nahrung. Die Abfälle der Nahrung werden dort auch kompostiert und sind damit auf einfache, sinnvolle und auch ökonomische Art >entsorgt<.

Doch insgesamt hat dieser Kinder-Farm-Bereich vor allem auch die Funktion, die Kinder an Tätigkeiten im Garten und im Umgang mit den Tieren einzuführen. Hierbei werden entsprechend dem Werksinn

158

bei Interesse zunehmende Möglichkeiten geboten, mitzuarbeiten oder sich auch eigene kleine Beete anzulegen. Für einige Eltern ist dieser Bereich ein regelrechter Arbeitsplatz.
Selbstverständlich kann diese Arbeit in den Gärten locker aufgeteilt werden. Ggf. geht man morgens zunächst zu seinem Bereich, gießt bei Bedarf die Pflanzen und sieht und bespricht, was an Arbeiten ansteht. Auch der Arbeitsumfang erfolgt nach Absprache. Selbst bei den Erwachsenen geht man hier kaum über 4 – 5 Stunden Arbeit über den Tag verteilt hinaus. Vielleicht arbeitet man hier aber auch nur eine Stunde pro Tag oder auch nur in gelegentlicher Mithilfe bei besonderen Anforderungen (wie etwa im Frühling bei der Beet-Bereitung).

Letztlich ist das örtliche Biologische Institut für die Organisation in dem Kinder-Farm-Bereich zuständig. Doch da die Kinder im Allgemeinen an einigen Aktivitäten in dem Kinder-Farm-Bereich interessiert sind, gibt es normalerweise keine Probleme bei den Arbeiten – vielleicht mit Ausnahme von außergewöhnlich anhaltendem Schlechtwetter (jenseits der Wintersaison), wo die Kinder den Spaß daran verlieren. Natürlich können auch schon kleinere Naturkatastrophen wie Starkregen den gängigen Arbeitsprozess für das laufende Jahr über den Haufen werfen. Dies wird aber die Kinder nicht davon abhalten, im nächsten Jahr hier wieder dabei zu sein.

Im Urlaub auf dem Bauernhof. Mir (Mitte) hat im Alter von 9 das Mithelfen bei der bäuerlichen Arbeit wie Kartoffeln ernten, Heu laden (Foto) Spaß gemacht.

3.2.6 Die Tertia

Die Tertia bedeutet hier die höhere Stufe der Phase des >Werksinns< und reicht mit einem breiten Übergang bis in die Pubertät hinein. Dies entspräche hier ungefähr dem Alter von 10 bis 14/16. Der Beginn der Geschlechtsreife ist jedoch kulturell und von den Verhältnissen abhängig. Dieser Beginn könnte demnach in Telotopia zugunsten der spielerischen Phase (wieder) später ansetzen, doch ist dies hier nicht wirklich von Bedeutung.

Der Beginn der Tertia entsteht als Erweiterung der Sekunda. Er setzt damit immer noch in dem Kinder-Garten an, doch könnte der eigentliche Schritt zur Tertia auch durch einen Standort außerhalb des Kinder-Gartens markiert werden. Da hier die Entwicklungen entsprechend dem authentischen Stand der Kinder in einem fließenden Übergang angelegt sind, könnte Beides je nach den Interessen der Kinder gleichzeitig der Fall sein. Ein in bestimmten Aspekten interessiertes Sekunda-Kind kann in Kurse der Tertia gehen, wie ein Tertia-Kind sich insgesamt noch eher in dem Kinder-Garten verwurzelt fühlen kann, ggf. auch als Pädagoge/in für kleinere Kinder.

Als einem besonderen Standort der Tertia kommt eine spezielle Einrichtung des Biologischen Instituts von Telboro in Betracht. Diese liegt unweit eines Kinder-Gartens und im Schnittpunkt zwischen dem Boro-Zentrum und dem Außenbereich. Sie fungiert als besonderes Bindeglied zwischen den unterschiedlichen Bereichen, die in der Tertia entwickelt werden. In erster Linie dient sie als sozialer Bezugsrahmen für die Tertianer, als spezieller Treff-Ort, wo man sich vielleicht auch (ggf. mit selbst Geerntetem) gemeinsam sein Mittagessen bereitet und isst und wo dann Raum für gewisse eigenständige Lernübungen in der Art unserer Hausaufgaben (aber selbst bestimmt) zur Verfügung steht.

Insgesamt ließe sich die Stufe der Tertia als eine gewisse Vorform von Praktika, Ausbildungen und Studium bezeichnen, ohne aber damit den Bezug zu dem Kinder-Garten, dem Spielerischen und Kreativen zu zerreißen. Alle Formen der Tertia sind als Angebote wie als Anregungen und ganz nach Absprache mit den Tertianern angesetzt.

In der Tertia gilt schon ausdrücklicher, was Erikson in Bezug auf den >Werksinn< insgesamt festgestellt hat (s.o.), nämlich das Leben als angehender Erwachsener beherrschen zu lernen. Dem kommt die weitgehend sinnliche Anlage einer Boro entgegen, und darauf ist die Anlage von Telotopia insgesamt eingestellt.

Der Ansatz der Tertia ließe sich wie folgt formulieren: den angehenden Jugendlichen die Welt und das Leben zu zeigen und sie auf eine selbständige erwachsene Existenz vorzubereiten. Die bisherige „Welt der Kindheit" wird nun samt dem Kinder-Garten >transzendiert<. Zwar kennen die Kinder inzwischen schon alles Bedeutsame einer Boro und das eine und andere jenseits der Boro. Doch vollzieht sich hier nun ein Bewusstseins-Wandel, wo all dies nicht mehr bloß ein randständiges „Außen" seiner Wohnsiedlung und des Kinder-Gartens ist, sondern wo nun die ganz andere Dimension der >Welt< in seinen Horizont eintritt. Ganz entsprechend spielen zunächst kleine Touren, Exkursionen und Wanderungen in der Boro eine Rolle.

Auch Touren mit Zelt-Übernachtungen werden mehr und mehr von Interesse.

Wenn das Wetter gut genug dafür ist, werden mit den Tertianern nach dem Treffen am Morgen entsprechende Ausflüge unternommen: bei schlechterem Wetter in Inneneinrichtungen etwa des Biologischen Instituts, in Werkstätten, Betrieben und den Einrichtungen des Zentrums, bei gutem Wetter in die Naturbereiche der Boro, zu den landwirtschaftlichen Betrieben und einigen Außensiedlungen. Dies gilt zunächst auch schlichtweg zwecks körperlicher Betätigung. All dies wird dann zunehmend auf ein höheres Niveau gebracht.

Die Gänge in die Natur werden zunächst oft noch mit Spielen verbunden, so etwa einer >Schnitzeljagd< (wo die vorauslaufende Gruppe gewisse Zeichen hinterlassen und die nachfolgende Gruppe die erste aufspüren muss) oder als ein Wettspiel, wo an bestimmten >Stationen< bestimmte Aufgaben zu lösen sind, bis man zur nächsten Station aufbrechen darf usw.

Auf den >Exkursionen< wird dann in viele Gegebenheiten der Natur eingeführt. Man lernt nun alle möglichen Bäume, Sträucher, Kräuter usw. kennen. Man legt etwa ein Herbarium an, wo man getrocknete Blätter, Blüten und Kräuter für sich archiviert. Hierbei kann man dann lernen, welche Kräuter essbar, als Tee zu genießen und als Würz- und als Heilkräuter brauchbar sind. Auf einer höheren Ebene kann auch gelernt werden, was ein Bewuchs über die Böden und das Klima aussagt und wie die biotopischen Gesamtzusammenhänge in den verschiedenen Gegenden liegen usw.

Für bestimmte körperliche Betätigungen kann (über den Kinder-Garten hinaus) der Sportbereich von Telboro aufgesucht werden. Es gibt dort Außenbereiche für Leichtathletik und Spiele wie Fußball, Völkerball (Beachball), Hockey, Tennis usw. und Innenbereiche für Turnen, Klettern und Hallenspiele wie Federball (Badminton), Tischtennis, Handball, Volleyball usw. Eine gewisse körperliche Betätigung kann als natürliches Bedürfnis beim Menschen und auch bei den Kindern angenommen werden, ist der Mensch als >Zweibeiner< von der Natur her geradezu auf Mobilität angelegt. In Telotopia besteht nicht die Schizophrenie, dass man >Bewegung, Bewegung< predigt, aber den Menschen von klein auf an zu Hause und in der Schule wesentlich zum Sitzen verurteilt (was wohl konkret einige Gründe hat, sich aber im Wesentlichen aus einer schlecht angelegten Kultur ableitet).

162

163

Es gibt in Telotopia wohl auch sportliche Wettkämpfe, und man empfiehlt auch, gelegentlich an seine körperlichen Grenzen zu gehen, aber
dies wird in Telotopia von einem den Körper und Gefühle bejahenden
Ansatz her gesehen. Für Leistungssport und eine Überbetonung eines
Wettkampf-Charakters hat man dort keinen Sinn. Es wird noch Fuß-
ball- und andere Meisterschaften geben, aber in der Art unseres Ama-
teur-Bereichs. Ein Profitum im Sport gibt es in Telotopia nicht. Doch
wären Radtouren und Reisen um die Welt möglich, und man könnte
bei Interesse in Kombination mit anderen Tätigkeiten entsprechenden
Hobbys in diesem Umfang nachgehen. Zu denken wäre etwa an Tätigkeiten als Sportlehrer/in, als Fitness-Trainer/in (etwa auch im The-
rapie-, Reha- und Senioren-Bereich), als Fahrrad-Kurier (auch mit
Draisinen), im touristischen Bereich, als >Abenteurer< (in Verbindung mit journalistischen Tätigkeiten), als Kletterer in Forschungs-
kontexten und im Reparatur-Bereich bei Hochbauten usw.

Nach den grundlegenden Einführungen in die Tertia wird den einzelnen Bereichen mehr Beachtung geschenkt. Es gibt bei den meisten
Boro-Werkstätten Termine, an dem Tertianer (ggf. zuerst in Gruppen)
zu Besuch kommen und sich die Tätigkeiten ansehen dürfen. Bei Interesse können dann Tertianer eine Art Praktikum machen. Dies beginnt gemeinhin zunächst in einem kleinen Umfang, etwa über eine
kürzere Phase mit einer Stunde pro Tag. Bei einem ausgeprägten Interesse und entsprechenden Möglichkeiten kann dies auch schon umfassender angelegt werden. Insgesamt ist es aber die Ausrichtung von Telotopia, dass die Tertianer erstmal alles Mögliche kennen lernen und
einen möglichst umfassenden Horizont ausbilden. Darauf ist auch das
Bildungsprogramm der Tertia ausgelegt.

Diesem Ansatz wird auch durch die räumliche Ausweitung der Exkursionen entsprochen. Mehr und mehr geht es in Fahrten über die
Boro hinaus. Dies betrifft sämtliche Ausrichtungen: in Sachen Natur
etwa mit Touren auf Berge, einer Schifffahrt oder mit Wanderungen
in besonderen Landschaften; zu bestimmten Museen, Burgen oder
auch Freizeitparks (etwa auch zusammen mit der Familie); in Bezug
auf bestimmte funktionelle Interessen Besichtigungen von interessanten Produktionsstätten und (vermutlich jedoch eher ab der Pubertät)
von urbanen Funktionszentren (Stadtanlagen wie Altstädte, die An-
sammlung besonderer Läden).

Eine Fahrt an einen See oder ans Meer

Diese Touren werden pädagogisch auch sehr gezielt eingesetzt, um vorschnellen Fixierungen auf gewisse Tätigkeiten und seine Boro entgegenzuwirken. Das Interesse an der Welt soll auch jenseits seiner Boro lebendig gehalten werden (das die ursprünglichen Kulturen des Homo sapiens durch ihre relativ freien Wanderungen pflegen konnten). Telotopia braucht die Boros, um nicht in anonymen und abstrakten Sozialverhältnissen den sozialen und demokratischen Boden zu verlieren. Doch die Boros brauchen die Verbindungen zu der Welt jenseits ihrer Boro, um nicht in Kleingeistigkeit und Beschränktheiten zu verwahrlosen. In der Stufe der Tertia wird dieser Horizont aufgebaut.

Im Praktischen richtet sich jedoch der Schwerpunkt der Entwicklungen der Tertia zunächst auf den landwirtschaftlichen Bereich und die Nahrungsbesorgung aus. Dies ist ein Bereich, der dem Verstehen, den praktischen Möglichkeiten wie auch vielfältigen Interessen der Tertianer entspricht (immer jedoch selbst bestimmt).

Was in erster Form schon in der Sekunda beginnt, wird in der Tertia der Sache nach auf ein höheres Niveau gebracht. Man lernt hier Gärten anzulegen und Pflanzen anzubauen und zu pflegen und evtl. auch eine gewisse Kleintier-Haltung.

Was auf der Kleinkind-Stufe im Spiel und als Begleitung der Erwachsenen begann, wird im Verlauf der Tertia zu Aktivitäten, die man in einigen Bereichen auch ohne die Erwachsenen selbständig und ebenso gut wie die Erwachsenen erledigen kann, was ein entsprechendes Selbstbewusstsein bestärkt.

Es gilt als ein gewisses Ziel, dass die Tertianer im Verlauf der Tertia in Theorie und Praxis zu Formen von Selbstversorgung und landwirtschaftlichen Tätigkeiten fähig werden. Diese Tätigkeiten werden mit der Zeit in den Tagesablauf integriert, dass man z.B. morgens im ersten oder aber im zweiten Schritt und/oder abends noch mal kurz sein Beet pflegt (z.B. die Pflanzen gießt).
Bestimmte Bereiche sind in Praxis und Vermittlung ganz darauf abgestellt, in der Quarta und Quinta in seinen Siedlungen prinzipiell zur Selbstversorgung fähig zu sein. Prinzipien völliger Selbstversorgung werden in Telotopia wohl geschult, etwa auch auf Outdoor-Touren in größerer Wildnis, doch letztlich zum Verständnis der Grundlagen des Lebens, von Kultur und der Anlage von Telotopia. Solche Ansätze spielen von der Tertia bis zur Quinta eine gewisse Rolle. Doch insgesamt wird eine völlige Selbstversorgung in Telotopia nicht als Ideal betrachtet. Dies wäre zu unökonomisch. Das Primat von Telotopia richtet sich auf ein gutes Beziehungs- und Sozialleben.

Doch ist die landwirtschaftliche Tätigkeit die Basis seiner Ökonomie. Über die Selbstversorgung hinaus gilt sie als >Dienstleistung<, für die man Produkte und andere Dienstleistungen beziehen kann (über die man etwa auch seine Reisen >finanziert<, s. Ökonomie → 4.3.4).

Ganz in diesem Sinne werden die Tertianer im Verlauf der Tertia wie Erwachsene auch für Arbeitsleistungen aufgenommen. Hier spielen zunächst einfache Arbeiten eine besondere Rolle, deren Ergebnisse von Interesse sind. Dies gilt etwa für das Ernten von Obst, Gemüse; von Beeren, Nüssen, Pilzen und Kräutern, vielleicht auch von Eicheln, Kastanien und Bucheckern als Tierfutter. Dies alles könnte dann auch mit der Weiterverarbeitung verbunden werden, bei der Herstellung von Nahrung, von Säften, von Ölen, von Marmeladen usw. Selbstgemachtes ist halt immer etwas Besonderes, und wo dies gewürdigt wird, können hier die Tertianer zuerst stolz auf ihre Beiträge und Ergebnisse sein.
Bei den größeren Formen von Ernten wie bei Kartoffeln, Getreide, Gras/Heu usw. käme es darauf an, wie dies jeweils angelegt wird. Wahrscheinlich werden zumindest einige kleinere Bereiche für den Eigen- auch ein Handbetrieb bleiben.

Doch grundsätzlich ist in Telotopia auch an einen Gebrauch von Traktoren zu denken. Wo ein solcher Einsatz nicht aus besonderen Gründen (z.B. vom Gelände her) zu heikel ist, wird man bevorzugt Tertianer bei Gegenleistungen zu diesem Einsatz einlernen – was sicher auf einiges Interesse stoßen dürfte.

Insgesamt dürfte es auf diesem Gebiet genügend Bereiche geben, bei denen die Tertianer hinreichend einlernbar und einsetzbar sind. Dies ist hier nicht als Ausbeutung zu denken. Was von den Tertianern nicht (in dem zureichenden Ausmaß) gewollt wird, muss von den Erwachsenen übernommen werden. Doch insgesamt kommt dieser Bereich im Besonderen als Gebiet der Tätigkeiten des >Werksinns< in Betracht. Dieser Bereich wird so vermittelt, dass ihn die Tertianer und die Jugendlichen als Erfahrung ihrer angehenden Selbstständigkeit, Erwachsenheit und Fähigkeit/en erleben können.

Im Übrigen wird dieser Bereich auch so angelegt, dass die Tertianer davon nicht in einem höheren Maß absorbiert werden. Zum einen wird darauf geachtet, dass diese Tätigkeiten bei den Tertianern nicht zu viel Raum einnehmen. Es kann hier wohl gewisse >Stoßzeiten< geben, so im Frühjahr bei der Anlage der Beete und im Spätsommer bei den Ernten. Wo diese Aktivitäten zu umfangreich werden, sind auch alle möglichen Erwachsenen dabei. Bestimmte Ernten (etwa die Weinernte) werden insgesamt als große Veranstaltungen mit Helfern von überall her mit entsprechenden Feiern am Abend angelegt.

Zum anderen werden die praktischen Tätigkeiten über das Biologische Institut von Anfang an in einen größeren Kontext gestellt. Über das unmittelbar Praktische hinaus werden Biologie (und Geologie) insgesamt vermittelt: Pflanzenkunde, Tierkunde, Bodenkunde, im Weiteren auch Ansätze von Ernährungslehre und Heilkunde.

Auch die Tierhaltung bedeutet hier einige weitergehende Aspekte. Dies wird in unserem Gebiet insbesondere die Haltung von Pferden berühren, die in den Boros relativ allgemein verbreitet sein dürfte. Die Pferde werden hier wieder als Zugtiere Einsatz finden, auch als Rückepferde in der Forstwirtschaft. Doch dürften sie auch für Kinder und Jugendliche als Reittiere von nicht geringem Interesse sein.

Nicht zuletzt dienen vor allem die Pferde wie seit je her dazu, die Tertianer auf die Themen Pflege und Beziehung vorzubereiten. Die Säugetiere haben im Knochenbau und den inneren Organen eine große Entsprechung zu dem menschlichen Körper. So können über die Biologie viele medizinische Kenntnisse vorbereitet werden, ohne diesen nicht bloß einfachen Bezug von vornherein einzubringen. Zunächst darf erst mal richtig über die fantastische Bandbreite des >Wunders des Lebens< gestaunt werden, über die Vielfältigkeit von Pflanzen und Tieren, über die Komplexität ihrer Anlage, über die Zusammenhänge des Lebens und der Biotope und über die bei allen Unterschieden in Teilen doch vorhandenen Gemeinsamkeiten (wie die >Zelle< bei Pflanzen und Tier).

Es ist gut, auch in dieser Hinsicht einen großen Horizont anzulegen, bevor das Große Thema des Lebens bei den Tertianern mit seiner eigentlichen Wucht in den Raum tritt: die Endlichkeit und Begrenztheit des Lebens und seines Ichs. Leben und wirkliche Liebe sind nicht harmlos. Man kann sich wohl mit >ei-ei< zufriedengeben. Für Teloto-pia ergibt das jedoch keinen Sinn. Ein Sozialleben auf diesem Niveau hat keine Bestandsfähigkeit und funktioniert auch in wirklich selbst bestimmten Sozialverhältnissen nicht. In einer Boro würde das unmittelbar ersichtlich.

3.3 Pubertät und Jugend

Es geht bei der Pubertät nicht eigentlich um die Geschlechtsreife, sondern um ein von dem Beginn der Geschlechtsreife ausgelöstes erneutes Moratorium zur Entwicklung der Befähigung zur Selbststeuerung (= >Identität< oder >Ich<). Dieses neue Moratorium entstand nach dem älteren hominiden Moratorium des >Werksinns< in der humanevolutionären Entwicklung als Folge der Ablösung von der genetischen Verhaltenssteuerung der Tier-Stufe.

Wo bei den Tieren die Geschlechtsreife unmittelbar den erwachsenen Stand begründet, der in Elternschaft mündet, begründet das humanevolutionär entstandene Moratorium die menschlich völlig neuartige Dimension von >Persönlichkeit< und >Kultur<. Persönlichkeit bestimmt sich anders als auf der Tier-Stufe nicht mehr durch die Position in der sozialen Hierarchie (z.B. „Alpha-Tier"), sondern in der Befähigung zu Selbststeuerung und Kommunikation wie in der menschlich neuartigen Beziehungs- und Konfliktfähigkeit. Dies ist, wie die Länge des Moratoriums zwischen Geschlechtsreife und Erwachsenheit belegt, nicht im Nebenbei zu erreichen. Vielmehr ist diese Phase als das Eigentliche der humanevolutionären Entwicklung vom Tier zum Menschen zu sehen und evolutionär in seiner ganzen Phase für die Entwicklung dessen entstanden, worum es beim Menschen bei Persönlichkeit und Kultur geht. Es kann von daher nicht im Geringsten verwundern, dass, wenn diese menschlich entscheidende Entwicklung vernachlässigt wird, ein stümperhaftes Sozialleben und −Verhalten mit Macht, Konkurrenzverhalten, Gewalt und Kriegen entsteht – womit schon die Hominiden bei all ihrem Werksinn und ihrer technischen Intelligenz dem Aussterben verfielen.

Im Einzelnen hingen bislang das Verstehen der Prozesse dieses Moratoriums, der Begriffe („Pubertät", „Jugend", „Selbstbestimmung", „Mündigkeit" usw.), ihres Gestaltens und sogar die damit verbundene körperliche Entwicklung von der jeweiligen Kultur ab. Wie sich dabei >Erwachsenheit< (sozial wie auch juristisch) definiert, ist auch davon abhängig, welche Unterstützung das Individuum durch seine Sozialkontexte erhält und welche Verantwortlichkeit dem Individuum mit welchen Konsequenzen aufgebürdet ist.

170

In diesem Modell wird die Pubertät als Übergangsform von der Tertia auf die Quarta verstanden. Dieser Übergang ist hier ganz nach den jeweiligen Persönlichkeiten in überaus komplexer Form fließend und kann in Telotopia von den jeweiligen Jugendlichen ganz nach ihrer eigenen Persönlichkeits-Entwicklung selbst bestimmt werden. Dies geschieht hier in der Form, als dass sie entsprechend ihrem Stand Tätigkeiten, Kurse und Schulungen auf der Tertia- oder auf der Quarta-Stufe aufnehmen. Dies kann hier sehr gemischt erfolgen: in dem einen Bereich auf der Tertia-Stufe, in dem anderen Bereich auf der Quarta-Stufe oder auf der Sach-Ebene auf der einen und auf der Persönlichkeits-Ebene auf der anderen Stufe. Der Tertia-Bereich ist hier von dem >Werksinn< und den reinen Sach-Aspekten bestimmt, was sich auch auf den weiteren Stufen fortsetzt. Demgegenüber ist die Quarta-Stufe auch von der Aufnahme einer aktiven Auseinandersetzung mit seiner >Identität< (z.B. als >Selbst-Erfahrung<) und seinem Umgang in seinen Sozial- und Beziehungs-Kontexten charakterisiert. Auf der Quarta-Stufe wäre man etwa an Kursen zur Schulung wirklicher Kommunikation interessiert, wofür auf der Tertia-Stufe noch kein Sinn besteht.

Als Übergangsform von der Tertia auf die Quarta ist der Komplex der Pubertät an sich mit diesen beiden eigenständig beschriebenen Stufen verbunden. Doch wird in Telotopia die ganz eigene Logik und Thematik dieses Übergangs auch in entsprechenden eigenen Angeboten aufgenommen. Hierbei spielen vor allem mit Fahrten verbundene Angebote und Unternehmungen eine besondere Rolle.

Es beginnt bereits im Verlauf der Tertia, dass der praktische Horizont und Aktionsradius mehr und mehr durch Fahrten über die eigene Boro hinaus ausgedehnt werden. Dieser Ansatz erhält mit der Pubertät eine eigene Bedeutung. Diese Fahrten, die unter Anleitung besonders erfahrener Pädagogen durchgeführt werden, dienen dazu, die angehenden Jugendlichen in ihrer Ablösung von den Eltern und der Befähigung zu einem eigenverantwortlichen Verhalten zu unterstützen, was die bei uns diesbezüglich bestehenden Konflikte weitgehend erübrigt.

Zunächst sind diese Fahrten auf der Tertia-Stufe ohne die Eltern nur Tagestouren, doch dann werden sie häufiger und länger. Natürlich sind diese Fahrten alle als Angebote angelegt (niemals Pflicht), aber gerade deswegen so, dass sie, didaktisch reflektiert, für die angehenden Jugendlichen von Interesse und für sie sinnvoll sind. Hierbei gibt es einige >altbewährte< Angebote, die auch regelmäßiger stattfinden und weitere Anregungen. Diese Angebote werden den angehenden Jugendlichen vorgestellt, und diese können darüber entscheiden, ob sie daran und an was sie genau teilnehmen wollen, und dann wird gesehen, welche Bedingungen dafür bestehen und was davon durchführbar ist.

Eine solche Tour könnte schon auf der Tertia-Stufe auf der Basis stattfinden, bei einer Weinernte oder einer anderen Ernte, die entfernter liegt, mitzuhelfen. Diese Mithilfe bei einer neuen Aufgabe in der Ferne erfüllt den Werksinn, und sie ist hier gleichzeitig die ökonomische Grundlage einer entsprechenden Tour. Natürlich ginge es hierbei nicht bloß um das Arbeiten. Die Tour ist gleichzeitig so angelegt, auf der Strecke und in der Gegend des Zielortes einiges von der Welt und anderen Sozial- und Kulturkontexten kennen zu lernen (etwa auch, was die kulinarischen Qualitäten angeht).

Was alles bei einer solchen Tour für die angehenden Jugendlichen von Interesse sein könnte, wird mit ihnen besprochen, überlegt und diskutiert, bis man ein Programm hat, das für alle Teilnehmer/innen von wirklichem Interesse wird, eben weil hierbei weitere Hintergründe in den Blick gekommen sind. Dies alles könnte mit einer entsprechenden Vorbereitung und ggf. auch Nachbereitung verbunden sein: evtl. dem Erlernen einer andersartigen Sprache (falls noch vorhanden), mit Biologie, Geologie, Geschichte und mit Wanderungen, Kochen und den besonderen Möglichkeiten der Ferne. Nicht zuletzt pflegen solche Erntehilfen am Abend mit Partys und >buntem Programm< verbunden zu sein.

Ganz in dieser Art werden auch im Verlauf der Tertia-Stufe Fahrten zu interessanten Produktions-Bereichen und Touren mit Wanderungen, Kanus, Klettern, Bergsteigen und Outdoor aller Art in Naturgebieten angeboten und durchgeführt.

Mein Vater unternahm Touren mit jungen Jugendlichen (Mitte der 60er)

In Telotopia sind diese Unternehmungen bis auf explizite Urlaube, die es vor allem für Paare mit jüngeren Kindern oder aber im höheren Altersbereich gibt, immer mit aktiv gestalteten Prozessen aller Art verbunden, mit körperlicher Betätigung, interessanten Informationen und aktiven Sozialprozessen. Insofern sind solche Touren auch eine ideale didaktische Form für die Entwicklung von Lebens-, Sozial- und kultureller Erfahrung: von Wissen, Geist und Kultur. Ich halte dies für erheblich produktiver und effizienter und insofern auch für erheblich ökonomischer als unser gängiges Schulsystem.

Ganz auf diese Weise werden auch die Angebote angelegt, die spezifisch auf den Bereich der Pubertät ausgerichtet sind. Auch dies dürfte in Telotopia auf der Angebots-Ebene vielfältig und komplex angelegt sein.

In Telotopia wird der Bereich Sexualität, Fruchtbarkeit und Nachwuchs schon von klein auf aktiv aufgenommen, natürlich didaktisch reflektiert. Dass es Männchen und Weibchen, Mädchen und Jungen gibt, wissen die Kinder schon von klein auf (nach meinen Erfahrungen sogar [mitunter?] schon erstaunlich früh). Es gibt in Telotopia aufgrund der dortigen Persönlichkeits-Entwicklung auch nicht das historische Problem der Verklemmtheiten und Überreaktionen bzgl. Nacktheit und Sexualität (zumindest nicht in diesem hochgradigen Ausmaß).

In der Tertia kommt diese Thematik wie in früheren Zeiten ganz natürlich im Kontext von Ackerbau und Viehzucht auf. Man schult in Telotopia in diesem Zusammenhang das Verstehen von Fortpflanzung, vielleicht zunächst im Besonderen in Hinsicht auf Pflanzen, aber auch in Hinsicht auf die Tiere. Ohne dabei speziell auf die menschlichen Gegebenheiten abzuheben, ist doch dieser Bereich didaktisch bewusst darin enthalten. Man zeigt hier anhand der Körper der Tiere und vor allem der Säugetiere wie Hunde, Schafe, Rinder, Pferde usw., dass der weibliche Körper Zitzen zum Säugen des Nachwuchses und eine Gebärmutter aufweisen, in dem der Nachwuchs aufwächst, und der männliche Körper einen Penis und Hoden, was dem Begatten dient. Diese Anlage ist in der Natur weit verbreitet, und mit dieser Vermittlung wird die menschliche Gegebenheit in einer allgemeineren Sicht von Biologie aufgehoben.

174

Von dort kann dann das spezifisch Menschliche ganz anders mit der Persönlichkeits-Ebene, der Auseinandersetzung mit seinen Gefühlen und Bedürfnissen und der Kommunikation als der entscheidenden Grundlage der menschlichen Beziehungs-Verhältnisse verbunden werden.

Von hierher gibt es auch keinen Bedarf an Geschlechts-Stereotypie – ganz im Gegenteil, diese wird in Telotopia als Hindernis zur Entwicklung von Persönlichkeit und tatsächlichen – nämlich personalen – Beziehungen betrachtet. Das Sensationelle von Sexualität verknüpft sich in Telotopia nicht mit dem Genitalen und Geschlechtsakten mit möglichst ranghohen („attraktiven") Geschlechtspartnern, sondern mit Liebe und (unaustauschbaren =) personalen Beziehungen.

Insofern erübrigt sich in Telotopia auch die Frage nach der Koedukation auf diesem Gebiet. In Telotopia wird es Angebote geben, die eher auf die Interessen von Mädchen und eher auf die von Jungen abzielen. Manches kann hier >nur für Mädchen< und >nur für Jungen< und ebenso gemischt angeboten werden. Die angehenden Jugendlichen entscheiden für sich selbst, was sie hier wünschen. Es bleibt hier anzunehmen, dass vor allem bei dem Aufkommen der Geschlechtsreife gewisse unterschiedliche Interessen bestehen wie auch das Bedürfnis, die körperlichen Veränderungen und neuen Fragestellungen erstmal ohne das andere Geschlecht für sich zu verdauen. Doch muss dies hier nicht von „oben" her bestimmt werden. Die Angebote sollten in die verschiedenen Richtungen gehen, und die angehenden Jugendlichen sehen selbst, was sie für sich als das Beste empfinden.

Dazu nur als Beispiel. Für Jungen könnten hier besondere >Abenteuer<-Touren von Interesse sein, etwa eine Expedition durch eine (nicht touristisch zubereitete) Höhle oder auch mit einem (entsprechend inszenierten) „Drachen-Kampf" usw. Für Mädchen könnten Fahrten zu besonderen Pferde-Farmen samt Reitmöglichkeit von besonderem Interesse sein. Dies enthält auch das Motiv von Partnerschaft und ist natürlich auch mit dem interessierten Blick >unter den Bauch< verbunden. Vielleicht wird man hier auch spezielle Kurse im Pflege-Bereich, ggf. im Besonderen auch im Kontext von Geburten und Säuglingen anbieten.

Im Weiteren gibt es dann besondere Kurse in der Begegnung zwischen den Geschlechtern. Es erscheint nicht unerheblich, die Anfänge in diesem Prozess anzuleiten und dabei Vorstellungen von brauchbaren Umgangsformen zu vermitteln.*

Eine altbewährte Form verknüpft sich mit Tanz. Dies kann zunächst mit recht vorgegebenen Mustern beginnen und dann zu selbst bestimmteren Formen an Interaktion überleiten. Optimale Möglichkeiten bietet eine qualifizierte Arbeit mit Theater-Formen. Gut zugeschnittene Rollen können den Jugendlichen helfen, sich zu artikulieren und selbst darzustellen. Dann lässt sich mit Vorführungen geeigneter Begegnungen und Beziehungen beginnen, wovon in Telotopia tatsächliche Vorstellungen bestehen dürften. Dies kann von den Jugendlichen mit eigenen Entwürfen fortgesetzt werden. Dabei lässt sich mit Verhaltensformen experimentieren und über eigene Vorstellungen reflektieren und kommunizieren lernen.

Denn in Wirklichkeit sind nicht Nacktheit und Sexualität das Problem und das zentrale Thema, sondern das Begreifen seiner tatsächlichen Bedürfnisse in der Komplexität des Umgangs mit potenziellen Partner/innen. Nichts erfordert mehr an Konfliktfähigkeit als Eros-Liebe. Doch wo Konflikt- und Liebesfähigkeit erworben sind, hat man die Grundlage, die negative Spannung der Konkurrenz- und Machtkämpfe in ein positiv spannendes Sozial- und Beziehungs-Leben zu verwandeln. Exakt darin lag das Erfolgsgeheimnis der humanevolutionären Entwicklung zu uns Homo sapiens.

Für weitere Fragen bzgl. der Vermittlung von Sexualität an Jugendliche wird es in Telotopia qualifizierte Sexualpädagog/innen geben, die nicht bloß biologisch informiert sind, sondern auch selbst etwas von Liebe und Beziehung verstehen.

---

* Ich sehe hier einen Grund in dem Aufkommen von und in dem Bestand an historischer Barbarei (in dem Zerfall des Soziallebens und dem Aufkommen von Macht, Besitz und Patriarchat usw.) darin, dass die mit der Pubertät ursprünglich verbundenen Lern- und Bildungsprozesse am Ende der Eiszeit verfielen und man mit seinem Nachwuchs zwecks Stammes- oder Clan-Bündnissen Heiratspolitik betrieb. Von dieser Praxis her entstand auch die Idee der Tier-Zucht, die umgekehrt als neolithische Domestikations-Pädagogik zurückwirkte.

„jetzt ist eine neue art von sehnsucht entstanden, von erregung und von
hingabe […]. Es gab da aber das gefühl, erstmalig die fäden in der
hand zu haben, nicht in vorgeformtes hineingezogen, nicht von un-
durchschaubaren handlungsabläufen und reaktionen gegängelt zu werden, sondern bei vollem bewusstsein selber die fäden zu spinnen. […]“
verena stefan, häutungen (S. 88; 94)

„Liebe ist nicht in erster Linie eine Bindung an eine bestimmte Person.
Sie ist eine *Haltung*, eine *Charakter-Orientierung*, welche die Bezo-
genheit eines Menschen zur Welt als Ganzem und nicht nur zu einem
einzigen >Objekt< der Liebe bestimmt.“
Erich Fromm, Die Kunst des Liebens (Großdruck S. 75)

3.3.1 Die Quarta-Stufe

I

Sehr wohl bedeutet die Quarta-Stufe auch in Hinsicht auf das Praktische und Technische eine Weiterentwicklung der Tertia. Die Stufe der Quarta ist insofern auch mit der Erweiterung von Wissen und praktischen Fähigkeiten sowie von größerer Selbständigkeit und Eigeninitiative im beruflich-ökonomischen Bereich geprägt. Dies wird auch für bestimmte Stellen, Aktivitäten, Reisen und Unternehmungen vorausgesetzt.

Es bestehen in Telotopia jedoch kein Zwang und auch keine unbedingtere Notwendigkeit, die Quarta-Stufe umfassender zu absolvieren. Dies ließe sich etwa für viele handwerkliche Tätigkeiten oder für Tätigkeiten in der Pflege, in Haushalten oder im landwirtschaftlichen Bereich einer Boro denken. Doch ist, mit Ausnahme von geistig Behinderten, zumindest die Teilnahme an einigen Quarta-Kursen und –Unternehmungen in Telotopia allgemeiner üblich. Dies gilt vor allem für Kurse in der >Lebenskunde< sowie für Kurse in seiner beruflichen Tätigkeit.

Auf einer anderen Ebene wird in Telotopia jeder Erwachsene auf jeden Fall der Quarta-Stufe zugerechnet. Dies entspräche hier in gewisser Weise der >Volljährigkeit<. Dies bedeutete etwa, dass *Erwachsene* auf der Quarta-Stufe mit einer vollen Selbstverantwortlichkeit verbunden sind, was z.B. bei Reisen von Relevanz ist. Bei Jugendlichen ist dies auf der Quarta-Stufe ähnlich wie bei uns noch nicht voll der Fall. Da bestünden auch dort noch mehr Vorgaben und Vorkehrungen, aber auch mehr Angebote an Unterstützung, ganz nach Kontext. Von den Erwachsenen erwartet man, die allgemeinen Gepflogenheiten zu kennen und zu beherrschen, etwa als Gäste unterwegs die jeweiligen Bedingungen und Möglichkeiten abzuklären. Im Allgemeinen wären hier bei Touren ein vorübergehendes Zelten und einige freie Mahlzeiten usw. kein Problem, aber man legt doch Wert auf genaue Absprachen, um praktische Probleme zu vermeiden.

Für weite Bereiche reicht es von den Anlagen der Boros her völlig, ohne ein umfassenderes Absolvieren der Quarta-Stufe zu leben. Man wüchse hier schlichtweg durch die Praxis in seine Tätigkeit und Lebensform hinein, und evtl. würde man den einen oder anderen Kurs zur Fortbildung mitmachen. Bei Tätigkeiten mit dieser Anforderung entstünde erst dann ein Problem, wenn sich eine Person dafür als nicht geeignet erweist. Dann würden die Verantwortlichen auf diesem Gebiet im gemeinsamen Gespräch versuchen, eine brauchbare Lösung zu finden: eine andere Stelle oder einen anderen Sozialkontext vermitteln oder die Tätigkeit den Möglichkeiten dieser Person anpassen.

Insgesamt sind die Boros so angelegt, dass in größeren Teilen diese Stufe für ein gutes Leben und eine sinnvolle Beteiligung völlig hinreichend ist, sofern die jeweiligen Personen damit selbst effektiv zufrieden sind. Es braucht nicht per se in allem Meister-Produkte, nur bei einer entsprechenden Persönlichkeit – die sich aber bei entsprechenden Ansprüchen umgekehrt auch um ein entsprechendes Niveau an Bildung und Leistung bemühen wird. Auch dies ist in Telotopia in jeder menschlich authentischen Form möglich. All dies gilt in Telotopia, da es nicht auf Macht basiert, als gleichwertig. Entscheidend ist allein, dass die äußeren Verhältnisse den jeweiligen Persönlichkeiten entsprechen. Dann sorgen diese für die gewünschten Verhältnisse, und diese bieten – allein – eine dauerhafte Stabilität und Sicherheit.

II
Insgesamt kann von der humanevolutionären Entwicklung her gesagt werden, dass sich die hier als Quarta bezeichnete Stufe gegenüber dem bloßen >Werksinn< darin unterscheidet, dass es in ihr um dem Erwerb der Befähigung von Selbststeuerung, Kommunikation wie zu wirklichen Beziehungen und der Mitgestaltung des Soziallebens geht.

Dies kann, je nach Persönlichkeit, mehr oder weniger bedeuten, aber nicht etwas anderes. Wie viel man an Kommunikation lernen muss, hat mit der eigenen Persönlichkeit wie mit seinem (nun im Weiteren selbst gewählten) Sozialkontext zu tun. Doch im Unterschied zum bloßen Reden ist Kommunikation nichts, was im Verlauf der Sozialisation von selbst funktioniert, sondern in der Jugend gelernt und eingeübt werden muss. Es gehört zu den tragischen Ahnungslosigkeiten unserer >Kultur< (seit dem Ende der Eiszeit), den Erwerb von Sprache in der Kindheit schon für Kommunikation und im Übrigen auch schon

179

für die Befähigung zur Selbststeuerung zu halten. Das ist jedoch wie ein Autofahren ohne Fahrschule, nur nicht so harmlos, wie die sozialen Probleme in der historischen Entwicklung bis hin zum Faschismus und den beiden Weltkriegen belegen.

Insofern steht die Quarta in Telboro nicht unter dem Vorzeichen und Primat der beruflich-ökonomischen Bildung. Diese spielt, wie bereits ausgeführt, bei Interesse wohl *auch* eine Rolle, aber anthropologisch nicht die primäre. Das Entscheidende der Quarta-Stufe verknüpft sich mit der Ausprägung und Schulung der Persönlichkeit im Umgang mit seinem Sozial- und Beziehungs-Leben. Wenn die Persönlichkeit so weit ist, das **ihr** Gemäße (= Identität) in sozialer Verbundenheit nach außen hin bestimmen und auch einlösen zu können, dann steht *danach* die Frage nach dem Beruflich-Ökonomischen neu an. Möglicherweise reicht jemand das auf der Quarta-Stufe Erworbene. Ansonsten setzt sich die Ausbildung im Eigentlichen erst auf oder gar erst nach der Quinta-Stufe fort. Die Sexta, die in Telboro üblicherweise erst um 30 beginnt, entspricht gewisser Weise dem, was bei uns das Studium (ggf. in der zweiten Hälfte) ist. Mit 30 ist in Telboro immer noch genügend Zeit für die Ausbildungen und Tätigkeiten mit hohen technischen und/oder sozialen Ansprüchen. Telotopia ist nicht weniger zur kulturellen Höhe in der Lage als unsere Kultur, soweit dafür echte Bedürfnisse bestehen und dies ökologisch verträglich ist. Doch hat dann die gewünschte Höhe in Telotopia einen soliden Fundament- und Aufbau, dass der Hochbau nicht bald wieder zusammenbricht.

Je höher dieser Bau angelegt wird, desto mehr kommt es auf das Fundament und den Aufbau an, und dies bedeutet hier zunächst die Ausprägung und Schulung von Persönlichkeit und Sozialverhalten. Die bloße Ausbildung im beruflich-ökonomischen Bereich und eine gute materielle Ausstattung reichen für eine soziale Bestandsfähigkeit beim Menschen nicht hin.

Für ein zumindest gewisses Beherrschen von Kommunikation gibt es ab der Quarta-Stufe Schulungs-Kurse. Als eine im Ansatz einfache und doch sehr leistungsfähige Grundlage eignet sich M.B. Rosenbergs Konzeption der >Gewaltfreien Kommunikation<. Für eine weitergehende Auseinandersetzung mit Kommunikation im Beziehungs-Verhältnis ist hier vor allem auf die Literatur von M.L. Moeller zu verweisen.

Nicht unerheblich erscheint auch die Auseinandersetzung mit einer wirklichen Sprachbeherrschung.[26] Dazu sind auch Übungen mit einer nicht-sprachlichen Meditation in der Art von Zen zu empfehlen.

Die vielleicht noch bestehenden Ansätze einer Arbeit mit Theater-Techniken können hier nun um weitere Themen wie auch zu einer Konzeption einer >Gewaltfreien Interaktion< genutzt werden.

Die geistige Grundlage des sozialen Lernens wird in Telboro >**Tiologie**< genannt. Tiologie meint >Lebenskunde< in *kultureller* Hinsicht (was *Theologie* ursprünglich einmal meinte). Diese Tiologie umfasst den gesamten Komplex von Humanwissenschaften, Geschichte, Ethnologie, Philosophie, Psychologie, Religion, eine Sammlung von besonderen Biographien, kulturellen Werken usw., aber nicht als deren Summe, sondern als deren Verarbeitung zu den entscheidenden menschlich-kulturellen Grundeinsichten und zu einem Gesamtüberblick in der Art einer Weltkarte.

Die Vermittlung des tiologischen Stoffs beginnt in Telboro wohl an sich nicht erst mit der Quarta, sondern bereits auf der Kleinkind-Stufe mit dem mythologischen Motiv der Mond-Mutter und dem Ur-Vater. Die Tiologie wird also zunächst in Form von Märchen und dann auch von Fabeln erzählt und geht dann auf der Stufe des Werksinns in vielfacher Weise in die didaktischen Konzeptionen ein. Doch mit der Quarta ist die Stufe erreicht, wo mit der Tiologie in Verbindung mit praktischen Übungen und Experimenten explizit und systematisch begonnen wird.

---

[26] Dabei geht es im Eigentlichen nicht um Grammatik und Stil, sondern um eine hinreichende Unterscheidung zwischen Sprache und Realität, wie sie etwa durch eine nicht-sprachliche Meditation erlebt und erlernt werden kann. Sprache hat keinen Zugang zur eigentlichen Realität. Sie dient als Erweiterung unserer neurologischen Anlage nach lediglich Kommunikation und Selbststeuerung wie zu Dienstleistungen und Produktion, sprich menschlich *internen* Prozessen. Es gehört zu den großen Problemen der historischen Entwicklung, den Sinn von Mythologie missverstanden zu haben und Gedanken und Vorstellungen zum Opfer zu fallen.

Für das Erlernen von Interaktion, insbesondere im Geschlechter-Verhältnis, hat sich von je her Tanz empfohlen. Eine gute Form hiervon ist Tanz-Improvisation

Die Kurse an Kommunikation, Theater, Tiologie und die praktischen Tätigkeiten in den landwirtschaftlichen, handwerklichen, pflegerischen und anderen Bereichen pflegen in Telotopia auf der Quarta-Stufe nur in Ausnahmen 4 – 5 Stunden aktivem Aufwand pro Tag zu übersteigen. Weiteres bestimmt sich von dem eigenen Interesse her.

182

Insgesamt ist auf jeden Fall die Stufe der Quarta wesentlich für das soziale und kulturelle Lernen in der Entwicklung seiner Persönlichkeit und seiner Beziehungs- und Sozialkontexte gedacht und angelegt.

Die Quarta-Stufe ist im Besonderen mit Auseinandersetzungen und Experimenten eines Lebens in einer Hütten-Siedlung verbunden. Es geht dabei zunächst noch nicht um ein dauerhaftes Wohnen in einer Hütten-Siedlung. Es beginnt im Prinzip genauso wie auf einer Reise mit Zelten und in Hütten, vielleicht zunächst für zwei Wochen. Dies könnte etwa in Fortsetzung einer Reise aufgenommen werden, wo vielleicht ein besonders gutes Gemeinschafts-Gefühl entstanden ist. Dieses besondere Erleben jenseits des gewohnten Alltags wird nun in die eigene Boro in den soweit bekannten Alltag zurück übertragen, um sich von dem Sozialisierten der Kindheit abzulösen. Damit soll im Besonderen vermittelt werden, dass gerade der **eigene** Lebenskontext im Alltag der Raum ist, seine eigenen Ideen, Vorstellungen und Fantasien von Leben zu erkennen, zu erproben und zu verwirklichen.

Die Aufgabe der Dozenten, die am Anfang wohl noch in Teilen unmittelbar in der Hütten-Siedlung dabei sind, ist es, die jugendlichen Erlebnisse einer neuen und eigenständig werdenden >Welt< aufzunehmen und die Prozesse an Kommunikation und Reflexion zu verstärken. Was an Lebensformen, sozialen Prozessen, Aktivitäten und Wohnformen wäre für sie wünschenswert? Welche Erfahrungen gibt es in diesen Hinsichten in der bisherigen Geschichte?

All diese Erfahrungen können nun in den Kursen mit Kommunikation, Theater und in den tiologischen Kursen aufgenommen werden. Es muss hierbei kein Wasserkopf an Reflexion, Denken, Reden und Fantasieren entstehen, der den Witz platt macht. Das Gegenteil soll gefördert werden: eine Klärung in dem Gemenge der vielen neuen Eindrücke vom Leben, potenziert um jede einzelne Person der Anwesenden. Worin begründen sich die guten Erfahrungen eigentlich genauer, wo werden Grenzen und Unbefriedigendes erlebt, was könnte man wie weiterentwickeln? In manchem hängt es an den sachlichen und äußeren Gegebenheiten, in manchem an den Personen und in manchem in der Konstellation von all dem.

Diese Auseinandersetzung wird nun >in Betrieb genommen<. Nach dem ersten Kurs des vielleicht zweiwöchigen Hütten-Lebens in der eigenen Boro wird die Planung des nächsten entsprechenden Kurses aufgenommen. Vielleicht hat es der einen oder anderen Person nicht gefallen, die bei dem nächsten Experiment in dieser Konstellation nicht dabei sein wird. Vielleicht gibt es dafür andere Jugendliche aus der Boro (oder ggf. auch aus einer Nachbar-Boro, wo Kontakte bestehen), die beim nächsten Mal dabei sein will. Vielleicht will man es mal mit einem anderen Standort versuchen oder das eine oder andere für das nächste Mal (besser) vorbereiten. Die unmittelbare Nähe zu seinem Heimat-Kontext macht hier manches mehr und besser möglich.

Ein wichtiges Thema in diesen Kursen mit den Experimenten in den Hütten-Siedlungen wird die Architektur, die Einrichtung und wohl auch mal ein Bauen einer Hütte größeren oder kleineren Umfangs sein. Vielleicht wird man eine bestehende Hütte umgestalten oder mal ein Baumhaus, ein Tiny- oder ein Erdhaus bauen wollen; ein Dorf als Fort oder Burg mit Türmen (vgl. etwa die Hundertwasser-Entwürfe).

Auch ein Leben in Bauwagen oder in ausrangierten Waggons hinter dem Güterbahnhof wird gerne mal getestet.

Dieses in der Quarta zunehmende Hütten-Leben ist in Telboro der Ausgang, auf allen möglichen Bereichen seiner dortigen Existenz eine effektive Selbständigkeit und Bewusstheit zu vermitteln.

Dies beginnt mit dem Bau von Möbeln, Töpfern, Schneidern, Kochen, Gartenbau usw. Das Ziel hierbei ist jedoch keine wirkliche Autarkie, was aber vielleicht einige für sich (zeitweilig) als Ziel aufnehmen. Es geht vielmehr darum, eine Idee von den ganzen Elementen seiner Existenz zu bekommen. Damit wird man systematisch fähiger, sein eigenes Leben gezielt gestalten und sein Sozialleben verstehen und kommunizieren zu lernen. Dies wird bald für die Quinta-Stufe interessant, wenn durch seinen Nachwuchs eine vorläufige Festlegung in seinem nun selbstständigen Sozial- und Beziehungs-Leben erfolgt. Dazu zunächst einmal möglichst gut qualifiziert zu sein, ist der zentrale besondere Sinn der Quarta-Stufe und der etwaigen Experimente mit einem eigenständigen Hütten-Leben.

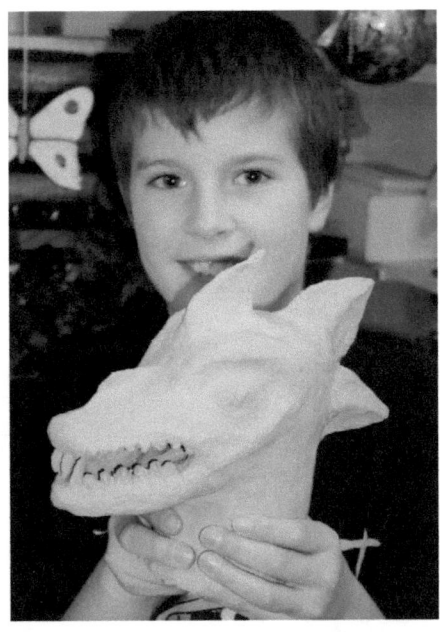

Hobby-Produkte des Autors samt pädagogischer Begleitung

186

So erhält man auch eine Basis für das Verstehen der Sozialverhältnisse von Telboro und von Telotopia insgesamt, etwa auch, welcher Aufwand mit welchen Produkten verbunden ist und welche Konsequenzen bestimmte Tätigkeiten und Prozesse haben. Dies ist bei uns bis auf die wenigen Bereiche, mit denen wir persönlich befasst sind, praktisch gar keine Möglichkeit. Auch in Telotopia wird man nicht in alles persönliche Einblicke haben. Aber man hat mit diesem Hintergrund und mit dem überschaubaren Sozialleben einer Boro doch eine gute Basis, das *Wesentliche* beurteilen und von daher das Sozialleben *kompetent* mitsteuern zu können (die bloße Wahl einer Partei bringt lediglich emotionale *Tendenzen* zum Ausdruck und hat mit einer wirklichen Mitbestimmung nichts zu tun). Wen es interessiert, kann über weitere Ausbildungen oder auf der politischen Ebene von Telotopia einiges mehr in den Blick bekommen.

Wenn man in Telotopia das Fundament und die unteren Stufen des Aufbaus versteht und zumindest exemplarisch etliche politische und funktionelle Vertreter persönlich kennen gelernt hat, dann darf man *hier* ohne Naivität annehmen, dass man den gleichartig aufgebauten Regionen in den weiteren Teilen der Welt und den parallel aufgebauten Strukturen der höheren Verwaltung im Grundsatz vertrauen kann. Sicher werden sachliche und menschliche Fehler nie ganz zu vermeiden sein. Doch das gesellschaftlich Tragende liegt in Telotopia nicht in der Spitze, sondern im Fundament und in dem Aufbau von unten her: in den Boros und in der Persönlichkeits-Schulung. Es kommt hier niemand in die oberen Etagen, der sich nicht in den unteren Etagen bewährt hat. Und wenn es doch mal zu bedeutsameren Fehlern gekommen ist, verfügt man in Telotopia über die Basis wie über die sozialen Techniken (wie z.B. Mediation), die Fehlerquelle zu beheben.

3.4 Die Erwachsenen-Zeit
3.4.1 Die Quinta-Stufe

Ganz pauschal gesagt ist die Quinta die Phase der Twen-Zeit. Von ihrem Schritt von der Quarta-Stufe entspricht sie in Eriksons Modell der Phase >Generativität gg. Selbstabsorption<.

Mit der Quinta-Stufe verknüpfen sich nun ausgeprägter zwei grundlegend verschiedene Dimensionen: zum einen eine Stufe der Persönlichkeits-Entwicklung: dem Beginn effektiver Erwachsenheit – und zum anderen eine Stufe im Bereich der Ausbildungen, Studien und bzgl. der Tätigkeiten.

Entsprechend kann hier >Quinta< in den verschiedensten Bereichen durchaus überaus Unterschiedliches bedeuten. Auf der Quarta-Stufe kann sich eine Selbständigkeit bei Arbeiten und Tätigkeiten auf bestimmte Sachbereiche und technische Funktionen beziehen. Doch in Telotopia setzt alles, was mit >Verantwortung< mit direkteren Konsequenzen für Andere verbunden ist, auf jeden Fall die Quinta-Stufe voraus. Dies könnte z.b. für eine Tätigkeit als Lokführer von Schnellzügen gelten. Welche Tätigkeiten mit welchen Anforderungen verbunden sind, ist in Telotopia im Konkreten bestimmt und kann auch an die jeweilige Persönlichkeit gebunden sein.

In Hinsicht auf Ausbildungen, Studium und Tätigkeiten sind jedoch die Übergänge von der Quarta- auf die Quinta-Stufe sehr fließend und nicht eigentlich an das Alter gekoppelt. Im Prinzip gilt, dass man im Quinta-Alter als >mündig< gilt, unabhängig von der Bildungsstufe (mit ggf. notwendigen Ausnahmen bei geistigen Behinderungen und Pathologien). Umgekehrt können schon Jüngere im Quartaner-Alter bei entsprechender Persönlichkeit, Begabung und Qualifikation Quinta-Kurse, –Tätigkeiten und –Unternehmungen (wie z.B. Reisen) aufnehmen, wo solche Qualifikationen eine Rolle spielen. In diesen Hinsichten verbindet sich von der Definition her mit der Quinta gegenüber der Quarta eine Stufe mehr an Anspruch und Anforderungen.

Im Besonderen ist die Quinta jedoch die Phase der Geburten und des Aufziehens der kleineren Kinder. Frauen können wohl nach Wunsch auch früher oder später Kinder bekommen (später etwa auch in den Fällen, wo ein Kind noch als Kind starb und insofern ein Recht auf ein >neues< Kind besteht). Doch im Allgemeinen gilt in Telotopia die Quinta biologisch, kulturell und auch biographisch als ideal für den Kinderwunsch.

Diese Anlage bezieht sich in Telotopia sowohl auf das Wohnen als auch auf die Ausbildungen, Kurse und Arbeitsbereiche. Für die frühe Säuglingsphase kommen, wie schon ausgeführt, die Hütten- und Kleinsiedlungsbereiche in Betracht (s. hierzu → 3.2.1) und danach Kontexte der Kinder-Gärten (→ 3.2.2 ff.).

Diese Lebensformen sind wohl im Verständnis von Telotopia in erster Linie auf die Bedürfnisse der Kinder eingestellt. Doch ist es für die Eltern selbst auch optimal, über Gegebenheiten zu verfügen, die bestens auf die Bedürfnisse der Kinder eingestellt sind und dabei genügend Raum für ein Verhältnis zu seinen Kindern bieten. In Telotopia steht in dieser Phase das Verhältnis zu seinen Kindern an erster Stelle. Doch wird deswegen das Leben für die Eltern nicht komplett von seinen Kindern absorbiert. Kinder können bei den gängigen Tätigkeiten in diesem Kontext mitgenommen werden, und Kinder haben hier immer auch weitere soziale Kontexte mit anderen Kindern und ihnen bekannten Erwachsenen. Vater und Mutter können sich in der Anwesenheit abwechseln. Es bleibt hier etlicher Raum, eigenen Bedürfnissen, einfacheren und kreativen Tätigkeiten sowie den Bildungsangeboten der Quinta nachzugehen.

Man verpasst hier in Telotopia nichts, sich vor allem in der Kleinkind-Phase in erster Linie seinen Kindern zu widmen – nichts an Sozialem, nichts an Ausbildungs- und beruflichen Chancen und vor allem nichts an Lebens-Qualität. Niemand ist hier aufgrund von Kindern isoliert. Das Erleben des Wachstums seiner Kinder gilt hier als spannend und als eine besondere Chance im Leben, und man steht in Telotopia in diesem Alter auch noch dem einfachen Leben der Kinder näher. Anspruchsvollere Studien, Forschungen, Reisen und beruflichen Tätigkeiten können bei Interesse immer noch aufgenommen werden – in Telotopia gemeinhin in seinen 30er Jahren, und es bleibt dafür dann immer noch Lebenszeit genug, persönlich wie auch gesellschaftlich.

Wer schon früh Vorstellungen von besonderen Zielsetzungen in seinem Leben hat, kann sich darauf auch schon während dieser Zeit in seinen 20er Jahren in den verschiedensten Formen vorbereiten (Kurse in der Boro, praktische Tätigkeiten, Fernstudium usw.).

Es ist hier auch niemand genötigt, es in dieser Form zu machen. Es gilt hier nur vom Allgemeinen als günstig wie als Durchschnitt, was aber deswegen nicht als normativ begriffen wird: weil das reale Individuum bzgl. der Persönlichkeits-Entwicklung die oberste Größe von Telotopia ist. Wer sich schon früh mit sehr Spezifischen verbunden fühlt (z.B. als mit hohem Können verbundener Musiker usw.), kann schon früh einen anderen Weg aufnehmen. Die Bildungsstufen sind in Telotopia nur der Tendenz nach altersbezogen, nicht aber absolut. Was bestimmte Spezialisierungen angeht, könnte man schon früh die Tertia aufnehmen und im Schnelldurchgang in der Sexta sein, was bei uns dem Studium entspricht. Man könnte wie bei uns schon früh in einer vollzeitlichen beruflichen Tätigkeit sein und erst in den 30ern oder gar in den 40ern zur Elternschaft kommen. Doch dürfte dies in Telotopia nicht oft der Fall sein, wäre aber völlig in Ordnung. Nur würde man in Telotopia diese Ausnahmen nicht als die Regel begreifen, und entsprechende Tendenzen stehen bei uns auch mit unseren Notstands-Verhältnissen in Verbindung, da das Ökonomische und also eine entsprechende ökonomische Situation an erster Stelle stehen.

In Telotopia kann man das Leben in jeder Hinsicht völlig entspannt aufnehmen. Hier hat man für sein Leben: für seine eigene Entwicklung, für seine Kinder wie für seine Beziehungen hinreichend Zeit. Von dort her legt sich die Phase nach Eriksons 6. Stufe = die Quinta nahe für die Zeit, Kinder zu bekommen und aufzuziehen.

3.4.2 Das Erwachsenen-Leben jenseits der Elternschaft

In der höheren Twen-Zeit entsteht nun nach und nach ein anderes Verhältnis zum Leben. Bislang war das Leben von der Sozialisations-Entwicklung geprägt, wo Schritt für Schritt Neues in den Bewusstseins-Horizont eintrat, zuletzt über die etwaigen eigenen Kinder.

Wenn nun die etwaigen eigenen Kinder im Kontext der Prima beginnen, eine gewisse Eigenständigkeit zu entwickeln, entsteht damit auch für die Eltern eine neue Lebens-Phase. Vielleicht hat man bereits bestimmte Ideen, was man noch vom Leben möchte. Vielleicht ist man auch mit den Gegebenheiten hinreichend zufrieden, dass man das weitere Leben auf sich zukommen lässt.

Auf jeden Fall verbleibt hier noch sehr viel Zeit, das Leben zu leben, und es gibt dazu in Telotopia alle Möglichkeiten. Nehmen wir hier ein Alter von 28, sind es bis zu der Altersphase mit 68 noch volle 40 Jahre. Ökonomischer Druck besteht hier nicht. Man muss hier auch nicht hetzen, um sich attraktive Jobs und Positionen zu ergattern. Eine solche Haltung würde in Telotopia nicht als positiv, sondern als Problem einer mangelnden Reife gesehen.

Solange die eigenen Kinder noch nicht über die Pubertät hinaus sind, nimmt man diese Situation in Telotopia ohnehin als seine Prämisse. Lange Reisen über viele Monate oder Tätigkeiten in der Ferne würde man erst nach dieser Zeit aufnehmen. Dafür ist immer noch genug Gelegenheit.

Was sich mit dieser Altersphase in Telotopia häufig zunächst einmal verbindet, ist ein Interesse an seiner Weiterentwicklung. Dies kann höchst unterschiedliche Formen haben. Dies kann schlichtweg darin bestehen, sich jenseits der Kinder mehr Zeit für sich selbst und seine Interessen zu nehmen, oder auch, sich nun stärker seinen bereits bestehenden Beziehungen, Sozialkontexten und/oder Tätigkeiten zu widmen. Es kann jedoch auch darin bestehen, eine anspruchsvollere Tätigkeit oder auch eine Weiterbildung auf der Sexta-Stufe aufzunehmen.

3.4.3 Die Sexta-Stufe

Vom inhaltlichen Niveau entspricht die Sexta als Bildungsstufe Telotopias etwa dem, was bei uns als Studium, mit höheren Ausbildungen
und entsprechenden Tätigkeiten angelegt ist. Die Übergänge zur
Quinta sind fließend. Es wäre gut vorstellbar, dass Teile des Studiums
(bei uns) als Quinta angelegt sind, dort aber in lockerer Form. Die
Sexta-Stufe entspräche dann (in Teilen) der Abschluss-Phase des Studiums, dem Master und dann auch einer Promotion.

Für das gängige Leben in einer Boro braucht es keine Sexta-Ausbil-
dung, und diese macht im Rahmen eines dauerhaften Lebens in einer
Boro auch nur begrenzt Sinn. Für wen es wünschenswert ist, dauerhaft
auf der Boro-Ebene zu leben, wird die Lebens-Qualität für sich im Eigentlichen auf anderen Ebenen als in den Formen der Sexta finden
oder die Sexta-Angebote eher nur in Teilen in der Art von Hobbys
aufnehmen. Auch das gilt in Telotopia als absolut legitim und ist dort
recht verbreitet, da dort eine rege geistige Aktivität besteht.

Wohl ist Telotopia in einem gewissen Umfang darauf angewiesen,
dass es genügend Menschen gibt, die an Tätigkeiten mit der Voraussetzung der Sexta in Studium und Ausbildung interessiert sind. In einigen Bereichen der Medizin und für einige Technologien wie im
Computer-Bereich (und einer Weltraum-Forschung) bleibt dies unabdingbar. Doch wenn das Interesse am Sexta-Bereich in Telotopia nur
recht gering liegen sollte, wäre dies gar kein wirkliches Manko. Insgesamt stellt sich keine Notwendigkeit für ein hohes Ausmaß in diesem Bereich dar. Weiterhin sind bestimmte Jobs ähnlich wie bei uns
mit bestimmten Vergütungen verbunden. Für wen es in Telotopia von
echtem Interesse ist, in gehobenerer Form zu wohnen, der kann dies
über bestimmte Tätigkeiten erreichen. Doch wird in Telotopia darauf
geachtet, dass dies im Rahmen des Authentischen verbleibt. Hochsta-
pelei hat hier keine Chance. Auch können Land und Häuser nie zu
Besitz werden und sind auch nicht vererbbar.

Absolut notwendig für die Organisation von Telotopia ist der Sexta-Bereich – etwa im Verhältnis zu uns heute – nur in einem recht geringen Maß. Es bleibt aber anzunehmen, dass daran, genau wie bei uns, ein größeres Interesse besteht. So wenig auch nur irgendetwas dagegen zu sagen ist, ein Leben in einer Boro (oder gar einer einfachen klösterlichen Anlage innerhalb dessen) vollkommen befriedigend zu finden, so sehr ist anzunehmen, dass es einen Anteil an Menschen gibt, die es vom ganz Authentischen her reizen wird, sich etwas von dem entstandenen höheren technischen und kulturellen Potential zu erschließen. Nur wird dies statt in ökonomisch und machtpolitisch expansiver Form in Telotopia auf eine ökologische Nachhaltigkeit und soziale Lebens-Qualität ausgerichtet. Ganz wie dieses Interesse vorhanden ist, wird man in Telotopia Einrichtungen schaffen.

Da in Telotopia die Sexta-Ebene nicht aus dem biographischen Wettlauf um privilegierte Karrieren und Positionen resultiert, sondern aus der authentischen Persönlichkeits-Entwicklung heraus, setzt diese auf der allgemeinen Ebene nicht schon am Ende der Teeny-Zeit an. An sich ist dies wohl bei einer entsprechenden Qualifikation (Aufnahme-Prüfungen) durchaus möglich, und auch der Quinta-Bereich kann bei Interesse schon ein hohes Niveau erreichen. Doch gemeinhin nimmt man die Sexta-Stufe eher erst ab 30 in voller Form auf, wenn seine Kinder in der Sekunda eine gewisse Selbständigkeit erreicht haben, oder letztlich erst nach ihrer Pubertät.

Dies erscheint vielleicht auf den ersten Blick recht spät. Doch beginnt die Sexta nicht bei null. Es besteht hier nicht unser Verhältnis von Schule zu Studium. Es entspricht eher dem Bereich der Doktor-Arbeiten und Assistenten-Jobs. Die Vorstellung, dass dieses Alter für ein höheres geistiges und praktisches Niveau zu spät wäre, hat also keinerlei Basis. Vor allem bringt man hier auch von seiner Persönlichkeits-Entwicklung ein anderes Niveau im Verstehen der Sach-Aspekte und in der Aneignung des Stoffs mit.

Die Teilnahme an den Sexta-Kursen regelt sich, wie in Telotopia immer, durch die Erfüllung der Zugangsvoraussetzungen. Das Maß an Entwicklung und die zeitliche Verteilung und Länge bleiben wie immer selbst bestimmt. Es gibt hier keine >Semester<. Die Kurse können Stunden, Tage, Wochen, Monate und Jahre bestehen.

Immer wird man sehen, wie die Kurse funktionieren, von der Sache her, von den Gegebenheiten und von der Gruppendynamik her, und wird daraus die entsprechenden Konsequenzen ziehen. Vielleicht kommt ein völlig anderes Resultat als ursprünglich angedacht heraus, aber auch dies wird als gut betrachtet, weil es hier auf authentischen Prozesslogiken basiert.

Freilich braucht es ggf. bestimmter Qualifikationen, um weitere Kurse oder um entsprechende Tätigkeiten aufnehmen zu können, doch dies ist hier eine effektiv innere Logik. Man wird ohne diese Qualifikationen den neuen Stoff nicht verstehen und entsprechend angesetzte Aufgaben nicht erfüllen können. Man möchte auch selbst von niemandem medizinisch behandelt werden, der keine hinreichende Qualifikation erworben hat. Man möchte keine Kursleiter, die dem Stoff nicht wirklich gewachsen sind, und auch keine nicht hinreichend qualifizierten Betriebsleiter oder Boro-Vertreter. Immer geht es hier um eine Entsprechung zu den jeweiligen Funktionen und um nichts anderes.

Vielleicht ist hier die Sexta relativ bald z.B. um eine Septima zu differenzieren, wo letzteres auf das hinausläuft, was wir in gewisser Weise mit der Doktoranden-Stufe oder anderen Lehrgängen für *hochqualifizierte* Forschung- und Tätigkeitsbereiche assoziieren. Wie das Verhältnis des einen zu dem anderen nun genauer zu bestimmen wäre, ist hier müßig. Es wird auf jeden Fall ein ganzes Spektrum geben, was je nach Fachbereich und einer konkreten Stelle höchst unterschiedlich liegt.

In Telotopia gehört es zu dem Studieren selbst hinzu, seine eigene Logik dabei herauszufinden. Es gibt hier keinen Status zu gewinnen und keinen zu verlieren. Man studiert hier aus Interesse an Inhalten und/oder zwecks Qualifizierung für Tätigkeiten, die man in irgendeiner Form als Entsprechung seiner Persönlichkeit sieht oder dies zumindest in diesem Blickwinkel ausprobiert.

Es verhält sich hier genauso, wie es für den einen reicht, in normaler Touristen-Manier durch die Berge zu wandern (da für einen auch Anderes von Bedeutung ist), während Andere die Besteigung des Matterhorns und einige die Besteigung des Mount Everests als ihre Herausforderung empfinden.

194

Es ist eine Sache der jeweiligen Persönlichkeit. Die Unterforderung ist ebenso ein Problem wie die Überforderung. Dies soll in Telotopia vermieden werden. Die Kultur von Telotopia ist auf die Entsprechung zu den jeweiligen Persönlichkeiten hin orientiert und angelegt, weil man darin das Optimum gleichermaßen für die einzelnen Persönlichkeiten wie für die Gesellschaft und seine Kultur begreift. Sowohl die normale Bergtour als auch die Besteigung des Mount Everests ist >Leben<, sofern dies die – aktuelle – Entsprechung der Persönlichkeit ist, und Beides wird erst durch einen tauglichen sozialen Verbund ermöglicht. Eine Wanderung durch den Harz oder Schwarzwald usw. ist keine solche Sensation, nimmt aber auch nicht so viel in Anspruch und ermöglicht dadurch Weiteres. Demgegenüber ist eine Besteigung des Mount Everests ein ganz anderes Erlebnis, nimmt aber auch erheblich mehr an Energie, Risiken und Ressourcen in Anspruch. Unterm Strich gleicht sich dies im Verständnis von Telotopia aus. Die Ausrichtung ist dort nicht auf einzelne Punkte bezogen, sondern auf die Verwirklichung des Lebens, der Persönlichkeiten und dauerhaft gute Sozialverhältnisse, die durch die Entsprechung zu den jeweiligen Persönlichkeiten möglich werden.

So liegt etwa der Gewinn für einen Chefarzt in Telotopia letztlich ausschließlich darin, dass er in seinem viel spezielleren Interesse gefördert wird und damit eine ganz besondere Aufgabe übernehmen darf. Eine Motivation, Chefarzt zu werden, um damit Eindruck oder dick Geld machen zu können, hat in Telotopia keine Chance. Niemand würde dort einen solchen Persönlichkeitsstand für besonders vertrauenswürdig und qualifiziert erachten (schon spätestens im Studium nicht). Ein Chefarzt leistet in der Sicht von Telotopia nicht mehr als ein/e Krankenpfleger/in oder als eine Putzfrau oder ein Angler, sondern lediglich >Anderes<, was *alles* als gut, wichtig und anerkennenswert gilt. Die Unterschiede begründen sich hier allein durch die Persönlichkeitsanlage selbst. Der Gesellschaftsvertrag von Telotopia besteht darin, dass man sich gegenseitig die Entsprechung seiner Persönlichkeit zu ermöglichen trachtet, egal ob diese einfach oder anspruchsvoll ist. Was immer dabei ermöglicht wird, so ist es das real mögliche Optimum. Es wird nicht 100% des Erwünschten sein, aber das ist auch nur im >Himmel< möglich. Wo man erwachsen ist, wird man zu einem erwachsenen Verhältnis bzgl. der Abstriche kommen. Auf jeden Fall begründen sich hier die Abstriche nicht aus sozial verwahrlosten Verhältnissen und entsprechend geprägten Persönlichkeitsstrukturen.

So wird man einerseits an dem Erreichen seiner Träume und andererseits an seiner Befreiung von den Fixierungen darauf arbeiten.

Der Reiz zu einem Studieren und zu herausfordernden Aufgaben liegt in Telotopia in der jeweiligen Sache selbst und also in der Persönlichkeit begründet. Insofern gibt es hier (bis auf Notfälle) keine Eile außer dem persönlichen Interesse. In diesem Sachverhalt liegt aber die effektiv menschliche Substanz, auf die sich auch gesellschaftlich bauen lässt. Asoziale Motivationen an „Durchsetzung" und an „hohen Posten" haben hier keine Chance. Solche verqueren Persönlichkeitsformen würden in den universitären Kursen unweigerlich den Leitern und anderen Teilnehmern auffallen. Natürlich weiß jede/r Erwachsene in Telotopia, dass jede/r seine Grenzen und Macken hat, und das nimmt man auch für völlig in Ordnung. Diese Grenzen und Macken dürfen nur nicht die Ausführungen der jeweiligen Ämter und Tätigkeiten stören. Das aber wären Aspekte, die spätestens frühzeitig in der Ausbildung aufgenommen würden, wenn nicht schon – etwa in Theater-Spielen – in der Kindheit usw.

Es gibt ganz entsprechend „Filter" in den Ausbildungsgängen von Telotopia, da dort nie nur die Sache, sondern immer auch das Sozialleben und die Persönlichkeits-Ebene im Blick ist. Die Kursleiter/innen würden es auf allen möglichen Gebieten als Thema aufnehmen, wenn ein Verhalten in Ziel und Weg >inadäquat< ist. Man würde jeder Person verdeutlichen wollen, dass sie sich selbst keinen Gefallen tut, wenn die jeweiligen Ziele zu hochgesteckt oder falsch motiviert sind, wie man umgekehrt zu mehr zu ermutigen versucht, wenn man bei einer Person mehr Potential sieht, aber aus dem Interesse an der Person heraus.

Auf jeden Fall verhindert bei den gesellschaftlich relevanten Ämtern ein ganzes System an >Filtern<, dass diese von sachlich oder aber sozial und menschlich dazu ungeeigneten Personen übernommen werden. Wer >König/in< werden will, erhält in Telotopia im Theater-Bereich genügend Möglichkeiten, nicht aber im politischen oder einem technologischen Bereich. Fehler begeht wohl jeder einmal, doch in Telotopia gibt es *wegen dieser Filter in den Ausbildungen* keinen besonderen Grund, den auf den höheren politisch-verwaltenden Posten befindlichen Persönlichkeiten mit Misstrauen zu begegnen, weniger als hier etwa einem Chefarzt.

196

Das heißt nicht, dass nicht gerade auch die höheren Tätigkeiten einer ständigen kritischen Auseinandersetzung und Formen an Supervision unterzogen sind. Man begreift dies in Telotopia als Schutz vor Fehlentwicklungen sowohl bzgl. seiner Persönlichkeit als auch in seinen Sozialverhältnissen.

Von daher gibt es in Telotopia keine „Macht"-Problematik. Gerade diese historisch dominierende Problematik kultureller Verwahrlosung ist, wie ich meine, in der Anlage von Telotopia bewältigt. Ansonsten wäre dies konzeptionell noch weiter zu debattieren.

Wie wir zu Telotopia hinkommen könnten, ist demgegenüber eine gänzlich andere Debatte, die hier ausdrücklich von dem Entwurf der Anlage als Entwurf zu unterscheiden ist. Hier geht es erst einmal darum, eine fähige Kultur-Anlage denken und verstehen zu lernen.

„Der erste Schritt auf diesem Wege ist, sich klarzumachen, dass Lieben eine Kunst ist, genauso wie Leben eine Kunst ist; wenn wir lernen wollen zu lieben, müssen wir genauso vorgehen, wie wir das tun würden, wenn wir irgendeine andere Kunst, zum Beispiel Musik, Malerei, das Tischlerhandwerk oder die Kunst der Medizin oder der Technik lernen wollten. [...]
Ich werde erst nach einer langen Praxis zu einem Meister in dieser Kunst, erst dann, wenn schließlich die Ergebnisse meines theoretischen Wissens und die Ergebnisse meiner praktischen Tätigkeit miteinander verschmelzen und ich zur Intuition gelange, die das Wesen der Meisterschaft in jeder Kunst ausmacht. Aber abgesehen von Theorie und Praxis muss noch ein dritter Faktor gegeben sein, wenn wir Meister in einer Kunst werden wollen: die Meisterschaft in dieser Kunst muss uns mehr als alles andere am Herzen liegen; nichts auf der Welt darf uns wichtiger sein als diese Kunst. Das gilt für die Musik wie für die Medizin und die Tischlerei - und auch für die Liebe."

Erich Fromm: Die Kunst des Liebens

197

3.4.4 Das Leben leben

Man muss nicht studieren, nicht in ferne Länder reisen, nicht besondere Hobbys wie etwa Segeln, Surfen, Ski fahren usw. aufnehmen. Das reine (Mit-) Leben in einer Boro bietet schon an sich genug Lebens-Qualität. Ob Reisen, bestimmte Tätigkeiten und Jobs jeweils Glück oder Stress, Wert oder Problem sind, liegt nicht an den Sachen selbst, sondern in ihrer Entsprechung zu der Persönlichkeit, ihrer Situation wie zu den Sozialverhältnissen.

Das Entscheidende ist, immer genauer, näher und bewusster den Zugang zu sich selbst (seinem Selbst), seinen Gefühlen, seinen Beziehungen und Verhältnissen zu finden und dies als das eigentliche >Leben< verwirklichen zu lernen. Auf diese Weise entsteht für einen und damit gleichzeitig auch sozial und soziokulturell immer mehr Lebens-Qualität, worin der wirkliche Reichtum liegt.

„Wer aus Liebe etwas tut, erhält seinen Lohn in seinem Handeln, denn er drückt ein lebendiges Gefühl aus und verwirklicht sich selbst. Wer aus Anpassung etwas tut oder auf etwas verzichtet, was den anderen kränken könnte, macht eine innere Rechnung auf, die ihn an Vergangenheit und Zukunft bindet, aber der Gegenwart weitgehend beraubt." [27]

Man erschließt sich in Telotopia mit dem zunehmenden Alter mehr und mehr Möglichkeiten. Gelerntes ist gelernt, Entwickeltes entwickelt. Wenn man nun eine eingeübte Tätigkeit zugunsten neuer Tätigkeiten mal eine Zeit lang zurückstellt, dann mag man in dieser nicht mehr ganz fit sein, aber man wird daran bald wieder anschließen können.

---

[27] Wolfgang Schmidbauer: Die Angst vor Nähe, S. 68

Bei den inzwischen langjährigen Beziehungen macht es nun nichts mehr, wenn man sich mal für ein Jahr wegen einer Reise nicht sieht oder wenn man sich nun eingeschränkter sieht, weil man nun etwa wegen dem Studium oder einem Job jetzt zwischen Telboro und einem Funktionszentrum pendelt. So sammeln sich die Erfahrungen zu einer immer größeren Reichhaltigkeit, und hierbei hat man in Telotopia auch mit 40 durchschnittlich noch immer 30 oder auch 40 Jahre vor sich liegen.

Es ist witzlos, hier nun all die ganzen Möglichkeiten in ihren verschiedenen Gängen aufzulisten und durchzuspielen, da sie sich ganz spezifisch mit einer >Persönlichkeit< und seinem >Bewusstsein< verknüpfen.

Insgesamt sehe ich hier etwa 6 Bereiche, die in Bezug auf eine Gestaltung von Lebens-Qualität eine Rolle spielen:

1. **>Sein<**
2. **Hobbys, Kulturelles**
3. **Reisen, Wandern, Sport**
4. **Studieren, Forschen, Weiterbildung**
5. **Tätigkeiten**
6. **Beziehungen**

Dazu in Stichworten   :

1. >Sein<
   schlichtweg das Leben leben, am Sozialleben teilhaben
   als Spiritualität begriffen: Meditation, klösterliches
   Leben, Pilgern

2. Hobbys, Kulturelles
   Sport; Reisen, Wandern; Klettern, Bergtouren
   Kunst; Tanz; Musik; Theater
   Kochen; Basteln;
   Ehrenamtliche Tätigkeiten; Pflege-Dienste;
   Studieren, Forschen; Korrespondieren

3. Reisen, Wandern, Sport

     verschiedene Länder, Kulturen, Gegenden besuchen
     Wandern oder Radtouren um die Welt; Reiten

     Bahntouren, Schifffahrten (Segeln usw.)
     im Alter + für Behinderte mit speziellen Zügen und
     Schiffen und Begleitung

5. Tätigkeiten

     im Besonderen Medizin, HighTech; Koordinierungs-
     Arbeit

6. Beziehungen

     Kinder, Eltern; Liebe, Freundschaften; Gemeinschaften

Im Besonderen interessiert es mich, was im Rahmen einer 2er Beziehung alles möglich ist.

„Am Lagerfeuer erzählte Märchen, komplexe Sandgemälde und Tänze, welche die Mythen der Gruppen darstellen, hinterlassen keine Spuren. Doch sind gerade sie das Wesentliche des Menschseins von Wildbeuter-Gesellschaften." [28]

„Was hat den Menschen, und zwar auf dem gesamten Globus, zu einer künstlerischen Aktivität solchen Ausmaßes veranlasst? Der ungeheure Umfang der bereits existierenden Dokumentationen zeigt die Höhlenmalerei und Felskunst als ein weltweit verbreitetes Phänomen, das quantitativ über 90 Prozent der bekannten prähistorischen Darstellungen ausmacht. Die Felskunst [...] beginnt mit dem *Homo sapiens* [...]. Man fragt sich, was Menschen dazu veranlasst hat, überall die Zeichen ihrer visuellen Kreativität aufzudrücken. Es scheint, als handle es sich hier um eine Art vierter Dimension des Entdeckergeistes, der nicht nur die ihn umgebende Welt entdecken will, sondern auch die existentielle Beziehung des Menschen zur Natur und zur Welt begreifen will.

Angesichts kilometerlanger Galerien mit Felsgravierungen und mit Tausenden von Bildern, wie sie in verschiedenen Gebieten der sibirischen Tundra zu finden sind, stellt sich über dies die Frage nach den Künstlern, die diese Werke geschaffen haben. Wahrscheinlich waren es kleine Gruppen, die über Generationen hinweg immer wieder an dieselben Orte zurückkehrten, um hier die gleichen Handlungen zu vollziehen. Außer ihrer Kunst haben sie kaum etwas zurückgelassen, allenfalls ein paar Hüttenböden, Reste von Feuerstellen, einige rudimentäre Werkzeuge. Diese spärlichen Überreste jener Tätigkeiten, die zum wirtschaftlichen und physischen Überleben notwendig waren, stehen im Gegensatz zu ihrer immensen künstlerischen Aktivität. Könnte dies Ausdruck eines generellen Wesenszuges des Menschen sein?" [29]

---

[28] Roger Lewin: Spuren der Menschwerdung, S. 144
[29] Emmanuel Anati: Höhlenmalerei, S. 25 f.; S. 38

„Schaffen von Formen heißt: leben.
Sind nicht Kinder Schaffende, die direkt aus dem Geheimnis ihrer
Empfindung schöpfen, mehr als der Nachahmer griechischer Form?
Sind nicht die Wilden Künstler, die ihre eigene Form haben, stark wie
die Form des Donners? [...]
Die Freuden, die Leides des Menschen, der Völker stehen hinter den
Inschriften, den Bildern, den Tempeln, den Domen und Masken, hinter
den musikalischen Werken, den Schaustücken und Tänzen. Wo sie
nicht dahinter stehen, wo Formen leer, grundlos gemacht werden, da
ist auch nicht Kunst."
    August Macke [30]

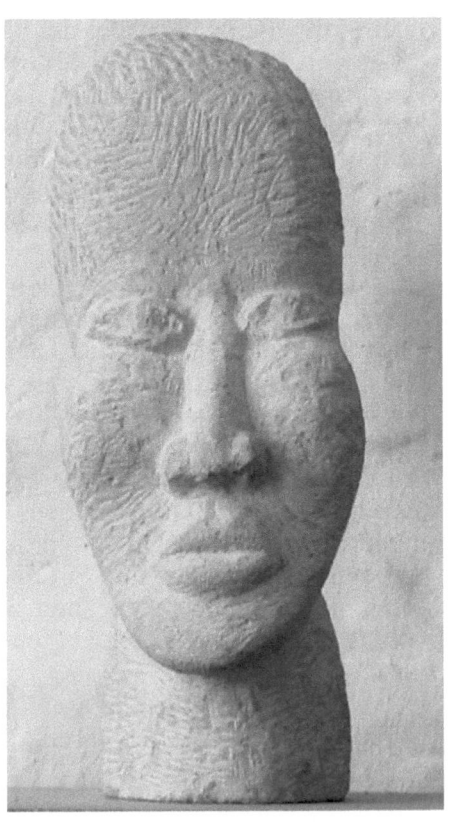

---

[30] in: Klaus Lankheit: Dokumentarische Neuausgabe von: W. Kandinsky & F.
Marc: Der Blaue Reiter, S. 55; 59

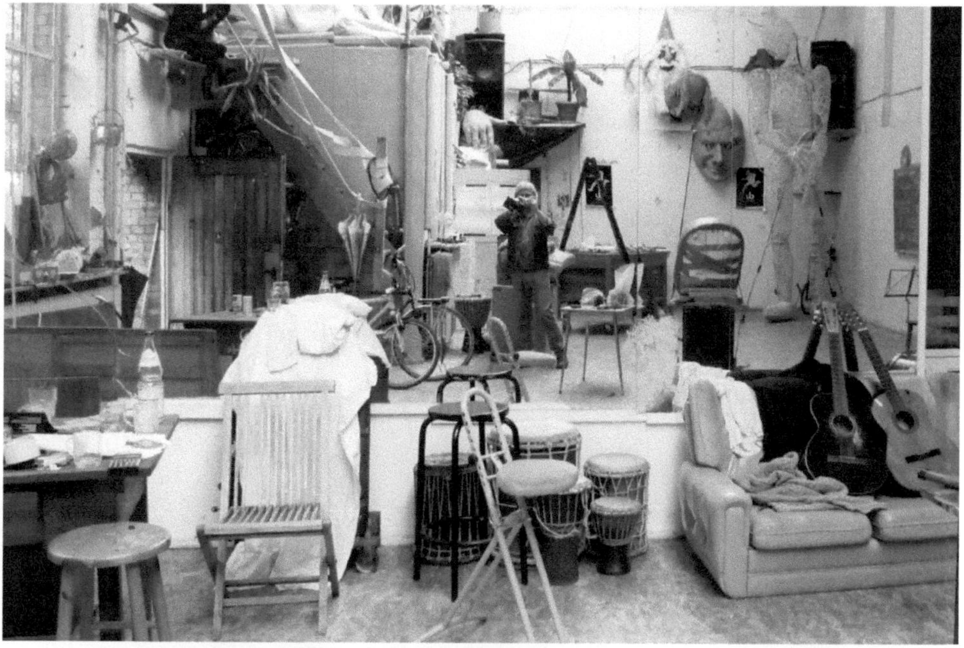

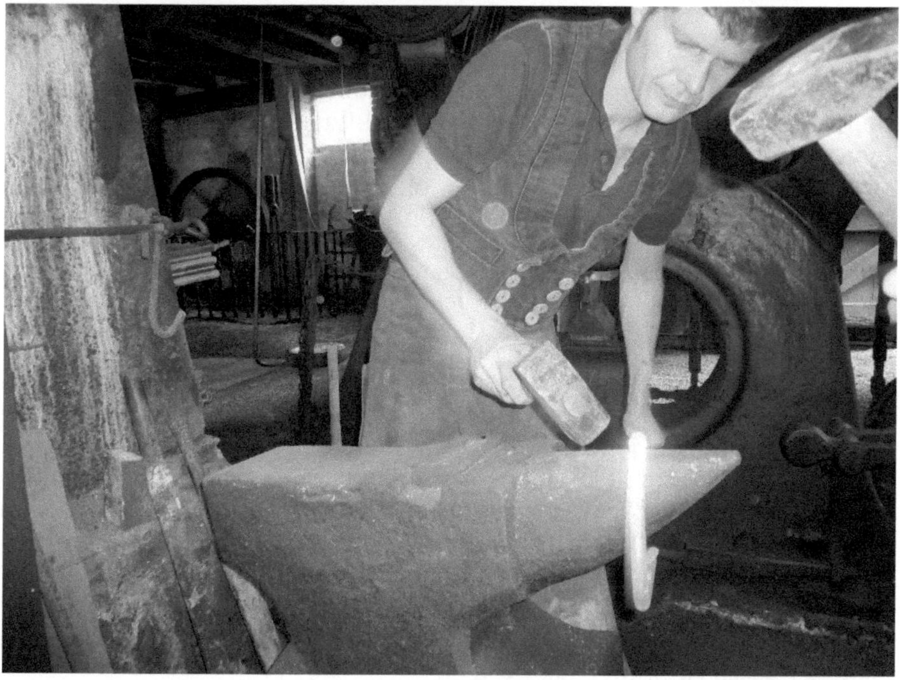

„Dieser geistig neuen Musik geht es darum, aus allen Musiktraditionen zu lernen, vergessene Hintergründe aufzuspüren und die ursprüngliche Funktion der Musik, ihre Bindung an tiefste menschliche Erfahrungen, wieder ins Licht zu rücken, ohne dabei einem naiven Eklektizismus zu erliegen. Es herrscht gegenwärtig ein Drang, die verschütteten Urquellen der Musik freizulegen, die allein den Weg zu einem neuen, den Menschen in seiner Ganzheit erfassenden Musik-Erleben weisen können." [31]

„Dieses sakrale oder spirituelle Element empfand ich auch in den Bewegungen selbst, dem ekstatischen Zittern, Kreisen, den Schlangenwindungen und in jenem heiligen Schauer, der mich immer wieder beim Tanzen ergriff. […] Der Bauchtanz ist eine spirituelle Disziplin wie Yoga und Tai-Chi, er vereinigt Körper, Seele und Geist von Frauen und erschafft ein feminines Kraftfeld, in dem heilsame Prozesse der Reintegration erfolgen können." [32]

---

[31] Peter Michael Hamel, Durch Musik zum Selbst, S. 9
[32] Eluan Ghazal: Der heilige Tanz, S. 9 f.

Beim Theater (ich rechts um 1994)

„Das Wichtigste ist, dass der Verstand aus dem Gefühl hervorgeht. Man muss dem Körper also den Verstand zurückgeben. Der sich selbst reproduzierende Verstand schafft einen geschlossenen Kreislauf, den man aufbrechen muss durch eine Rückkopplung mit dem Gefühl."[33]

„Tanz: Sprache der Seele durch den Körper, Sprache des Geistes durch den Körper, Ausdruck des Unsagbaren - Kunst."[34]

„Dieses sakrale oder spirituelle Element empfand ich auch in den Bewegungen selbst, dem ekstatischen Zittern, Kreisen, den Schlangenwindungen und in jenem heiligen Schauer, der mich immer wieder beim Tanzen ergriff. [...] Aber es geht hier nicht um folkloristische Showbusinesseffekte, sondern um therapeutische und kulturelle Dimensionen: Der Bauchtanz ist eine spirituelle Disziplin wie Yoga und Tai-Chi, er vereinigt Körper, Seele und Geist von Frauen und erschafft ein feminines Kraftfeld, in dem heilsame Prozesse der Reintegration erfolgen können."[35]

---

[33] Min Tanaka, in: Michael Haerdter & Sumie Kawai: Butoh, S. 79
[34] Valeria Kratina, in: Ilse Loesch: Mit Leib und Seele, S. 197
[35] Eluan Ghazal: Der heilige Tanz, S. 9 f.

„Vielleicht wurden die Weichen für meine Reiseleidenschaft schon in frühester Kindheit gestellt [...].

Die Entdeckung der letzten wilden Landstriche Europas und das Leben im Freien ließen mich bei meinen ersten Wanderungen erahnen, wie sehr das Erleben des weiten Raums und der Schönheit der Natur ein Spiegelbild des von mir ersehnten inneren Friedens, der Freude und Freiheit war. Für viele Jahre sollte das Reisen abseits der ausgetretenen Pfade eines der wenigen Privilegien bei meiner inneren Suche sein. [...]

Doch vor allem faszinierte mich das Nomadenleben. Ich hatte das Gefühl, diese Menschen würden noch den Schlüssel zu den unermesslichen Weiten besitzen. [...]

Was bedeutet schon die Anstrengung, wenn sich nach dem Muskelkater der ersten Tage das Wohlbefinden des vergessenen, nun wieder in Form gebrachten, lebendigen Körpers einstellt, bereit zur Erforschung, zur Begegnung, alle Sinne geschärft." [36]

---

[36] Daniel Popp & Jean-Luc Manaud: Die Wüste lebt, S. 10 - 12

Größere Radtouren durch die Welt erfreuen sich in Telotopia großer
Beliebtheit.

„Ich zog in den Wald, weil ich den Wunsch hatte, mit Überlegung zu leben, dem eigentlichen, wirklichen Leben näher zu treten, zu sehen, ob ich nicht lernen konnte, was es zu lehren hatte, damit ich nicht, wenn es zum Sterben ginge, einsehen müsste, dass ich nicht gelebt hatte. Ich wollte nicht *das* leben, was nicht Leben war, das Leben ist so kostbar. [...]

Henry D. Thoreau: Walden, S. 98

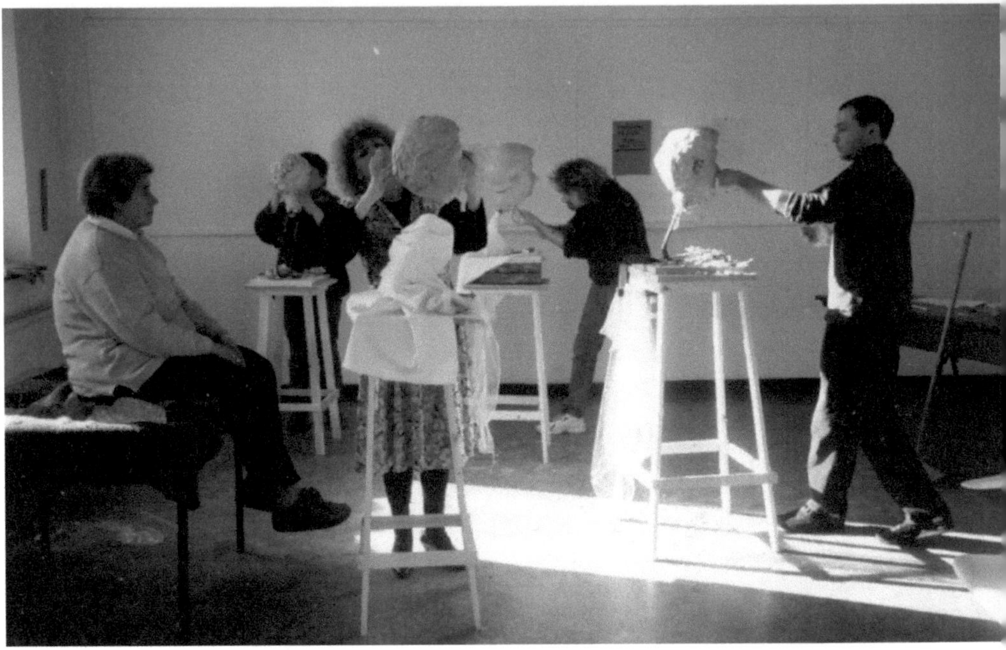

Portrait der alten Dame
(oben)
Zementguss

3.5 Das Alter

„Das eine wenigstens lernte ich bei meinem Experiment: wenn jemand vertrauensvoll in der Richtung seiner Träume vorwärts schreitet und danach strebt, das Leben, das er sich imaginisierte, zu leben, so wird er Erfolge haben, von denen er sich in gewöhnlichen Stunden nichts träumen ließ."

Henry D. Thoreau: Walden (S. 314)

Die Anlage von Telotopia ist nicht zuletzt für das Alter von größter Bedeutung. Denn sie bedeutet, dass hier das Alter in körperlicher, geistiger und sozialer Hinsicht nicht zur Quittung für sein Leben wird, sondern zur Ernte.

Was unter >Alter< zu verstehen ist, ist in Telotopia nicht formal definiert. Die Setzung mit 68 in der Tabelle der Bevölkerungsstruktur dient lediglich als Anhalt für die Theorie. Es gibt in Telotopia keine „Rente" in unserem Sinn – doch *immer* Versorgung (s.u.) -, und somit erübrigt sich auch die Frage nach dem Zeitpunkt des „Eintritts in das Rentenalter".

Wenn man das Kinderkriegen in Telotopia mit 25 ansetzt, würde man mit 50 zu Großeltern und mit 75 zu Ur-Großeltern. Auf jeden Fall ergäbe sich noch eine lange Zeit mit seinen Enkeln. Setzt man das Kinderkriegen bei 20 an, würde man bereits mit 60 zu Ur-Großeltern und hätte noch eine gute aktive Phase mit seinen Ur-Enkeln.

I.

So lässt wohl mit dem Alter die körperliche Energie nach, doch dafür erreicht man unter diesen Voraussetzungen mit dem Alter bis zum Zeitpunkt effektiver Senilität oder dem Tod eine zunehmende Höhe an Erfahrung. Dieses Nachlassen der Energie beginnt nicht erst mit dem Eintritt in das „Rentenalter", sondern schon nach dem biologischen Schub zum Erwachsensein, vielleicht schon spürbar in den späten 20ern und bestimmt in den 40ern. Und wie sich in gewisser Weise dabei Stufen ergeben, so ergeben sich umgekehrt auch gewisse Stufen an Niveau der erzielten Erfahrungen.

Es kann hier gut der Fall sein, dass von daher mit dem Alter eine natürliche Tendenz zur Schätzung des >Seins< entsteht: ein Leben mit mehr Ruhe und einer zunehmenden Konzentration auf das für wichtig Erkannte. Daraus begründet sich eine wohl quantitativ reduzierte, aber qualitativ entwickelte Aktivität.

Insofern erhält das Alter in Telotopia eine insbesondere im Bildungs- und Sozialwesen geschätzte Bedeutung, etwa im universitären Bereich, in der Sozialverwaltung und in den ganzen Formen der Meditationen, Supervisionen und Beratungen wie etwa auch im medizinischen Bereich.

---

* Meine Großmutter: ihre Geschichte wird erzählt von ihrer Tochter Christel Rücker: Der 4. Februar. Eine Kriegswitwe mit 6 Kindern erzählt vom Krieg, der Nachkriegszeit und ihrer Geschichte. Roman. Remscheid 2018

II.

Ich nehme an, dass bei dem Lebensstil von Telotopia das durchschnittliche Lebensalter höher liegt als bei uns. Ich gehe aber auch davon aus, dass der Gesundheitszustand erheblich besser ist. Insofern sehe ich nicht, dass hier die Möglichkeit einer höheren Lebenszeit als ein besonderes Thema aufzunehmen wäre. Bei dem telotopianischen Prinzip von zwei Kindern pro Frau/Paar änderte sich an der Bevölkerungsentwicklung auf die Dauer nichts, und unter diesen Voraussetzungen entsteht auch keine veränderte Versorgungslage oder Schieflage in der Altersverteilung.

III.

Es ist in Telotopia nicht unbedingt Brauch, dass die pflegerische Betreuung der Senioren voll von ihren Kindern besorgt wird. Solche Ansätze gibt es, jedoch mit sehr unterschiedlichen Formen und Ausmaßen. Wo die Kinder der Pflegefälle keine pflegerische Betreuung übernehmen, pflegen sie eine gute Präsenz und, sofern möglich, eine intensivierte Kommunikation. Es ist hier eine Zeit, sich noch einmal gezielter mit seiner Biographie auseinanderzusetzen. Nachdem man inzwischen meist längst selbst Eltern oder gar schon Großeltern geworden ist, beginnt man mit der inzwischen erreichten Lebenserfahrung die Biographie der Eltern von einem ganz anderen Standpunkt her wahrzunehmen und damit auch seine eigene Biographie, insbesondere seine Kindheit und seine Art als Kind. So begründet sich ein neues Verhältnis, in dem man sich nun als beidseitig Erwachsene begegnet. Auf jeden Fall wird diese Phase in Telotopia als eine besondere Chance zur Entwicklung seiner Lebenserfahrung gesehen.

Auch da, wo man seine Eltern als Pflegefälle bei sich zu Hause aufnimmt, bestehen in Telotopia hinreichende Möglichkeiten einer Unterstützung und einer pflegerischen Einarbeitung und Beratung.

Ansonsten gibt es über das jeweilige Boro-Institut für Gesundheit verschiedene Möglichkeiten zu einem betreuten Wohnen, auch in Kombination mit Freunden und/oder in einem familiären Rahmen. Gerade auch dieser Bereich wird in Telotopia für überaus wichtig genommen und entsprechend für so taugliche Formen wie nur möglich gesorgt, ist dort gegenwärtig, dass man einst ebenso betroffen sein wird und von diesen Errungenschaften profitieren wird.

Und nicht zuletzt ist die Erfahrung des Todes geliebter Menschen auch von größter Bedeutung für die Entwicklung von *Lebens*erfahrung.

Der Bereich des betreuten Wohnens zwischen dem Institut für Gesundheit (4) und der Anlage des Biologischen Instituts (5), vgl. S. 58

IV.

In Telotopia wird kein Toten-, d.h. Todeskult gepflegt. Dort ist endlich die problematische spätmesolithische Ahnenkult-Tradition überwunden, wo man mit dem Toten-Kult seine „Besitz-Ansprüche" an Gebiet und sonstigem Erbe sowie den familiären >Status< markierte.

In Telotopia ist das Beerdigungs-Ritual wieder Bestandteil einer wirklichen Trauerarbeit. Insofern gibt es dort keine fixierten Rituale, sondern diese richten sich ganz nach den konkreten Empfindungen der Betroffenen.

Das Gedächtnis an die Verstorbenen wird in Telotopia nicht (eigentlich) über Grabstätten, sondern über Bücher oder eine (auch digitale) Dokumentsammlung gepflegt, in denen man persönliche wie auch historische Erinnerungen aufbewahrt. Dabei stellt man zumindest die Grunddaten und vorhandene Fotos der Personen (und evtl. ihrer Werke usw.) zusammen, vielleicht getrennt in einer privaten Form für die Nachfahren und in einer öffentlichen Form für das Boro-Archiv. Evtl. wird man auch ältere Familien-Archiv-Teile irgendwann dem Boro-Archiv übergeben. Vielleicht wird man hierbei auch gewisse Daten in Bezug auf Krankheiten, Unverträglichkeiten und Gene usw. sammeln, was z.B. für die medizinische Betreuung einstiger Nachfahren herangezogen werden kann.

Insgesamt gibt es in Telotopia ein ausgeprägtes historisches Bewusstsein und eine ausgeprägte Beziehungs-Kultur, in der die Erinnerung an die Verstorbenen gepflegt wird, jedoch in sehr persönlicher Form und in effektiv menschlich-psychischer Verarbeitung. In Telotopia darf jeder sein und bleiben - auch nach dem Tod -, was er *wirklich* gewesen ist, mit allen Schwächen und Stärken. Nur so kann es zu liebender Erinnerung und menschlich-persönlicher Freiheit kommen. Aller Popanz steht dem im Wege.

V.

Man hält es in Telotopia für einen Verstoß gegen das Gebot der Menschenrechte, der Solidarität und eines menschlichen Umgangs, Menschen gegen ihren Willen zu einem grausamen Tod in der Verweigerung von Sterbe-Hilfe zu verurteilen. Die Hilfe zu einem würdigen und humanen Tod betrachtet man hier als Entsprechung zu einer operativen medizinischen Hilfe und zu Verabreichungen von Schmerzmitteln zur Vermeidung unnötiger Schmerzen. Es ist in Telotopia umgekehrt natürlich auch effektiv klar, dass die Sterbe-Hilfe kein Entsorgungsprogramm zuwendungsbedürftiger Personen und keine Einnahme-Quelle ist und sein darf.

Die Philosophie Telotopias ist nicht von dem *Glauben* begründet, dass mit dem Tod alles aus sei. Womit es mit dem Tod aus ist, ist das Ego. Doch das Leben geht weiter, und manche Persönlichkeiten entfalten erst nach ihrem Tod ihre eigentliche Wirksamkeit. Welche *Vorstellungen* man auch immer damit verknüpft: *Tatsache* ist, dass etwas von dem Geist und der Seele einer Persönlichkeit >in der Welt< bleibt, im Guten wie im Schlechten. Um nach Möglichkeit das Gute zu erhalten, hält man es in Telotopia für gut und wichtig, das Seelische zu pflegen und Geist zu entwickeln.

4 Die Gesamtanlage von Telotopia

4.1 Die Boros und ihre weltweite Netzwerk-Organisation

Telotopia wird in ihrem Eigentlichen erst durch die weltweite Netzwerk-Organisation ihrer Boros dauerhaft möglich.

Dies begründet sich jedoch nur sehr bedingt darin, dass bestimmte auch für Telotopia sinnvolle Technologien wie etwa im Computer-Bereich von den Rohstoffen her weltweite Verbindungen unabdingbar voraussetzen würden. Ohne Zweifel machen es gute weltweite Verbindungen einfacher und erlauben weit mehr an Möglichkeiten.

Doch vom Technisch-Materiellen her ist ein weltweites Netzwerk nicht zwingend. Vermutlich sind für Telotopia bei einigen wenigen Rohstoffen und Produktionen übernationale Verbindungen notwendig, wie es sie schon längst gibt (vielleicht reichen inzwischen die bestehenden Produkte und ein Recyceln für eine Kultur von Telotopia auch schon auf regionaler Ebene). Doch vom Technisch-Materiellen an sich spielen die höheren organisatorischen Ebenen in Telotopia keine besonders große Rolle. Im Fahrzeugbau würde man etwa lediglich die Motoren, einige Teile wie auch den Stahl auf einer höheren – etwa „nationalen" – Ebene produzieren, doch die Rohform auf einer Bezirks-Ebene zusammenbauen und vielleicht das Fahrzeug erst in der Boro endgültig fertig stellen (z.B. im Anstrich, Aufbau bei Lastwagen usw.). Die höheren Ebenen nimmt man nur so weit auf, wie sie sich tatsächlich als Vorteil darstellen – was in Wirklichkeit unter natürlicheren Verhältnissen (z.B. bei anderen Steuerregelungen) gar nicht so häufig der Fall ist.

Der eigentliche Grund für die weltweite Netzwerk-Organisation von Telotopia liegt im politisch-sozialen Bereich. Die Naturverhältnisse bieten rein regional meist nicht die notwendigen Ressourcen und sind auch ohne besondere Umbrüche schwankend genug, als dass eine soziale Organisation auf einer bloß regionalen Ebene dauerhaft das Überleben sichern könnte. Schon die eiszeitlichen Kulturen waren von daher mit größeren Wanderungen und mit Netzwerken verbunden, wie es Fundmaterialien belegen. Bei der mit der Sesshaftigkeit notwendigen Nahrungsproduktion konnte man wohl in guten Zeiten Überschüsse erwirtschaften, die man dann für Handel einsetzen konnte. Doch bei der Ausweitung der Sesshaftigkeit und der sonstigen Besitz-Verhältnisse entstanden in schlechten Zeiten zwangsläufig Probleme, konnte man nun sein Überleben nur noch durch Diebstahl, Raub und Gewalt sichern (von daher >März< nach dem lat. Kriegsgott Mars, waren zu dieser Zeit nach dem Winter die Vorräte oft erschöpft, dass kriegerische Raubzüge als einzige Alternative zum *eigenen* Verhungern blieben).

Aus diesem Grund kam es historisch mit der Bronzezeit vor ca. 5000 Jahren zur Entstehung der Nationalstaaten, wie z.B. Ägypten. Erst auf dieser Größe dieser Reiche konnten regionale Versorgungsprobleme einigermaßen ausgeglichen werden, und erst diese Reiche erreichten damals zeitweilig die Macht, sich die weiteren notwendigen Ressourcen zur Not zu >erobern< (z.B. damals Bronze), wenn sie nicht durch Handel zu erhalten waren. Sowohl diese „Macht" als auch die Abhängigkeit von Ressourcen (nicht bloß für Energie) ist durch die Industrialisierung enorm angestiegen – und damit auch die Problematik von Diktaturen, Gewalt und Krieg. Es gehört schon Beträchtliches dazu, dies angesichts der ständigen Belege zu ignorieren.

Der Grund für die weltweite Netzwerk-Organisation von Telotopia liegt also im Eigentlichen nicht im technisch-materiellen Bereich, sondern darin, dass dies letztlich die einzige Form ist, Diktaturen und Kriege unnötig zu machen, weil man damit aufkommende Ressourcen-Probleme anders als durch Gewalt lösen kann. Dies gilt nicht bloß für Missernten in Regionen, die durch Lieferungen aus anderen Regionen kompensiert werden können, und andere einfache Naturkatastrophen wie Sturmschäden, Überflutungen usw. Es gilt vor allem für solche – wenn auch recht seltene – Naturkatastrophen wie (Super-) Vulkan-Ausbrüche oder größere Meteoriten-Einschläge, die Umsiedlungen im großen Stil notwendig machen. Diese Probleme lassen sich nicht auf einer Regional-Ebene lösen, evtl. nicht einmal auf einer nationalen Ebene. Erst ein weltweiter Netzwerk-Verbund kann als die menschlich machbare Lösung der politischen, wirtschaftlichen und weltanschaulichen Problemstellungen betrachtet werden.

Solche Groß-Probleme sind freilich selten. Im Allgemeinen bräuchte es von daher kein Parlament und keine Gremien auf der Welt-Ebene. Wo Telotopia eingespielt ist, haben diese Einrichtungen jenseits dieser seltenen Superkatastrophen keine zu hohe Bedeutung. Sie dienen dort eher zu einer Supervision, um von diesem obersten Aussichtspunkt zu prüfen, was in den Strukturen der Weltverhältnisse noch unbefriedigend ist und wie es vielleicht besser gehen könnte. In diesem Sinne werden hier auch innovative Entwicklungen verfolgt und in Hinsicht auf ihre mögliche Nützlichkeit für die sozial-kulturellen Verhältnisse Telotopias debattiert. In ihrer Funktion der Supervision dienen die entsprechenden Gremien auf der Welt-Ebene in Telotopia eher als Koordinations- und Verteilungsstelle, wo die Anfragen und Vorschläge von den unteren Ebenen gesichtet und in bestimmten verarbeiteten Formen an die entsprechenden Einrichtungen der unteren Ebenen weitergegeben werden. Eine effektive Entscheidungs-Instanz wäre solch ein Parlament auf der Welt-Ebene fast allein in den Fällen von Super-Katastrophen, in den sozial die Weltverhältnisse berührt sind.

Insgesamt ist dieses Parlament auf der Welt-Ebene einfach nur die oberste Stufe der von den Boros unten her aufgebauten übergeordneten Organisations-Struktur, die die Boros und ihr kulturelles Niveau erst wirklich sichern kann. Völlig autarke und politisch >souveräne< Kleingesellschaften wie die früheren Stämme und die antiken Polis-Stadtstaaten dürften heute in unseren Gebieten in Teilen nicht einmal zum Überleben hinreichen und von daher früher oder später in dauerhaften Kleinkriegs-Verhältnissen münden, ähnlich wie vor einiger Zeit in Papua-Neuguinea, nur auf „höherem" Niveau.

Bedürfnisse zu einer kleinteiligen Autarkie, wie etwa auch einer klösterlichen Anlage mit Selbstversorgung, lassen sich gut auf der Boro-Ebene unterbringen. Es wäre hier bei den normalen Allgemeinverhältnissen in Telotopia kein Problem, wenn sich auf der Boro-Ebene eine Gemeinschaft vom >weltlichen Leben< zurückziehen möchte. Auch diese wäre eine Selbstbestimmung und im Rahmen der gängigen Verfassung von Telotopia und den Regelungen der jeweiligen Boro möglich. Die Demokratie und die Versorgung einer Boro sind auf diese Beteiligung nicht angewiesen. So eine Gemeinschaft *von Erwachsenen* kann ab der Selbständigkeit ihrer Kinder ein Stück Land nach dem allgemeinen Prinzip für sich erhalten und darauf ihre Selbstversorgung und einen Tausch von Produkten betreiben.

Als Selbstbestimmung gälte dies als okay, nicht aber als eine politisch konkurrierende Organisation und nicht als eine Lebensform für Kinder ab drei Jahren. Kinder können dort wohl wohnen, doch wäre ihnen der freie und volle Zugang zu einem Kinder-Garten usw. zu ermöglichen.

Der wichtigste Grund für die übergreifende Organisationsstruktur liegt darin, dass sich auf einer isolierten Boro-Ebene ein kulturelles Niveau kaum halten könnte. Für ein kulturelles Niveau sind die Boros auf höhere Organisationsstrukturen angewiesen (wie es sich aus diesem Grund auch historisch jenseits der eiszeitlichen Kultur entwickelte). Vom rein Praktischen her ist in Telotopia im Wesentlichen der regionale Bezug von Relevanz (d.h. die Bezirks-Ebene und vor allem die Kommunal- und Kreis-Ebene [s.u.]. Die höheren Ebenen sind praktisch nur für punktuelle Funktionen von Bedeutung (insofern von unten steuerbar). Für eine dauerhafte Stabilität dürfte eine weltweite Netzwerk-Organisation unabdingbar wie auch wünschenswert sein.

Doch damit sich eine solche höhere Organisationsstruktur nicht wie in der historischen Entwicklung zu Macht und Herrschaft verselbständigt und damit zu paralytischen und pathologischen Prozessen bis hin zum Ruin der Sozialverhältnisse und der menschlichen Persönlichkeit führt, muss ihr Fundament in sozial überschaubaren und demokratisch beherrschbaren Sozialkontexten wurzeln. Dafür dient die Konzeption der Boros. Wenn das überwiegende Sozialleben und vor allem auch die kindliche Sozialisations-Entwicklung in solchen Formen wie die Boros (oder unter Naturverhältnissen in entsprechenden Anlagen eines Stamms) effektiv verankert sind, dann werden die Bedenken gegen eine höhere Organisation unnötig. Ja, ganz im Gegenteil erscheint *dann* eine höhere Organisation (wie in den Anfängen der historischen Entwicklung und in Teilen auch später) vielmehr als der entscheidende Garant friedlicher, guter und - auch ökologisch - dauerhafter Verhältnisse auf effektivem kulturellem Niveau in allgemeiner Selbstbestimmung.

Ebenso wie ein Hochhaus braucht eine tatsächliche Hochkultur ein qualifiziertes stabiles Fundament, vor allem in sozialer und demokratischer Hinsicht. Dazu dienen auf der Alltagsebene vor allem die Boros, doch bleiben die Boro-Struktur und ihr kulturelles Niveau allein von einem übergreifenden Zusammenhang gesichert.

Diese übergeordnete Struktur wird in verschiedenen Stufen von unten her auf den Boros aufgebaut und von ihnen her bestimmt und gesteuert (→ 4.4.3). Es gibt jedoch auch eine gewisse gegenläufige Struktur etwa als Supervision in rechtlicher Hinsicht, die etwa die Verfassung, die Menschenrechte und die demokratische und ökologische Anlage in den Boros und der höheren Ebenen sichert. Die ökonomische Struktur von Telotopia baut auf diesen organisatorischen Formen auf. Damit werden gleichermaßen die sozialen Prozesse der Versorgung und Produktionen gesteuert sowie die Möglichkeit zur persönlichen Selbstbestimmung und –Verwirklichung gesichert.

Alles in allem: es geht nicht um ein >Zurück zur Natur<, wie man früher angesichts der historischen Fehlentwicklungen meinte, sondern um ein >Zurück zu Kultur< wie insbesondere zu einer Steuerung seiner Sozialverhältnisse in gemeinschaftlicher Kommunikation. Denn darin bestand das Entscheidende der humanevolutionären Entwicklung, die erst das Aussterben zu verhindern vermochte, dem die vorausgehenden Hominiden verfielen.

Leider kam es in den gigantischen Naturkatastrophen am Ende der Eiszeit verbreitet zu einem substanziellen Verlust an Kultur. Autoritäre Strukturen, Diktaturen, Gewalt und Macht waren die alsbaldigen Folgen.

Wohl kam es zur Lösung der entstandenen Notstandsprobleme auch zu historischem Fortschritt, der mitnichten geringgeschätzt werden soll. Doch deswegen ist bislang das Eigentliche im Verlust von Kultur noch nicht behoben. Dies wird erst dann der Fall sein, wenn man das Fundament der humanevolutionären Fitness im Überleben zu rekonstruieren vermag: der Schaffung von Sozialverhältnissen auf der Basis gemeinschaftlicher Kommunikation.

Dies wird hier in der Anlage der Boros gesehen, doch in Verbindung mit der übergeordneten und insgesamt einer weltweiten Netzwerk-Organisation. Auf dieser Basis ist Telotopia auch zu einer Weltraumforschung und zu Raumfahrt in der Lage – aber dies ist hier und heute in Wirklichkeit nicht das dringendste Thema.

4.2 Die gewohnheitsrechtliche Verankerung der Organisation von Telotopia

Dass sich in Telotopia insgesamt gut und einfach leben lässt, begründet sich nicht bloß in der Boro-Struktur, die im Wesentlichen ein selbst gestaltetes Leben als Person in konkreten überschaubaren Gemeinschaften ermöglicht. Nicht weniger von Bedeutung ist, dass Strukturen erreicht sind, die im Wesentlichen dauerhaft funktionieren. Von hier aus ist die Anlage von Telotopia auch im Wesentlichen gewohnheitsrechtlich fundiert. Solange keine *substanziellen* Veränderungen notwendig oder gewünscht werden, kann jede Person und Institution selbst bestimmt im Rahmen der gewohnheitsrechtlichen Struktur leben und handeln. Von hier aus ergibt sich ein geringer Aufwand an umfassender Organisation, was wiederum eine tatsächliche Steuerbarkeit der Gesamtstruktur ermöglicht.

In diesem Sinn erscheint hier von großer Bedeutung, dass die Strukturen von Telotopia nicht ständigen grundlegenden Umwälzungen unterworfen sind, der alles zu einem ständigen Umbau ohne ersichtliche Perspektive zwingt. Bei uns ist die Gesellschaft zu einer Großbaustelle ohne wirklichen Plan und ohne reales Ziel geworden. Das spiegelt wider, dass die historische Dynamik infolge unbewältigter Konflikte und aufgekommener Macht-Kämpfe von einer Flucht nach >vorne< bzw. nach „oben" („Hochkultur") bestimmt ist: nämlich im Grunde an die Spitze *der Macht*. Das Problem dieser paralytischen Entwicklung lässt sich nur lösen, wenn man in der Auseinandersetzung mit Geschichte zu klaren Vorstellungen sinnvoller Sozialverhältnisse kommt, an deren Bau man sich dann begibt. In diesem kulturarchitektonischen Entwurf geht es nun darum, das Funktionieren einer solchen neuen gesellschaftlichen Anlage weiter zu durchdenken.

Auf jeden Fall erscheint das Bedeutsame für die Funktionsfähigkeit von Telotopia, dass sich eine taugliche Struktur eingespielt hat, die im Wesentlichen in der gängigen Lebensweise integriert ist. So lässt sich sagen, dass die ganz normale Gestaltung seines Alltags-Leben selbst das wesentlichste Element der Demokratie von Telotopia ist.

Die Demokratie von Telotopia hat ihre tragfähige Kraft, Wirkung und Energie in der allgemeinen Selbstorganisation seines Lebens. Das berührt hier nicht bloß das Private und auch nicht bloß die Boro-Ebene. Es begründet sich darin, sich mit geeigneten Strukturen das Leben insgesamt wieder anzueignen. Insofern braucht es hier nicht mehr so viel an Bestimmung der gesellschaftlichen Prozesse >von oben<, die, weil alles in die Weltmarkt-Prozesse verwickelt ist und wird, in dem permanenten gesellschaftlichen Umbau alles so mühselig machen. Wohl gibt es in Telotopia natürlich immer noch die Notwendigkeit ihrer politischen Bestimmung, von der einzelnen Boro bis zu den höchsten Instanzen. Doch ist der eigentliche Bereich wirklicher politischen Bestimmungen aufgrund der eingespielten Regelungen auf allen Instanzen gering, dass diese Bestimmungen überschaubar: sozial beherrschbar und damit auch wieder tatsächlich demokratisch geworden sind.

In gewisser Weise könnte man also formulieren, dass fast das gesamte Leben von Telotopia gewohnheitsrechtlich angelegt ist. Mit der auf den Menschen ausgerichteten Konzeption entsteht ein Fundament, bei dem auch über den eiszeitlichen Kleinverband hinaus die Strukturen von Telotopia bis zu den höchsten Instanzen hinauf wieder Kultur sind. Dies setzt freilich voraus, dass diese Strukturen auf der substanziellen Ebene keinem schnelleren ständigen Umbau unterworfen, sondern wieder zu dem stabilen Gerippe einer lebendigen Existenz geworden sind. Aus diesem Grund ist auch ein weiteres Bevölkerungswachstum in Telotopia insgesamt ausgeschlossen, woraus im Grundsatz die Begrenzung auf 2 Kinder pro Frau folgt.

Es geht bei diesen >Strukturen< aber nicht um >Stein<, wie man dies im Mesolithikum erstrebte (Megalith-Kultur: woher auch die Konzeption des „Staates" [= >steh^{e}n< - >*Stein*<] stammt), um den durch die damaligen Natur-Umbrüche am Ende der Eiszeit aufgeworfenen Chaos-Problemen wieder Herr zu werden. Man verfügte hier noch nicht über die Erfahrung, die damaligen Umbrüche auf eine andere Weise zu verarbeiten als mit dem Versuch, die Verhältnisse festschreiben zu wollen. Diese Konzeption hat auf die Dauer nur in Australien funktioniert. Im Nahen Osten wurde dieser Ansatz angesichts der immer weitergehenden Naturveränderungen jedoch erst recht zur Ursache von – nun selbst verschuldeten - sozialen Chaos-Problemen.

Von hier her lässt sich mit dem heutigen Überblick über die Humanevolution und Geschichte sagen, dass nur eine Verankerung der Strukturen in anthropologisch fundierten Sozialverhältnissen und einer allgemeinen demokratischen Selbststeuerung dazu qualifiziert ist, mehr als nur eine kurzfristige soziale Stabilität zu bieten, wie es autoritäre und diktatorische Regierungen es im besten Fall vermögen. 100 Jahre und wenige Jahrhunderte sind wohl aus persönlicher Sicht überaus lang, doch evolutionär betrachtet nur eine Sekunde. Schon die Neandertaler hatten taugliche Sozialverhältnisse über Jahrzehntausende. Diese Zeiträume sind biologisch im Minimum die Größenordnung, bevor von einer tauglichen Kultur gesprochen werden kann, und im Gegensatz zu den Alten Kulturen hat noch keine vermeintliche >Hochkultur< diesen Tauglichkeits-Nachweis erbracht. Dies scheint auch ausgeschlossen, weil sie bislang immer >von oben< her aufgebaut wurde. Doch bin ich davon überzeugt, dass bei einem tauglichen Fundament, wie ich es in der Boro-Anlage sehe, eine tatsächliche Hochkultur dauerhaft möglich ist. Dies setzt jedoch eine eingespielte gewohnheitsrechtliche Praxis voraus – die in Lebendigkeit und fähigen Sozial- und Beziehungsverhältnissen wurzelt.

Die gewohnheitsrechtliche Anlage von Telotopia bedeutet, dass es einen bestimmten Rahmen auf allen Ebenen gibt, der sich als gängige Praxis eingespielt hat und als Referenz für das gegenwärtige Verhalten und die akuten Entscheidungen gilt. Innerhalb dieses Rahmens können also alle Personen und Instanzen nach ihren Einsichten und Bedürfnissen agieren, solange dies nicht gegen die Verfassung (Menschenwürde, Ökologie) oder gegen konkrete Bestimmungen (s.u.) verstößt.

Dieses Grundprinzip macht das ganze Sozialleben in Telotopia einfach und lebendig. Jede erwachsene Person und Einrichtung weiß im Wesentlichen aus der gängigen Erfahrung, wie die Regelungen aussehen, und kann von daher sein Leben in diesem Rahmen selbst bestimmt gestalten. Es braucht hier von daher keine große Verwaltung. Dieses Grundprinzip umfasst hier auch den ökonomischen Bereich. Auf der Basis-Ebene von Telotopia braucht es kein Geld, auch bei Reisen nicht unbedingt (s. dazu mehr unter → 4.3.4). Das Leben ist hier in guten Teilen einfach und patent. Es gibt dort die Probleme von gesellschaftlicher Verwahrlosung wie Gewalt, Armut, sozialem Elend usw. nicht. Auch höhere materielle Interessen können bei Interesse eingelöst werden, doch berührt dies speziellere Regelungen (s.u.).

Diese gewohnheitsrechtliche Anlage von Telotopia ist im Weiteren in bestimmte >Kategorien< aufgeteilt, so im Grundlegenden etwa wie folgt:

Kategorie 1: in dieser Kategorie sind keine allgemeinen Probleme bekannt oder ersichtlich. Es gibt hier genügend Nahrung, Produkte usw. Innerhalb dieses Rahmens kann selbst bestimmt gehandelt werden.

Kategorie 2: in dieser Kategorie gibt es wohl innerhalb des Üblichen keine Probleme, doch können hier je nach den Wetterverhältnissen im Jahreszyklus Grenzen erreicht werden. Bei bestimmten Tendenzen sind diese Entwicklungen im Blick zu behalten. Ggf. muss eine höhere Kategorie (3 ff.) angesetzt werden.

Kategorie 3: in dieser Kategorie sind die jeweiligen Prozesse grundsätzlich im Blick zu behalten. Hier sind wohl die Vorhaben prinzipiell möglich oder die Produkte im Prinzip erhältlich. Doch sind hierfür Absprachen und ggf. Planungen oder auch Beschlüsse in den jeweils verantwortlichen Gremien erforderlich. Dies gälte etwa, wenn man eine Klein-Siedlung an einem anderen Standort anlegen will, oder für besondere Materialen bei einem Bau, die von auswärts bezogen werden müssen. Dies gilt auch für das private Bestellen von bestimmten besonderen Produkten (etwa im Internet). Hier kann ein Bezug mit besonderen Bedingungen verbunden sein, die bei uns etwa einem >Preis< entsprechen, was in Telotopia jedoch auf andere Weise organisiert ist (s.u.).

Kategorie 4: Die Vorgänge oder Produkte dieser Kategorie liegen nicht innerhalb der gewohnheitsrechtlichen Ebene. Sie sind im Prinzip durchaus möglich, aber mit einem Prozess an Entscheidungen verbunden. Hier wäre etwa ein Antrag an das Boro-Parlament zu richten oder von einer Boro an das Regional-Parlament usw.

Kategorie 5 umfasst Gegebenheiten, die mit noch umfassenderen Auseinandersetzungen, Debatten, Beratungen und parlamentarischen Entscheidungen verbunden sind. Dies gälte etwa für die Frage eines Neubaus einer Stadthalle, einer Eisenbahnstrecke usw., also Projekte, die mit einem **außergewöhnlichen** Aufwand verbunden und entsprechend abzuklären sind.

Kategorie 6 verknüpft sich mit Notstandsproblemen, etwa bei besonderen Naturkatastrophen. Hier werden entsprechende spezielle Entscheidungen und Maßnahmen notwendig.

Vor allem bei Kategorie 6 wird ersichtlich, dass die Kategorien auf den verschiedenen organisatorischen Ebenen von Telotopia durchaus recht unterschiedlich liegen können. Eine für eine Kreis-Ebene aufgestellte Kategorie 6 könnte auf der Bezirks-Ebene als Kategorie 4 oder 5 eingestuft werden (zu diesen Entscheidungs-Ebenen → 4.4.3).

Die Kategorisierung spielt also sowohl in Hinsicht auf die Dringlichkeit als auch in Hinsicht auf den Umfang der organisatorischen Prozesse eine Rolle. Entsprechend dürfte diese Kategorisierung tatsächlich in der Praxis noch komplexer aufgestellt sein. Einfach macht es dieses System dennoch, da sich das Meiste innerhalb der Kategorien 1 – 3 abspielt und auch die Kategorie 4 noch auf der Ebene der *gängigen* institutionellen Arbeit der Parlamente oder Fachgremien liegt. Prozesse der Kategorie 5 sind relativ selten, doch auch darauf sind die Einrichtungen prinzipiell eingestellt.

Auf jeden Fall gehören die Kategorisierungen und die damit verbundenen Regelungen schon zu der gewohnheitsrechtlichen Anlage. Bei Kategorie 3 könnte die Anfrage etwa zunächst an den Förster oder an das Biologische Institut einer Boro gehen, und man würde dort wissen, ob das Vorhaben innerhalb gängiger Praktiken liegt oder nicht. Im ersten Fall sähe man sich selbst zu einer Entscheidung berechtigt und man teilte den Anfragenden in Bezug auf die Durchführung mit, welche Bedingungen zu beachten sind. Im anderen Fall würde man die Anfrage an die Boro-Verwaltung weiterreichen, die dies entscheidet. Wenn etwa besondere Geschmacksfragen die Öffentlichkeit berühren, würde man es dem Boro-Parlament zur Entscheidung vorlegen.

Wenn es Auswirkungen auf die Nachbar-Boro haben könnte, würde man sich mit der dortigen Boro-Verwaltung in Verbindung setzen, bei Differenzen das Thema dem Kreis-Parlament vorlegen usw.

Wenn man hier nun sämtliche Fall-Situationen durchspielt, klingt dies bald sehr kompliziert, wie es bei uns tatsächlich auch der Fall ist. Doch von den gewohnheitsrechtlichen Grundlagen von Telotopia besteht hier im Allgemeinen keine besondere Problematik. Man kennt die gängigen Regeln und orientiert sich auch im Allgemeinen daran. Grundsätzlich versucht man, die Entscheidungen auf der untersten und einfachsten Ebene abzuklären. Man wird sich hier nicht unnötig mit Kleingeistigkeiten aufhalten, wie es hier leicht aufgrund von „Macht" und mangelnder Persönlichkeits-Entwicklung der Fall ist.

Größerer Aufwand bzgl. der Debatten entsteht hier in der Regel nur, wo das Gewohnte substanziell berührt ist. Es könnte sein, dass Umstrukturierungen notwendig oder auch gewünscht werden, etwa, weil Innovationen aufgekommen sind oder dass Einige einfach mal etwas ganz Anderes und/oder Neues versuchen wollen. Diese Debatten werden aber weniger als erbitterte Kontroversen aufgenommen, sondern als eine Chance seiner Bewusstseins-Bildung. Solche Situationen nimmt man als Gelegenheit, seine Gewohnheiten sowohl von der Sache her als auch in seinem Denken zu überprüfen. Man denkt und debattiert hier so lange, solange man empfindet, dabei etwas lernen zu können. Wo die Argumente hinreichend ausgetauscht sind, wird man auf eine Entscheidung drängen. Bei ökologischen Bedenken würde man etwa weitere Fachleute zu Rate ziehen.

Die Entscheidung könnte bei interessanten Themen mit guten Argumenten für Pro und Contra aber auch darin bestehen, die Anfrage an die nächsthöhere Instanz weiter zu reichen, und diese könnte sie an die nächste weiterreichen usw. In besonderen Fragen könnte dies als wirklich sinnvoll erlebt werden. Doch es könnte auch sein, dass man den Zeitaufwand als >unverhältnismäßig< empfindet. Ggf. wird man darüber eine Abstimmung durchführen oder die Anfrage wieder an die untere Instanz zurückgeben. Dies könnte bis zur Boro zurücklaufen. Wenn in der Boro die Wellen über das Thema hochschlagen, würde man eine Boro-Volksabstimmung durchführen. Ggf. würde man auch einfach ein Los werfen und sich mit dem Ergebnis abfinden.

228

Heftigere Probleme pflegen hier nur bei Naturkatastrophen aufzukommen, wo die Grundlagen seiner Existenz berührt werden. In solchen Fällen wird man nicht sofort zu befriedigenden Lösungen kommen. Ansonsten werden die Debatten kognitiv und gelassen geführt. Manche Innovationen mögen interessant erscheinen, aber man muss sich hier keinen besonderen Stress machen, sie sofort aufzunehmen. Bestimmte Gegebenheiten wie die Notwendigkeit von Renovierungen usw. sind schon in den Planungen berücksichtigt und werden entsprechend vorbereitet. Bestimmte Sturm- und Hagelschäden usw. können wohl auch besondere Probleme aufwerfen. Doch da man in Telotopia nicht bereits allgemein ziemlich am Limit lebt, sondern eher mit einem 4 Stunden Arbeitstag, ist man psychisch insgesamt dazu in der Lage, auch mal außergewöhnliche Belastungen wegzustecken. Bei ganz großen Naturkatastrophen wie einem Vulkan-Ausbruch bleibt einem gar nichts anderes. Doch sieht man in Telotopia zu, sich insgesamt ein gutes und gut funktionsfähiges Leben einzurichten, dass man nicht aus eigener Dummheit in einen allgemeinen völlig unnötigen Belastungsbereich gerät, wie dies bei uns in einem guten Maße der Falls ist.

Die gewohnheitsrechtliche Ebene von Telotopia hat hier aber nicht die Konsequenz, in Trott und Starrheit zu verfallen. Es geht hier vielmehr um taugliche Grundlagen für Lebendigkeit und Lebens-Qualität, was auch erst eine dauerhafte Existenzfähigkeit garantiert. Kultur als die geistige und materielle Verkörperung von Lebens-Qualität ist die humanevolutionär natürliche und auch tatsächliche Form seiner Vermögens-Anlage, die auch ein völlig neues Potential bzgl. des Überlebens erbrachte.

Die entsprechend eingerichteten Institutionen haben hier die Funktion, die Individuen und die sozialen Kleinverbände für ein qualitatives Leben mit kulturellem Niveau zu unterstützen. Ohne die größeren Netzwerke würde das Leben, das auf kleinem Gebiet zu voller Selbstversorgung genötigt ist, sehr bald in Öde münden, falls man damit überhaupt längerfristiger zum Überleben in der Lage wäre.

Damit ist hier nichts gegen Selbstversorgung gesagt, wo sie aus eigenem Interesse gepflegt wird. Selbstversorgung kann durchaus zu Lebensqualität erschlossen werden, und es wird damit in Telboro vor allem auf der Quarta-Stufe experimentiert.

Es gibt in Telotopia und auch in Telboro sehr wohl die Möglichkeit, als Person, als Paar, als Gruppe oder auch in klösterlicher Art abgeschieden und in (tendenzieller) Selbstversorgung zu leben. Doch ist dies im Guten oder auch überhaupt nur möglich, weil eine Boro nicht für sich allein existiert, sondern in einem größeren und letztlich globalen Netzwerk-Verbund. Dafür sind einige Institutionen notwendig.

Doch ist man in Telotopia nicht zu Selbstversorgung gezwungen. Es gibt hier auch maschinelle und industrielle Produktion, in manchem als *Möglichkeit*, aber etwa im Falle von Computern unabdingbar. Insgesamt lässt sich in Telotopia selbst bestimmen, ob und wie sehr man Selbstversorgung wählt und wie man sich die maschinelle und industrielle Produktion zunutze macht. So besteht dort wohl eine größere Tendenz zu der sinnlichen Existenz eines Do it Yourself, aber keine Technologie-Feindlichkeit. Der Gebrauch des Computers erschließt hier viele Möglichkeiten bzgl. von Selbstorganisation, etwa auch bzgl. von Reisen oder im Bezug von Produkten jenseits der eigenen Boro und dem unmittelbaren Umland.

Da aber ein Leben als Dauer-Urlaub mit der Zeit langweilig würde, sieht man schlichtweg, an welchen Aktivitäten man interessiert ist und wie sich sein Leben am besten gestalten ließe. Mit Do it Yourself lassen sich viele körperliche und sinnliche Qualitäten erschließen. Jenseits dessen würde man sehen, wo sich sinnvoll Maschinen und industrielle Produktion heranziehen lassen. Wo sich dies tatsächlich erweist (was keineswegs so einfach besagt ist), würde man sich in Telotopia natürlich dieser Vorteile bedienen. Denn es geht in Telotopia um das reale Optimum an Lebens-Qualität, aber als dauerhaftes Gesamtprinzip und nicht bloß in kurzschlüssiger Ego-Perspektive.

4.3 Zu den Institutionen

4.3.1 Der nähere organisatorische Aufbau einer Boro

Schon eine gängige Boro ist von einer Reihe an Institutionen verschiedenster Art geprägt.

Im Falle von Telboro könnte man etwa von 4 „Ortsteilen" sprechen, die um das Zentrum herum liegen und in einer Boro in der Regel einen eigenen >Kinder-Garten< unterhalten. Bei diesen „Ortsteilen" geht es aber nicht um einen optischen Eindruck. Sie sind institutionell als eine organisatorische Struktur angelegt, die bis zu 1000 Einwohner (incl. Kinder) umfasst und auf der das unmittelbare Sozialleben in ihren Ortsteil intern bestimmt werden kann (ob das Boro-Zentrum in eigener Form organisiert wird, hängt an den Gegebenheiten einer Boro). Es gibt auf jeden Fall einen Sprecher dieses Ortsteils, der damit auch Mitglied der Verwaltung von Telboro ist und hierbei als Ansprechpartner der Bewohner dieses Ortsteils und als ihr Vertreter in der Verwaltung dient. Ggf. gibt es dazu noch einen eigenen Vertreter des Ortsteils im Boro-Parlament.

Eine weitere Untergliederung einer Boro und auch der Ortsteile sind die Siedlungen, wozu auch die sporadischen oder nur im Sommer gewohnten Siedlungen gehören. Auch die Siedlungen und die Wohngemeinschaften werden in einer Boro als organisatorische Struktur genutzt. Sie spielen in verschiedensten Tätigkeiten in der Produktion und der Nahrungsgewinnung eine Rolle, und dafür erhalten sie den Wohnraum, Nahrung und Produkte. Dies alles erfolgt in sehr konkreter Absprache, so dass eine echte Selbstbestimmung und Selbstorganisation möglich ist. Im Weiteren gibt es verschiedene nominelle Koordinatoren, wo und wie dies nötig ist.

Hierbei ist zwischen >Verwaltung (Organisation)< und der (>politischen<) Willensbildung zu unterscheiden, bei der es um Veränderungen und besondere Entscheidungen geht. Letzteres umfasst verschiedene Ebenen: so etwa den Eigenbereich einer Siedlung, den Eigenbereich eines Ortsteils, die Boro samt ihrer ökonomischen Anlage wie die einer Boro übergeordneten Ebenen.

Wollte man dies alles im Einzelnen ausführen, würde sich diese Anlage als reichlich kompliziert darstellen. Tatsächlich ist sie wohl auch komplex, doch aufgrund der gewohnheitsrechtlichen Grundlage weitgehend integraler Bestandteil des ganz normalen Alltags-Lebens. Bestimmte Organisationsformen sind hier nicht mehr als der Gang in einen Laden, als Einkauf und als Lieferung. Alles, was auf der Ebene von Kategorie 1 liegt, bedarf nicht mal einer Buchführung und auch keiner Kasse. Man kann bei den Höfen und Feldern unmittelbar sehen, ob genug vorhanden ist oder nicht und entsprechend damit umgehen.

Entstandene Probleme oder Veränderungen auf beiden Seiten werden zunächst ganz einfach im Gespräch aufgenommen, etwa wenn Probleme bei der Ernte oder in der Produktion aufkommen, die Produkt-Qualität unbefriedigend ist oder bislang verfügbare Produkte (so) nicht mehr zu haben sind. Wo auf diesem Weg keine Lösung zu erreichen, werden diese Themen an die entsprechenden Vertreter oder Verantwortlichen weitergeleitet.

Im Grundsätzlichen ist das alles ziemlich eingespielt, auch, dass etliche Gegebenheiten aufgrund der Klimaverhältnisse in jedem Jahr und in der landwirtschaftlichen Arbeit je nach Saison anders liegen. Es ist auch nicht unbekannt, dass die Jugendlichen und jüngeren Leute in ihrem Leben noch wechselhafter sind und etwa spontaner zu einer Reise aufbrechen, den Ortsteil oder auch ihre Tätigkeiten wechseln. Das ist bereits in dem üblichen Umfang berücksichtigt. Wo hierdurch effektivere Probleme entstehen, muss die hierbei verantwortliche Person sehen, ob sie etwa andere Helfer für eine anstehende Ernte findet. Bei einfachen Tätigkeiten wie einer Beeren- oder Kartoffel-Ernte wird man hier in der Tertia und der Sekunda samt einigen Betreuungspersonen guten Erfolg finden. Wo ein bisschen >Not< besteht, wird man besonders gerne mithelfen. Bei komplizierteren Tätigkeiten wird man Erwachsene bitten, das akute Problem bis zur Umstrukturierung aufzunehmen. Hierbei handelt es sich jedoch in diesem Kontext meist nur um kleine Maßnahmen von allenfalls Tagen.

Im Allgemeinen ist das Leben auf der Boro-Ebene jedoch recht frei und locker. Die effektiv >notwendige< Arbeit geht im Schnitt nicht über 3 bis 4 Stunden pro Tag hinaus. Sie kann bei Interesse und minimalen Ansprüchen auch niedriger liegen. Bei höheren kulturellen oder materiellen Ansprüchen liegt der zeitliche Einsatz natürlich entsprechend höher. Im Fall von Kunst, Musik, Sport usw. hängt es gänzlich an einem selbst, was und wie viel man da tun möchte. Bei höheren materiellen Ansprüchen wie etwa gutem Wein oder Whisky muss man entweder mehr oder aber höherwertige Dienstleistung oder entsprechend begehrte Produkte anbieten. Es ist wohl genau wie bei uns nicht alles möglich, aber insgesamt doch erheblich mehr selbst bestimmbar als unter unseren Verhältnissen - sieht man einmal davon ab, dass bei uns manches aufgrund von Geldern möglich ist, das letztlich auf ausbeuterischen Verhältnissen basiert, was für Telotopia unakzeptabel wäre.

4.3.2 Die Fach-Institute

Es ist sowohl für die Boros als auch für Telotopia insgesamt charakteristisch, dass die funktionalen Aspekte über entsprechende fachliche Institute organisiert werden. Dies ist gleichzeitig immer auch mit dem Bildungsbereich, dem Studieren wie mit der Forschung verbunden, dass diese Fach-Institute *auch* zu einer Universität zusammengefasst sind.

Ganz entsprechend fallen in Telotopia Theorie/Debatten und Praxis/Leben und auch Kultur, Ökonomie und Politisches nicht so z.T. hoffnungslos auseinander, wie dies unter Macht-Verhältnissen zwangsläufig der Fall ist. Diese Kopplung garantiert auch, dass die Kultur von Telboro und Telotopia nicht erstarrt und sich nicht verselbständigt, sondern rational, funktionsfähig, steuerbar und vor allem menschlich und lebendig bleibt.

Wie die dortigen Universitäten in jeder Hinsicht die verschiedensten Bereiche der Wirklichkeit Telotopias und der Boros reflektieren, erforschen, erproben und überprüfen, können diese Verbindungen auch für die Bewältigung der Praxis genutzt werden. Dieses Prinzip beginnt bereits in dem >Kinder-Garten< mit der Primar-Stufe.

Es nimmt hier insofern auch nicht Wunder, wenn es in Telboro die >Universität< ist, der als Teil ihrer inhaltlichen Auseinandersetzungen auch die praktische Bewältigung der Sachgebiete obliegt. Entsprechend gehören hier auch etwa die Landwirte zu dem Dozentenkreis und wissenschaftlichen Beirat, wie auch die Dozenten immer wieder in dem praktischen Bereich tätig sind. Natürlich gibt es in Telotopia *entsprechend der jeweiligen Persönlichkeit* unterschiedliche Schwerpunkte. Bei der einen liegen die Fähigkeiten eher im Bereich des Geistigen, bei dem anderen eher im Praktischen. Natürlich gibt es hier im Einzelnen durchaus unterschiedliche Standpunkte und Fähigkeiten, und natürlich sieht man hier auch die individuellen Eigentümlichkeiten, über die man gerne auch mal witzelt. Doch ebenso natürlich weiß man hier auch um seine eigene Relativität.

Als Bildungs-, Kultur- und Forschungseinrichtung ist die Boro-Universität insgesamt komplexer. Doch in ihrer Funktion für die gesellschaftliche Organisation pflegt sie vor allem in folgenden Instituten angelegt zu sein, die auch in ihrer Forschung und in den Studiengängen miteinander verbunden sind:

- das **Biologische Institut** (samt Landwirtschaft und
                                        Nahrungsproduktion)
- das **Pädagogisch-Psychologische Institut**
- das **Institut für Gesundheit** (Medizin, Ernährung, Kinder-,
                                        Alten- und Krankenpflege; Sport)
- das **Kulturwissenschaftliche Institut**.

Dem **Biologischen Institut** obliegt in erster Linie die Leitung der Landwirtschaft und die Organisation der Nahrungsversorgung, so auch die der wesentlich von den Wohn- und Siedlungsverbänden unterhaltene Gartenbau-Produktion und etwaige Kleintier-Haltung.

Es unterhält die zoologischen und botanischen Einrichtungen zum Zwecke von Bildung, von Forschung und von Kultur (wie ein gut gemachter botanischer Garten einfach auch >schön< ist). Von daher bestehen auch Verbindungen zu dem Pädagogischen Institut (Naturkunde, Tierhaltung, Kinder-Farm im Kinder-Garten usw.). Weiterhin ist es zuständig für Fragen der Ökologie, von Natur- und Tierschutz. In Sachen Heilpflanzen, der medizinischen Wirkstoffe von Pflanzen und Tieren und insgesamt der Ernährungs-Frage ist es mit dem Institut für Gesundheit verbunden.

Eine fundamentale Rolle spielt hier auch das **Pädagogisch-Psychologische Institut** (Institut für Psychologie und Didaktik). In Telotopia wird die gesamte menschliche Realität immer auch unter dem Aspekt des Pädagogischen betrachtet. Denn die eigentliche Erziehung erfolgt ja erst mit der wirklichen Selbststeuerung ab der Pubertät. Bei der Sozialisation der Kinder kann man lediglich gewisse Anregungen und Rahmenbedingungen steuern. Die wirklichen Probleme mit den Kindern begründen sich insgesamt immer in der >Kultur< der Erwachsenen.

In Telotopia nimmt man Kinder von klein auf als die Pädagogen und Lehrer auf, die sie gegenüber Jüngeren zu sein pflegen. Natürlich haben diese Fähigkeiten Grenzen, wo insofern Erwachsene ihre Bedeutung haben – nur gilt eben auch das Umgekehrte. Insgesamt wird der Bereich des Psychologisch-Pädagogischen und Pflegerischen in Telotopia zu dem Kern-Bereich der Allgemeinbildung und der Persönlichkeitsentwicklung gerechnet, und diese Sicht durchzieht die gesamte Kultur Telotopias.

Eine eigentliche Spezialausbildung zu einem >Pädagogen< ist hingegen nur eine Sache weniger, die dann schwerpunktmäßig in pädagogischen Leitungsfunktionen und Supervision (Kinder-Garten, Sekunda, Tertia) als Tutoren und/oder als Dozenten arbeiten.

Das Pädagogische Institut umfasst auch das spezielle Psychologische Fachinstitut, das in Sachen Therapie auch mit dem Institut für Gesundheit (Medizin) in Verbindung steht (etwa im Bereich der Neurologie). In diesem Sinne sind diese Institute auch für entsprechende Bereiche der Delinquenz für Rechtsfragen zuständig, zumindest auf der Ebene der sachlichen Beurteilung.

Bei bestimmten Fragen bzgl. der Einschätzung als Delikt obliegt die letzte Entscheidung dem Sektor der politischen Willensbildung (s.u.).

Das **Institut für Gesundheit:**
Krankenhaus; Ambulanzen; Therapien; Gerontologie; Sport; Ernährung, Medizin; Hygiene-Fragen (etwa auch des dortigen Wassers, Abwasser und andere Entsorgungsfragen)

Das Institut für Gesundheit ist auch für die inhaltliche Anlage der Ernährung und Nahrungsproduktion zuständig. Es beschäftigt sich mit der Ernährungspraxis, mit den Wirkungen von Essen und Trinken, mit dem Bestand an Vorlieben und gibt entsprechende Empfehlungen für den landwirtschaftlichen Bereich aus (über das Biologische Institut). Insofern steht auch der gastronomische Bereich mit dem Institut für Gesundheit sowie mit dem Biologischen Institut in Verbindung. Dieser Sachverhalt ist jedoch nicht als Gesundheitsapostel-Diktatur zu sehen, da auch der Sachverhalt der Vorlieben als psychische Realität ernst zu nehmen ist und in Telotopia auch ernst genommen wird.

Das **kulturwissenschaftliche Institut:**

Museen; Theater, Diskothek; Kino, Filme; Bibliothek, Archive.
Design, Mode - Kleidung, Möbelbau, Schmiede, Schmuck; Töpferei, Inneneinrichtung.
Geschichte; Kulturen; Geographie; Humanwissenschaften, Jura, Linguistik, Philosophie.

Die kulturwissenschaftlichen Institute unterhalten auch die Ausbildungen für Bildende Kunst, Musik, Tanz, Theater, Mode, Design usw. und ihnen obliegen auch bestimmte Bereiche der Anlage der Kinder-Gärten (Zirkus, Kunst – Ateliers, Werkstätten, Materialien usw.).

236

4.3.3 Die politische Ebene: Verwaltung und Entscheidungsstrukturen

4.3.3.1 Grundsätzliches

Es soll hier gleich am Anfang dieses Abschnitts herausgestellt werden, dass hier unter >Demokratie< im Eigentlichen die Steuerung seiner Sozialverhältnisse auf der Basis >gemeinschaftlicher Kommunikation< gemeint ist.

Die Entwicklung der Steuerung seiner Verhältnisse auf der Basis gemeinschaftlicher Kommunikation war das entscheidende Moment der humanevolutionären Entwicklung in der Ablösung von der genetischen Verhaltenssteuerung der Tier-Stufe. Sie war offenbar die *einzige biologische* Alternative zu einer Steuerung seines Soziallebens auf der Basis von Macht, sozialen Hierarchien, Konkurrenzkämpfen und Gewalt. Denn mit Letzterem geriet die der Humanevolution vorausgehende Stufe der Hominiden (nach den Menschenaffen) gerade mit ihrer neuartigen technischen Intelligenz nach einem vorübergehenden Erfolg mit der Zeit in das evolutionäre Aus. Aufgrund der neurologischen Zusammenhänge in der Verhaltens-Anlage tritt eine entsprechende Problematik auch unweigerlich bei unserer Art Homo sapiens auf, wo eine gemeinschaftliche, tatsächliche Kommunikation nicht beherrscht wird. [37]

Angesichts der ruinös gewordenen Sozialverhältnisse kam vor ca. 0,5 Mio. Jahren die Ablösung von der genetischen Verhaltenssteuerung auf, die die humanevolutionäre Entwicklung begründete. Doch erst die Befähigung zu einer gemeinschaftlichen Kommunikation erreichte die entscheidende evolutionäre Lösung. Erst sie war bei dieser höheren Großhirn-Anlage dazu qualifiziert, ein produktives Sozialleben zu erbringen.

---

[37] ich spreche hier von >tatsächlicher< Kommunikation, weil ein bloßes >Reden< noch lange nicht schon Kommunikation ist. Dies wird nicht bloß in Hinsicht auf eine Fremdsprache ersichtlich.

Diese Befähigung als dem zentralen Inhalt von >Kultur< wurde aufgrund einer sehr bestimmten Sprach-Entwicklung endlich kurz vor unserer Art Homo sapiens erreicht: unsere Art Homo sapiens war mit ihrer *kulturalen* Anlage das evolutionäre Produkt dieser Befähigung.

Es ist in Bezug auf eine gesellschaftliche Steuerung von daher **unabdingbar**, das gesellschaftliche Fundament wesentlich in einer Lebensform zu verankern, die in Überschaubarkeit in gemeinschaftlicher Kommunikation selbst bestimmt organisiert werden kann. Dazu dienen hier die Boros, ihre Untergliederung und ihre Koordination im näheren Umkreis. >Demokratie< bedeutet hier **im *Wesentlichen*** jedoch **keine Politik**, die auf der Basis gelegentlicher >Wahlen< von oben her die Lebensform der Bevölkerung >regiert<. Das setzt soweit immer noch die feudale Form fort. Vielmehr bedeutet sie in Telotopia eine Struktur, die im Wesentlichen eine gemeinschaftlich kommunizierte Selbstorganisation ermöglicht. In dieser Form bleibt die entscheidende humanevolutionäre Entwicklung als Grundlage gesichert, was allein dauerhafte und produktive Sozialverhältnisse zu garantieren vermag.

Dies aber kann das zu Beginn der historischen Entwicklung entstandene Delegations-Prinzip nicht völlig erübrigen. Die Entstehung des historischen Fortschritts geht auf das Delegations-Prinzip zurück. Dieses Delegations-Prinzip war am Ende der Eiszeit nicht nur notwendig, um in Absprachen mit den umliegenden Sozialverbänden Kämpfe zu vermeiden, wo die Ressourcen knapp geworden waren. Noch bedeutsamer für die historische Entwicklung war der positive Aspekt, dass auf der Basis des Delegations-Prinzips völlig neue Möglichkeiten in der Organisation von Ressourcen entstanden. Dies löste nicht bloß die entstandenen Ressourcen-Probleme, sondern begründete auch den historischen Fortschritt. Die gewaltige Megalith-Anlage von Göbekli Tepe (Türkei – Grenze Syrien), deren Bau um 9.6000 v. Chr. begann und die bereits größer war als das erheblich spätere Stonehenge, ist hierfür das Beispiel. Verschiedene Materialien, doch mehr noch die sprachlichen Zusammenhänge zwischen den späteren Sprachfamilien belegen die enorme Reichweite der Netzwerk-Organisation von Göbekli Tepe. Das Netzwerk von Göbekli Tepe erreichte für über anderthalb Jahrtausende im Nahen Osten Frieden und Fortschritt, und es schuf in seinen sozialen und praktischen Techniken wie etwa der Züchtung von Weizen die kulturellen Grundlagen der zivilisatorischen Entwicklung.

Göbekli Tepe belegt jedoch in seiner Entwicklung auch den Umschlag von dem Delegations-Prinzip zur Entstehung von Macht und Herrschaft. Diese Problematik entsteht quasi zwangsläufig, wo organisatorisch mehr zu bewältigen ist, als gemeinschaftlich kommuniziert werden kann. Dies kann man heute schon in den kleinsten Gemeinschaften und Vereinen erleben. Bei ihrer Weite und der Menge der beteiligten Verbände und der notwendigen Klärungen wurde mit dem Anwachsen der Bevölkerung und dem Aufkommen der Nahrungsproduktion die Koordinations-Arbeit auf dem Göbekli Tepe zu komplex, als dass dies alles auf der Bevölkerungs-Basis nachvollzogen und entschieden werden konnte. Das Parlament von Göbekli Tepe verselbständigte sich mehr und mehr zu einer weitgehend selbständig entscheidenden >Regierung<. Damit aber begann der Niedergang von Göbekli Tepe um 8.800 v. Chr. Viele Verbände, die aufgrund ihres Abstands nicht so unmittelbar von dieser Koordination betroffen waren (wie vermutlich die späteren Sumerer), schieden aus einer direkten Beteiligung aus. Dies belegt sich an den deutlich geringeren Bautätigkeiten auf dem Göbekli Tepe, die um 8.000 gänzlich enden. Näheres kann hier aus der sprachgeschichtlichen Entwicklung erschlossen werden. [38]

4.3.3.2 Zu Telboro und Telotopia

In Telotopia könnte die Gefahr der Verselbständigung des Delegations-Prinzips dadurch bewältigt sein, als dass dort auf der grundlegenden Ebene weitgehend eine strukturierte Form von Selbstorganisation besteht. Wenn dort das Delegations-Prinzip auch überaus bedeutsame Funktionen hat, so bleibt hier doch das Ausmaß seiner Entscheidungs-Bezüge überschaubar. Diese Überschaubarkeit ist das hier entscheidende Moment. Mit ihr ist die Gefahr gebannt, dass das Delegations-Prinzip zur Herrschaft von oben her umschlägt.

---

[38] S. dazu etwa mein Werk zu >Mebuntu<

Ist diese Problematik gelöst, dann hat die Netzwerk-Organisation wie soweit auch in der historischen Entwicklung den Vorteil, Kämpfe um Ressourcen und die soziale Steuerung vermeiden zu können und technische + kulturelle Entwicklungen hervorzubringen, die erst durch eine überörtliche Organisation möglich werden.

Eine solche überörtliche Organisation ist auch durch die inzwischen unter solchen Gegebenheiten entstandene Bevölkerungsgröße und – Dichte auf unabsehbare Zeit unabdingbar. Es ist nicht zu sehen, dass die Boros ohne eine übergreifende Organisation Lebens-Qualität bieten könnten und längerfristig überhaupt existenzfähig wären. Diese überörtliche Organisation (incl. Recht, Ökonomie und Produktion) kann jedoch ohne das Delegations-Prinzip nicht demokratisch gesteuert werden.

Auf der Boro-Ebene

Auf der Boro-Ebene spielt das bei uns übliche Wahl- und Delegations-System keine sonderliche Rolle. Parteien gibt es in Telotopia nicht. Wohl gibt es dort ein Delegations-Prinzip, doch ist dieses auf der gewohnheitsrechtlichen Ebene auf gemeinschaftlicher Kommunikation und nicht auf >allgemeinen Wahlen< aufgebaut. In Telboro bestimmen die Siedlungen, die Ortsteile und die verschiedenen Einrichtungen für ganz entsprechende Regelungen ihre Vertreter als den Vermittlern der unterschiedlichen Kommunikations-Prozesse.

In der Boro sind die (hier vier) Ortsteile von Telboro die entscheidende Zwischenstruktur. Die Vertreter der Siedlungen und der Einrichtungen in dem jeweiligen Ortsteil bestimmen auf ihren Treffen ihre Vertreter im Boro-Rat. Die Art der Wahl, die der Vertretung, die Anzahl ihrer Vertreter und deren Aufgaben können dabei je nach Gegebenheiten überaus unterschiedlich sein. Bei Entscheidungen, die insgesamt die Boro berühren, werden auf der Ortsteil-Ebene besondere Vollversammlungen abgehalten. Wo das Konsens-Prinzip nicht funktioniert und Entscheidungen akut zu treffen sind, wählen die Anwesenden eine je nach Aufgaben bestimmte Anzahl von Vertretern, die die Position der Einwohner des Ortsteils auf der Boro-Ebene vertreten und die die Einwohner über die Diskussionen auf der Boro-Ebene informieren.

240

Der Boro-Rat setzt sich aus diesen Vertretern aller Ortsteile und ggf. bei bestimmten Sachthemen auch aus Vertretern des entsprechenden Fach-Instituts zusammen. Diese Vertreter haben hier die Brücken-funktion, den Kommunikations-Prozess zwischen den Einzelnen und der Boro-Ebene in beide Richtungen hin zu vermitteln. Nach Möglich-keit findet man bei den Entscheidungen einen Konsens. Sollte es sich erweisen, dass eine akut notwendige Entscheidung keinen Konsens findet, würde man zur Not auf eine Mehrheits-Entscheidung zurück-greifen. Dies betrifft jedoch lediglich einzelne Sachfragen oder außer-gewöhnliche Situationen (z.B. besondere Natur-Ereignisse).

Doch spricht dies schon Untypisches an. Im Allgemeinen reicht es auf der Boro-Ebene völlig hin, dass die Siedlungen und Einrichtungen sich über ihren jeweiligen Vertreter an den Haupt-Koordinator in ih-rem Ortsteil wenden. Dies geschieht zumeist im Nebenbei seiner all-gemeinen Alltags-Organisation wie bei uns bei einem Einkauf oder einer Lieferung. Dieser Haupt-Koordinator bildet mit den anderen Ko-ordinatoren der anderen Ortsteile (und ggf. den Experten der Fach-In-stitute) den Boro-Rat, der die Abläufe der Boro und der sie berühren-den übergeordneten Organisation auf der Kommunal- und Kreis-Ebene verfolgt.

Auch hier gilt das gewohnheitsrechtliche Prinzip. Prozesse der Kate-gorie 1 wird man mit einem Minimum an übergeordnetem Aufwand aufnehmen. Sie sind eher Bestandteil der ganz normalen Alltags-Or-ganisation. Auch die Prozesse der Kategorie 2 werden in dieser Art behandelt. Erst wo ein relevantes >Gelb< (Ampel) ersichtlich wird, dass es etwa ernsthafte Bedenken gegen ein Vorhaben gibt oder bei Kategorie 2 die Gefahr aufkommt, dass die gesetzten Grenzwerte er-reicht werden, nimmt man eine umfassendere Beratungs- und Infor-mations-Arbeit auf.

Dieses Procedere ist abhängig von dem jeweiligen Gegenstand. Zu-nächst geht es um erhöhte Aufmerksamkeit, auf der nächsten Stufe um eine Art erhöhter „Alarmbereitschaft". In diesem Fall würden auf den verschiedenen Ebenen von dem Boro-Rat bis zu den jeweiligen Klein-Siedlungen eigene Treffen zwecks Information, Beratung und Ent-scheidungen angesetzt.

Falls sich weitergehende Probleme darstellen, würde man evtl. auf den verschiedenen organisatorischen Ebenen eine Vollversammlung anberaumen. Diese gibt es auch auf der Boro-Ebene. Diese würde dann in seiner Stadthalle oder im Stadion stattfinden. Letztlich kann ein einzelnes Individuum bei der Sicht einer ernsten Problemlage einen solchen Vorgang auslösen. Diese Person müsste aber irgendeinem Gremium vermitteln können, dass ein solcher außergewöhnlicher Diskussions-Bedarf besteht. Wo ein bestimmter Diskussions-Bedarf angemeldet wird, geht dies den üblichen Entscheidungs-Weg. Eine Boro kann eine solche Debatte auf die Kommunal- und Kreis-Ebene bringen, ein Bezirk auf die Regional- oder Landes-Ebene usw. – also jeweils zwei Ebenen höher -, bis letztlich zu dem Rat oder Forum auf der Welt-Ebene. Es versteht sich jedoch an diesem Punkt, dass eine wirkliche Demokratie eine allgemeine effektive Fähigkeit zu Kommunikation voraussetzt. Andernfalls bleiben bei den entstandenen Verhältnisse Entscheidungen von >oben< her bis hin zu *offener* Diktatur und Gewalt unvermeidlich.

Wie beschrieben kommen Wahlen in unserem Sinn in einer Boro nur bei besonderen Entscheidungen vor. Die jeweiligen Vertreter pflegen hierbei biographisch aus besonderen kommunikativen und sozial-integrativen Fähigkeiten zu erwachsen.

Verfasster beginnt eine Vertreter-Tätigkeit auf der Quarta- oder Quinta-Stufe in den Klein-Siedlungen oder einer Einrichtung (Kinder-Garten, Hof-Anlage, Institut usw.). Gebaren von Macht und Eindruck-Schinderei erbringen in Telotopia keinen Vorteil. Man würde Personen mit solch einem Verhalten nichts Wichtigeres an Vertretung und gesellschaftlichen Positionen anvertrauen. Das besondere Talent von Hochstaplern fände in Telotopia nicht im Politischen, sondern beim Theater seinen Ort. Da man sich in der Boro als Person kennt, kristallisiert sich dort in den Klein-Siedlungen und den Einrichtungen der Ortsteile heraus, wer für welche Vertreter-Positionen am besten geeignet erscheint. Diese sind es dann, unter denen dann auch (mit der Zeit) die Ortsteile ihre Koordinatoren wählen und unter diesen, welche als Vertreter ihres Ortsteils oder eines Fachbereichs im Boro-Rat sitzen.

Dies könnte sich bei entsprechender Persönlichkeit schon relativ früh aufzeigen, dass nicht nur ältere Personen den Boro-Rat leiten. Sollte dies doch aufkommen, würde man einen Ausschuss für jüngere Leute einrichten, der einen Vertreter in dem gängigen Boro-Rat und mehrere auf dem erweiterten Boro-Forum stellt, dass diese Perspektive hinreichend vertreten werden kann, falls dies notwendig oder gewünscht ist.

Das Delegations-System

Das eigentliche Delegations-System wird erst auf den organisatorischen Strukturen oberhalb der Boros von wirklicher Bedeutung. Dies beginnt auf der Kommunal-Ebene, die aus mehreren Boros gebildet werden, und setzt sich zur Kreis-Ebene als Koordination mehrerer Kommunal-Verbände fort. Wohl sind auch noch die Kommunal- und die Kreis-Ebene gängigerer Bestandteil des Boro-Alltags, worüber auch etliche Informationen laufen. Dennoch sind schon diese Ebenen nicht mehr so dicht in das Alltags-Leben eingebunden. So wird es von Relevanz, dass hier bewährte Personen die Verantwortung übernehmen, die Steuerungs-Prozesse dieser Ebenen zu verfolgen und die Entscheidungen zu kommunizieren. Dies gilt natürlich erst recht auf den noch höheren Koordinations-Ebenen.

Dieses Delegations-Prinzip erfolgt jedoch nicht über ein Parteien-System und nicht auf der Basis allgemeiner Wahlen, sondern auf dem Mandats-Prinzip. Der **Rat** und das erweiterte **Forum** der Kommunal-Ebene, die aus mehreren Boros gebildet wird, bestehen aus Vertretern (Delegierten) der angeschlossenen Boros. Im Grundsätzlichen wählt also der jeweilige Boro-Rat seine Vertreter auf der Kommunal-Ebene. Doch gibt es die Möglichkeit, diese Vertreter auf der allgemeinen Boro-Ebene abzuwählen, wenn Zweifel aufkommen, ob eine Person hinreichend vertrauenswürdig ist und/oder die zu vertretende Position in den Gremien einzubringen versteht. Ein hinreichendes Vertrauens-Verhältnis ist für das Delegations-Prinzip absolut entscheidend, und zwar umso mehr, je höher die Ebene in der Organisations-Struktur liegt.

Doch im Näheren ist es konkret der Boro-Rat (mit den Vertreten aus den Ortsteilen), der die Arbeit der Boro-Vertreter in dem Kommunal-Verband am besten kennt. Eine Image-Kampagne für eine Wahl kann dort politisch nirgends verfangen. Die delegierten Personen sind hier konkret bekannt und also einschätzbar. Der Boro-Rat verfügt am ehesten über die Kompetenz, die Fähigkeiten seiner Vertreter einzuschätzen, und wird von daher im Grundsatz die erfahrensten und bewährtesten Boro-Vertreter in den Kommunal- und in den Kreis-Rat entsenden.

Es geht hierbei nicht um die Person, sondern darum, dass eine Boro in den Steuerungs-Prozessen eines Kommunal-Verbandes vertreten ist. Dies bedeutet, dass diese Vertretung im ständigen Wechsel erfolgen kann, oder auch, dass der Boro-Rat zu bestimmten Entscheidungen im Kommunal-Rat die jeweils fachlich qualifizierteste Person schickt.

Im Prinzip ist es jedoch üblich, dass ein Vertreter für einige Zeit dem Kommunal-Rat beiwohnt, da auf diese Weise der beste Einblick in die Arbeit des Kommunal-Rates und somit eine Kompetenz auf diesem Gebiet zu erreichen ist. Doch ist der Kommunal-Rat ebenso wie der Boro-Rat nur mit den gängigen Steuerungs-Prozessen befasst. Besondere Entscheidungen werden eher auf der Forums-Ebene mit einer höheren Vertreter-Zahl diskutiert und ggf. getroffen. Für besonders einschneidende oder folgenreiche Entscheidungen (etwa mit besonderem Aufwand) wird man weiterhin (wie bei uns) spezielle Ausschüsse einrichten, die die entscheidenden Gesichtspunkte herausarbeiten sollen. In solchen Kontexten können auch Wahlen oder Volksentscheide auf der Boro-Ebene abgehalten werden, die die Entscheidung bestimmen.

Es gibt hier also kein starres System bzgl. der Steuerung seiner Verhältnisse. Vielmehr wird man hier je nach anfallenden Entscheidungen versuchen, das Prinzip der >gemeinschaftlichen Kommunikation< in der tauglichsten Form umzusetzen. Hilfreich dafür ist die gewohnheitsrechtliche Kategorisierung. Denn diese sorgt dafür, sich nicht in nebensächlichen oder gar völlig unwichtigen Kleinigkeiten zu verzetteln, sondern die wirklich relevanten Entscheidungs-Prozesse zu erfassen und zu diskutieren, um nach Möglichkeit im (tendenziellen) Konsens zur Entscheidung zu kommen.

244

Die gängige Rats-Arbeit ist demnach eher eine Verwaltungs-Arbeit auf der jeweils höchsten Ebene. Solange alles in dem gängigen Rahmen verläuft, wird man die hier notwendigen Vorgänge selbst vornehmen. Wo jedoch bei einer Sache der Eindruck entsteht, dass hier eine weitergehende Reflexion günstig oder notwendig wäre, wird man entsprechende Prozesse einleiten. Dazu würde man zuerst ein Sondertreffen mit der jeweiligen Forums-Ebene anberaumen, bei der mehr Vertreter teilnehmen. Eine nächste Stufe wäre die Informierung auf den weiteren Vertretungs-Ebenen, etwa über die Boro-Ortsteile hinunter bis zu den Klein-Siedlungen und den verschiedenen Einrichtungen, worüber es alle Interessierte erreicht. Dies kann auch über den Weg einer Internet-Information erfolgen. Ggf. geht dies auch an die nächsthöheren Gremien, also bei einem Kommunal-Verband an den Kreis- und ggf. auch an den Regional-Verband. Dieses Ausmaß hängt zum einen davon ab, worum es geht. Wenn also ein Wald auf der Kommunal-Ebene durch einen Sturm geschädigt worden ist, wird man im Normalfall kaum über die Kreis-Ebene hinausgehen. Es mag aber auch heftigste Starkregen-Schäden geben. Selbst wenn nur ein Kommunal-Bereich betroffen ist, wäre es von dem Ausmaß der Schäden her denkbar, dass eine Klärung der Schadens-Regulierungen bis auf die Länder-Ebene (Nationalstaat) oder ggf. noch darüber reichte.

Das Wesentliche der Steuerungs-Prozesse vollzieht sich in Telotopia auf den untersten Ebenen: vielleicht zu 60 % auf der Boro-Ebene, zu 20 % auf der Kommunal-Ebene, zu 9 % auf der Kreis-Ebene und zu 4 % auf der Bezirks-Ebene (heutige Regierungsbezirke). Auf diese Weise bleibt das Meiste des gängigen Lebens auf der Bevölkerungs-Ebene (der Boros) direkt ersichtlich, als dass auch wichtige Entscheidungen auf der Kreis- und der Bezirks-Ebene über die Vertreter auf der Boro-Ebene bekannt werden und real auch einsehbar bzw. überschaubar sind. Das Aufkommen eines Macht-Komplexes würde etwa in entsprechenden Bauten und „Sicherheits-Anlagen" sinnfällig und bliebe dort nicht völlig vertuschbar und unbekannt. Da das Leben von Telotopia weltweit auf diese Weise funktioniert, kann hier die Bevölkerung der tatsächliche demokratische >Souverän< bleiben.

Die oberhalb der der Bezirks-Ebene liegenden organisatorischen Strukturen bis hin zu dem Weltforum spielen wohl eine qualitativ bedeutsame Rolle, doch quantitativ wenig. So bleiben sie gut überschaubar und deswegen auch von unten her steuerbar.

Im Prinzip fungierten diese Strukturen einerseits lediglich zur Koordination der jeweils unter ihnen liegenden Verbände. Andererseits dienen sie auch als politisch-wirtschaftliche Steuerung der Firmen, die in Produktion und speziellen Tätigkeiten auf der entsprechenden Ebene tätig sind, etwa bei der Erzverhüttung und Stahlproduktion auf der Länder-Ebene, die Produktion bestimmter Teile im Computerbereich evtl. auf der Welt-Ebene usw. Die Firmen sind hier nach innen hin selbständige Einrichtungen, doch verlaufen ihre Finanzierung und die Aufträge über den jeweils zugeordneten Verband (s. Ökonomie). Auf diese Weise können sie demokratisch gesteuert werden und wirtschaftlich und ökologisch ruinöse Prozesse vermieden werden.

Das Delegations-Prinzip erfolgt auf der höheren Ebene in den Stufen der Organisation. Der Vertreter des Kommunal-Verbandes ist von einer Boro delegiert und bringt einige Erfahrung aus dem Boro-Rat mit. Ein Vertreter der Kreis-Ebene wird unter Delegierten des Kommunal-Verbandes ausgewählt, ein Vertreter der Bezirks-Ebene unter Vertretern der Kreis-Ebene usw. Hochstapler, die nur blenden können und mit Populismus auf Stimmenfang gehen, haben hier keine Chance. Hier kommen nur menschlich, demokratisch und sachlich lange bewährte Vertreter auf die höheren organisatorischen Ebenen. Auch bleibt diese Arbeit, wie gesagt, aufgrund ihres geringen Ausmaßes zumindest für die Instanzen auf mindestens zwei Stufen darunter überschaubar und also steuerbar. Wenn hier Zweifel an der Korrektheit der Arbeit aufkommen, werden diese Zweifel weiteren Verbänden mitgeteilt und entsprechende Maßnahmen zur Klärung eingeleitet. Halten sich bei einer Person oder der Arbeit einer ganzen Abteilung Zweifel, werden die Person oder die Abteilung abberufen. Nur Personen und Gremien, die sich ein hinreichendes Vertrauen erworben haben, können auf die höheren organisatorischen Ebenen kommen und dort für eine begrenzte Zeit arbeiten.

Die Gefahr der Verselbständigung der obersten organisatorischen Gremien zu Macht-Positionen ist Telotopia von der historischen Erfahrung her bekannt. Wohl bringt man hier seinen Vertretern ein entsprechendes Vertrauen entgegen – ansonsten kann man erst gar nicht Vertreter werden -, doch bleibt hier dieses Vertrauen nicht blind. Es wird gewisse Gremien auf recht unteren Ebenen geben, die diese Arbeit auf ihre Richtigkeit hin im Blick behalten.

Ein Oberzentrum (Wuppertal) mit modernem Verkehrswesen

4.3.4 Produktion, Arbeit und Ökonomie

Das Leben in Telotopia ist im Grundlegenden als eine Form von Selbstorganisation zu verstehen. Dies umfasst damit auch den Bereich der Ökonomie, und es ergeben sich auch aus der Verfassung und der kulturellen Anlage Telotopias grundlegende Konsequenzen und Bestimmungen für ihre Ökonomie und Produktion.

Ein gutes Maß an Do it Yourself einer Boro erscheint als die einzige plausible Alternative zu einem unüberschaubaren System an Politik oder an Wirtschaft. Dass ein menschlich unüberschaubares System an Wirtschaft oder Politik bei allen hehren Absichten kein Ego-Verhalten in Entwicklungen von Macht und Ausbeutung hervorrufen würde, wäre an diesem Punkt eine überaus >idealistische< Auffassung, die von der historischen Entwicklung nicht gedeckt ist. Wohl ist der Mensch an sich ein überaus soziales Wesen, doch setzt dies im Grundsätzlichen konkrete soziale Verbindungen mit konkreten Menschen voraus. Wenn diese Grundlagen stimmig gegeben sind, dann besteht auch darüber hinaus die Bereitschaft zu Einsatz, wo Not und Ungerechtigkeit besteht.

Doch wäre es fahrlässig zu erwarten, dass Menschen in einem unüberschaubaren System auf die Dauer bereit wären, Mühen und Nachteile in Kauf zu nehmen, wenn sie dies persönlich vermeiden können. Unter unüberschaubaren Verhältnissen verliert sich der konkrete Bezug des sozialen Empfindens, und wenn erst einmal in den Blick gekommen ist, dass sich anders Vorteile erwerben lassen, ist eine Soziodynamik im Kampf um eigene Vorteile kaum vermeidbar und kaum aufzuhalten. Diese Problematik entstand mit weltgeschichtlicher Wirkung bereits im 10. Jahrtausend v. Chr. in dem weiträumigen mittelmesolithischen Netzwerk des Stämme-Rechts-Bundes von Göbekli Tepe. Dies wiederholte sich in neuer Form in der nachfolgenden Priester/innen-Herrschaft als dem Lösungsansatz der Neolithischen Revolution, wie dann auch regelmäßig im Gefolge sämtlicher Revolutionen, soweit sie mit unüberschaubaren Verhältnissen zu tun hatten. Die ursprüngliche soziale Motivation, die bis zur eigenen Aufopferung reichen konnte, hält unter unüberschaubaren Verhältnissen nicht lange vor.

Das menschliche Sozialverhalten ist auf Verhältnisse bezogen, die mit konkreter Kommunikation in Verbindung steht, und reicht so weit wie die realen Kommunikations-Prozesse. Dies kann durchaus über eine Boro hinausgehen, doch nur in Verbindung mit überschaubaren organisatorischen Strukturen. Entsprechend stellt sich die Lösung der ökonomischen Problematik darin dar, dass auch der wesentliche Teil seines Versorgungs- und Produktionsbereichs auf der eigenen Boro-Ebene mit einigen Verbindungen zu seinen Nachbar-Boros liegt.

In Wirklichkeit haben wir es auch gar nicht mit einem Mangel an Produktion und Dienstleistungs-Angeboten zu tun. Schon in den 1830er Jahren wurde in der Frühphase der Industrialisierung erkannt, dass die ökonomische Problematik in Wirklichkeit aus dem Überangebot an Produkten und Dienstleistung resultiert. Doch löst das Überangebot aber genau deswegen nichts an den >ökonomischen< Problemen, sondern produziert sie: von der privaten Situation bis hin zu den Staatskassen. Dass genügend Produkte und Dienstleistungs-Angebote vorhanden sind, bedeutet noch lange nicht, dass man sie sich leisten kann. So kann man auch vor Bergen unverkaufter Nahrung verhungern und darüber in Kämpfe und Kriege bis zum gegenseitigen Ruin geraten. Der Hintergrund dieser Problematik ist jedoch gar nichts Neues, sondern steht von Anfang an mit den Logiken der historischen Entwicklung ab dem Ende der Eiszeit in Verbindung, weit vor jedem „Kapitalismus".

Sofern man an einer Lösung der ökonomischen – und der daraus (schon vor 8000 Jahren) resultierenden ökologischen - Probleme interessiert ist, muss man zunächst aus dem bewusstlosen Reflex herauskommen, sie durch eine weitere Steigerung des Überangebots an Produktion und Arbeit und heute auch der Monetarisierung lösen zu wollen. Lösbar wird diese Problematik ausschließlich dann, wenn es endlich in den Blick gerät, dass die ursprünglichen Notstands-Probleme aus den gigantischen Naturkatastrophen am Ende der Eiszeit resultieren, die leider mit min. zwei Jahrtausenden so lange andauerten, dass der Notstand in Bewusstsein, Sprache und Verhalten zur >Kultur< wurde. Von diesen Grundlagen setzt sich der Notstand in der ganzen historischen Entwicklung bis heute fort, obwohl die Naturkatastrophen am Ende der Eiszeit schon lange vorbei sind. Das Überangebot beweist jedoch, dass die ganzen ökonomischen Probleme, die bis hin zu Faschismus und den beiden Weltkriegen führten, an sich völlig unnötig und heute nur noch das *gesellschaftliche* Produkt eigener Dummheit (d.h. der *gesellschaftlich* >selbst verschuldeten Unmündigkeit<) sind (die Individuen können sich dem nicht unbedingt entziehen). Früher konnte man vieles nicht besser wissen. Doch inzwischen verfügen wir *an sich* über einen Überblick über die historische Entwicklung bis weit über die Evolution des Menschen und selbst der Primaten hinaus, was sich nutzen ließe.

In Hinsicht auf Ökonomie und Produktion bedeutet Telotopia je nach Bedürfnis, dass sich etwa 90 - 95% der gegenwärtigen Arbeit und Produktion erübrigen. Zu nennen wären hier zuerst die Rüstungsproduktion sowie zu über 99% der >Sicherheits-Dienste< (Militär usw.), des Verkehrswesens und im Bereich von Verwaltung und Verkauf. In Telboro ist alles fußläufig. Selbst der Gebrauch von Fahrrädern ist für solche Zwecke selten. Die Fahrräder, die man sich bei der Boro ausleihen kann, werden eher für Erledigungen in anderen Boros oder aber für Ausflüge und Touren benutzt. Da das Leben hier nicht mehr von oben her bestimmt und man wieder zu einer gemeinschaftlichen Selbstorganisation fähig geworden ist, ist der wesentliche Teil der >Verwaltung< schlichtweg Bestandteil seiner konkreten Lebensführung.

Wie es Fachleuten ersichtlich ist, stellt sich in Wirklichkeit vielmehr das Problem, was man eigentlich ohne den ganzen künstlichen Wirtschaftsbetrieb, der dem wirtschaftlichen Zusammenbruch entgegenwirken soll, mit der ganzen vorhandenen Zeit *sinnvoll* anfangen könnte. Mit der gängigen Sozialisation, Bildung und Schule ist dies in der Tat ein ernstes Problem.

Von den eigentlichen Gegebenheiten ist jedoch der Bereich Ökonomie, Produktion und Arbeit in Bezug auf Telotopia von Grund auf anders als bei uns zu denken. Dort besteht keine nur reich ausstaffierte Notstands-Kultur mehr. Das Leben ist dort in vielem einfach, ganz wie das wirkliche Leben selbst. Doch ist es gerade deswegen in Bezug auf das Eigentliche >reich<: reich an sozialer, kultureller und an Beziehungs-Qualität – genau wie im Ergebnis der humanevolutionären Entwicklung mit dem eigentlichen Sinn von >Kultur<, nur um die positiven Momente der historischen Entwicklung zu tatsächlicher Hochkultur erweitert.

250

Telotopia ist nicht von einer Technologie-Feindseligkeit bestimmt. Man nimmt in Telotopia die ganze bisherige historische Technologie, Forschung und Industrialisierung auf und führt sie weiter, soweit dies als tatsächlich sinnvoll erscheint, etwa im Gebrauch von Computern und des Internets. Allerdings muss sich in völlig neuer Form zeigen, was an Technologie und industrieller Produktion (auch im Bereich der Nahrungsproduktion) wirklich als vorteilhaft und wünschenswert erscheint, nämlich wenn einerseits die Preise nicht mehr von sozialer und ökologischer Ausbeutung und andererseits die Löhne und Einnahmen nicht mehr von einer Teilhabe an dieser Ausbeutung bestimmt sind. Ohne Zweifel hat dies auch unerfreuliche Aspekte. Zwar wird man in Telotopia in unserer Gegend nicht völlig auf Bananen aus Amerika verzichten müssen, aber dies wird doch wieder zu einem Luxusgut.

In Telotopia wird das im Überfluss vorhandene Potential an Produktion und Dienstleistung nicht für eine Steigerung der ökonomischen Probleme, nämlich der Machtverhältnisse verwendet. Da es jenseits der entsprechenden historischen Fehlentwicklungen bei einer geeigneten organisatorischen Anlage auf dieser Ebene gar keine Überlebens-Probleme bzgl. Nahrung und Arbeit gibt, nutzt man in Telotopia das inzwischen entstandene technisch-materielle Potential für ein fähiges Sozialleben, das den echten authentischen Bedürfnissen *des* Menschen und *der* jeweiligen konkreten Menschen entspricht.

In der Grundlage bedeutet dies auf jeden Fall zunächst die Anlage kindgerechter Verhältnisse (im Kontext der kindlichen Sozialisationsphase). Damit ist soweit auch ein entsprechend einfacheres Leben verbunden, das im Grundlegenden den Verstehens-Möglichkeiten der Kinder und den Ansätzen ihres Nachahmens und ihrer Beteiligung entspricht. Von hier ergibt sich neben der kulturellen Dimension (Musik, Singen, Erzählen usw.), dass man mit Kindern in einem quasi >ländlichen< Kontext lebt und zunächst im Grundlegenden gewisse Tätigkeiten etwa an Gartenbau sowie im Handwerklichen und an Handarbeiten betreibt. Dies steht in der Kleinkind-Phase seiner Kinder gewissen Einheiten an Studium oder an Tätigkeiten mit höheren Anforderungen nicht im Wege, solange dies nicht die Aufmerksamkeit für seine Kinder beeinträchtigt.

Doch schon ab der Sekunda-Stufe seiner Kinder (ab ca. 6) ergibt sich für die Erwachsenen ein grundlegend neuer Gestaltungsraum. Ab diesem Alter werden für die Kinder die Möglichkeiten des Kinder-Gartens zum Horizont ihrer Entwicklung. Es ist für Eltern und Kindern bereichernd, gemeinsame Bezüge zu haben. Doch was die einzelnen Interessen angeht, können für die Kinder jetzt auch andere Erwachsene und Kinder zu einem wichtigen Bezug werden. Entsprechend können die Eltern neue Herausforderungen aufnehmen, ganz wie sie dies wünschen. Eine Halbtags-Tätigkeit, wie in Telotopia ohnehin verbreitet, ist hier nun auch jenseits der eigenen Boro kein Problem. Ab der Quarta-Stufe ihrer Kinder (Jugend-Phase) beginnt für beide Seiten die äußere Selbständigkeit. Auch die Erwachsenen können nun für höhere Ausbildungen oder Jobs über Wochen außerhalb der Boros sein. Die Quarta-Zeit ist beidseitig als ein Entwicklungs-Prozess hin zur Quinta angelegt, wo dann die eigenen Kinder endgültig selbständig leben und selbst bald Eltern werden. Dann können die Eltern vollends und frei ihre Vorstellung/en von Leben aufnehmen.

Ich gehe davon aus, dass der Großteil der Bevölkerung ein Leben in einer Boro wie Telboro insgesamt völlig befriedigend finden wird, was Reisen nicht ausschließt. Die Boro erscheint als die optimale Form für das Sozialleben, was menschlich insgesamt das Hauptmotiv darstellt. Man hat hier die vielfältigsten Möglichkeiten und Bezüge für ein Sozialleben, auch mit kulturellem Niveau, wie auch mit einer großen Bandbreite an Tätigkeiten, wo man etwa morgens und abends etwas Zeit seinem Gartenbau widmet, dann vielleicht den Vormittag einem Handwerk oder seiner Kunst und nach dem Mittag noch etwas Zeit einem Studieren oder einer Weiterbildung (oder je nach Schwerpunkt auch umgekehrt). Dies ist in allem ganz nach seinen Ansprüchen selbst bestimmt und entsprechend nicht unbedingt >Arbeit< und nicht einmal unbedingt >Aktivität<. Dies schließt auch weder häufigere Reisen, einen Wechsel in eine andere Boro (vielleicht auch [für eine Phase] ganz wo anders) wie zeitweilige oder Halbtags-Tätigkeiten in einem urbanen oder industriellen Ober-Zentrum nicht aus. Für diese Entfernung von etwa 15 – 30 km lässt sich der Zug nehmen.

Die heutige Abwanderung in die Großstädte hat soziale, wirtschaftliche wie kulturelle Gründe, die im Wesentlichen in Telotopia fortfallen. Doch gibt es in Telotopia sowohl technologische und industrielle als auch urbane >Funktionszentren< (→ 4.4.2). In diesen Funktionszentren kann >anspruchsvolleren< Tätigkeiten nachgegangen werden, sind diese mit technologisch anspruchsvolleren Ausstattungen (etwa an medizinischen Einrichtungen) und Produktionen verbunden.

In Form der >Funktionszentren< kann den über die gängigen Boros hinausgehenden Bedürfnissen an anspruchsvolleren Aufgaben und Tätigkeiten entsprochen werden, wie dort auch weitergehende Funktionen und Produktionen möglich sind. Bei den urbanen Funktionszentren verhält es sich analog zu den Ober-Zentren bei uns, die in gewisser Weise aus den gleichen Gründen historisch erwachsen sind. Sie bilden gewisse geographische Mittelpunkte, wobei ihre Größe je nach >Zuständigkeit< zunimmt (Kreisstadt, Landeshauptstadt usw.). Nur bestimmt sich dies in Telotopia nicht mehr von >oben< (und dieser Geschichte) her. Von daher wird es in Telotopia aufgrund der allgemeinen Boro-Struktur, die bei den Funktionszentren in gewisser Weise den heutigen Stadtteilen entsprechen, keine Ballungsräume in dem heutigen Ausmaß mehr geben, ohne deswegen dem kulturellen Niveau etwas zu nehmen (eher dürfte das Umgekehrte der Fall sein).

Im Grundsätzlichen kann hier nur gesagt werden, dass in Telotopia kulturell und technologisch all das möglich ist, was auch heute vom Wünschenswerten her möglich ist, ohne aber das – inzwischen ruinöse - Ausmaß an Schattenseiten. Auch in Telotopia wird immer noch Hightech wie etwa in der Weltraum-Forschung betrieben.

Man wird sich in Telotopia alle Technologie (wie etwa der Computer-Technologie) und eine industrielle Produktion (etwa von Metallen, Motoren usw.) zunutze machen. Doch ist bei der heutigen Ökonomie gar nicht mehr so einfach zu klären, ob das Do it Yourself oder die industrielle Produktion in Wirklichkeit der größere Aufwand ist. Da jedoch die Produktion in Telotopia nicht mehr mit Kämpfen um Macht und Überleben (wie ökonomisch und etwa in der Rüstungs-Technologie) verbunden ist, kann dort in insgesamt gemeinschaftlicher Kommunikation geklärt werden, was an Produktion in welcher Form als wünschenswert erscheint und jeweils gewünscht wird.

Man wird hier auf die Dauer die Erfahrungen machen, wie diese Bedürfnisse unter den neuen Gegebenheiten beschaffen sind und welche
Formen an Organisation, Produktion, Arbeit und Technologie sich insgesamt als optimal erweisen.

Wohl besteht in Telotopia das Prinzip, möglichst viel auf der Ebene
des Do it Yourself der Personen und einer Boro wie auch möglichst
direkt am Ort anzulegen (etwa ein kleineres Windrad direkt an einem
Hof). Dies begründet sich jedoch primär im Sozialen und in dem Motiv der Lebens-Qualität.

Eine vollständige Selbstversorgung einer Boro wäre unökonomisch
und erscheint insgesamt nicht wünschenswert. Eine Boro als alleiniger
Bezugsraum wäre in den unterschiedlichsten Hinsichten zu beschränkt
und könnte auf die Dauer keinerlei kulturelles Niveau bieten. Lebendig kann eine Boro nur als Basis eines umfassenderen Netzwerkes
bleiben (s.u.).

Mit Sicherheit wird es in Telotopia größere Formen an Produktion und
Industrie geben. Dies dürfte auf jeden Fall die Metallverarbeitung und
die Produktion von Motoren und Computern betreffen, aber vielleicht
auch die Produktion von Getreide usw. Bei bestimmten Produktionen
erscheint eine Zentralisierung günstig (z.B. Glas, Metallverarbeitung)
und mitunter aufgrund des enormen Aufwands an spezifischer Technologie auch absolut unabdingbar (Computer-Teile). Dies wird man
entsprechend der Rohstoff-Vorkommen und der Weiterverarbeitung
anlegen. Beim Fahrzeugbau ließe sich das in der Form denken, dass
die Metalle und bestimmte Bauteile über-national, bestimmte Teile im
großregionalen Kontext produziert werden und dass der Karosserie-
Bau regional und die letzte Fertigstellung und Lackierung in der Boro-
Werkstatt (am „Güterbahnhof") erfolgt, die auch mit bestimmten War-
tungen und Reparaturen (auch von Eisenbahn, Fahrrädern usw.) befasst ist.

Es bleibt anzunehmen, dass bestimmte Arbeiten gewünscht werden
und Freude bereiten. Das kann etwa bei dem Schmieden, Anstreichen,
einem eigenen Zusammenbau von Teilen zu einem Fahrzeug, Reparaturen und Restaurieren der Fall sein, wie es im Kontext von Oldtimern
oder in der Kunst (z.B. bei Fantasie-Maschinen) bekannt ist. Wo und
soweit dies der Fall ist, wird eine solche Arbeit in der Boro oder näheren Umgebung angesetzt.

254

Wo an solchen Arbeiten kein relevantes Interesse besteht, jedoch an dem Produkt, wird man es industriell produzieren. Auch bei den Formen dieser Produktions-Anlagen wird man sehen, wie es um das Interesse daran bestellt ist. Wo Arbeiten nicht von einer intrinsischen Motivation abgedeckt werden können, aber Bedarf an den Produkten besteht, wird in Telotopia mit Formen der >Vergütung< gearbeitet. Dies kann in Form eines >Lohns< und/oder in der Stellung besonderer Wohnmöglichkeiten, von Luxusgütern (z.B. besondere Weine oder Whiskys oder fernen Importgütern wie Bananen) erfolgen.

Bestimmte Arbeiten, Ausbildungen und Tätigkeiten sind in Telotopia also eine Möglichkeit, an besondere Wohnmöglichkeiten, Stellen und/oder Produkte zu kommen.

Doch ist dies insgesamt mit einer entscheidend anderen Gesamtkonzeption verbunden. Alles ist in Telotopia so weit wie nur möglich so angelegt, dass es den authentischen Bedürfnissen entspricht, aber dass das Persönliche niemals über das eigene Private hinaus die öffentlichen Verhältnisse und damit andere Personen beherrschen kann. Es gibt in Telotopia keinen Status zu gewinnen und keinen Status, der verloren werden könnte. Die besseren Vergütungen sind nicht (wie unter Machtverhältnissen) dazu gedacht, unauthentische Verhältnisse durch Manipulation zu produzieren. Solchen Effekten würden bei entsprechenden Wahrnehmungen sofort gegengesteuert. Doch gilt es in Telotopia als ebenso legitim, einen einfachsten wie einen äußerlich anspruchsvollen Lebensstil zu pflegen, als persönliche Selbstbestimmung, die das eigene Persönliche betrifft.

Telotopia ist auf keinen Fall als ein regressiv-repressiver Kollektivismus zu denken, in dem man sich gegenseitig auf den kleinsten gemeinsamen Nenner herunterzieht und jeden Ansatz einer Weiterentwicklung destruiert. Solche Probleme hat es in den Kulturen der frühgeschichtlichen Entwicklung verbreitet gegeben (z.B. im Bereich der ursprünglichen Ahnen-Kult-Kultur), weil man nicht besser wusste, die – an sich völlig zu Recht – als ruinös empfundenen Entwicklungen zu verhindern. Dass dieser Ansatz letztlich aber letztlich selbst ruinös ist und von daher recht bald genau das Ungewollte verstärkte, ist für uns heute auf den verschiedensten Ebenen (historisch, psychologisch usw.) gut verständlich.

Die Kultur von Telotopia ist (von daher) darauf ausgerichtet, dass man das Persönliche nach Möglichkeit fördert und unterstützt – weil darin das menschliche Optimum auch in Hinsicht auf das Sozialleben begriffen wird. Diese Ausrichtung betrifft auch die materielle Ausstattung und die Vergütungen, die die unterschiedlichsten Lebensstile und Bedürfnisse möglich machen. Es gibt hier weder Neid auf das einfache Leben noch auf ein Wohnen in gehobenen Verhältnissen, weil hier jedem alles als Weg offensteht und jeder darin seinen eigenen Weg wählt. Man kann in Telotopia den Tag mit Angeln verbringen, in einer Hütte leben und etwa einfachen Wein erhalten. Wer Anspruchsvolles will, muss dafür auch Anspruchsvolles tun, ganz nach dem jeweiligen Maß, ganz in einer natürlichen Ökonomie ohne soziale Benachteiligung und Bevorzugung.

Die unterschiedlichsten Bedürfnisse sind hier legitim und auch willkommen, doch immer nur soweit, als wie sie sich auf die persönliche Selbstbestimmung beziehen. Alles, was dabei in Hinsicht auf das Soziale oder in Hinsicht auf die Natur von effektiven Konsequenzen ist, ist den sozialen und ökologischen Bestimmungen Telotopias unterworfen. Vieles ist hier möglich, im Rahmen des Gewohnheitsrechtes auch völlig unkompliziert und ansonsten nach jeweiligen Absprachen oder ggf. nach bestimmten Entscheidungen der zuständigen Verwaltung oder Ratsversammlung.

Man kann also mit bestimmten Tätigkeiten gehobenere Möglichkeiten und Produkte erreichen. Doch kann man in Telotopia niemals Besitztümer anhäufen, die über den direkten persönlichen Bedarf hinausgehen. Land, Häuser, Firmen mit Mitarbeiter: alles, was das öffentliche Leben berührt, kann in Telotopia nicht zu privatem Besitz und nicht vererbbar werden. Die Häuser werden nur mit jeweiligen Abmachungen zur Nutzung zur Verfügung gestellt, doch so, dass sich jede/r gut sein Leben einrichten kann. In einem gewissen kleinen Rahmen gibt es auch neue architektonische Projekte, die privat initiiert werden können und einer privaten Nutzung zur Verfügung gestellt werden. Eigentum werden sie jedoch nie, aber diese Bauten müssen auch nicht privat finanziert werden. Auch Schlösser können bei Interesse analog den Nachkommen in einem bestimmten Rahmen zum Wohnen überlassen werden, doch ist dies nicht mehr mit Privilegien verbunden. Die Nachkommen könnten bei der Eigenarbeit das Schloss kaum noch hinreichend warten, geschweige denn baulich erhalten.

Insofern wird dies ggf. als >Kulturerbe< in öffentlicher Form über-nommen und dabei dann auch öffentlich zur Verfügung (etwa als Mu-seum und für Veranstaltungen) gestellt. >Adel< wird in Telotopia in völliger Distanz als ein rein historisches Phänomen betrachtet, über das man zum Glück endlich hinausgekommen ist.

Das bei uns bestehende Privat-Eigentum an Land und Ressourcen ba-siert in jedem Fall zumindest ursprünglich auf einer illegitimen An-eignung durch Macht und Gewalt und ist auch der Hort von Macht und Gewalt. Dies gilt auch für die Ebene der Territorialstaaten. Dies wird in Telotopia als Widerspruch zu seiner demokratischen Grundordnung und (somit) als Verletzung der Menschenrechte gesehen.

In Telotopia sind das Land und die Bodenschätze Allgemeinbesitz der Menschheit (was auch die zukünftigen Generationen umfasst, woraus sich das Prinzip der Nachhaltigkeit begründet). Auch eine Boro hat nur das Recht auf seine *eigene soziale Selbstbestimmung* im Rahmen der Verfassung von Telotopia. Sie ist nicht im >Besitz< seines Gebie-tes und der etwaigen Bodenschätze auf seinem Gebiet. Von Konse-quenz ist dies etwa, wenn relevante Naturumbrüche eine Neuorgani-sation des Landes (einer Gegend) notwendig machen. In diesem Fall ist – je nach Umfang des neu zu verteilenden Landes – eine entspre-chend übergeordnete Organisation von Telotopia beauftragt, in Ab-sprache mit den betroffenen Boros eine neue Gebietsaufteilung oder eine Neugliederung der dortigen Boros vorzunehmen oder den Leuten ein gänzlich anderes Gebiet anzubieten. Auch die Bodenschätze wer-den – ebenfalls nach ihrer Art und dem Umfang ihrer Nutzung – auf einer entsprechend hohen Organisations-Ebene verwaltet, ganz seltene Bodenschätze also auf den obersten Ebenen. Die Naturschutzgebiete werden ebenfalls je nach Größe und ihrer Besonderheiten einer ent-sprechend hohen Instanz zugeordnet.

Im Grundsätzlichen wird das für das Bewohnen zugedachte Land auf die Boros aufgeteilt. Hierbei ist dieses Land wesentlich zur Selbstor-ganisation der Bevölkerung bestimmt. Ein gewisser Anteil der Pro-duktion und/oder der Dienstleistungen dient der Ermöglichung der überörtlichen Organisation, ebenso als Tauschwert für Bezüge von Produkten und Dienstleistungen von außerhalb (z.B. Erntehelfern, Fachkräften bzw. Computer, Fahrzeuge).

Die >Werte< werden hier jedoch nicht abstrakt und gleichartig für Boros oder Länder angesetzt, sondern es werden dabei auch die Naturgegebenheiten berücksichtigt (Klima, Höhenlage, Bodenbeschaffenheit bzw. -Qualität usw.). Die Grundlagen der Abgaben und der Zuteilungen werden in jährlichen Verwaltungs-Haushalten veranschlagt. An sich wäre dies nicht unkompliziert, doch hat sich die Organisation in Telotopia eingespielt, dass das Meiste gewohnheitsrechtlich geregelt wird – sofern nicht größere Naturkatastrophen diese Regelungen über den Haufen werden.

Für die Bevölkerung bedeutet dies, dass das Land an sich kostenlos, aber (in unseren Gegenden) nicht beliebig verfügbar ist. Ein Stück weit ist die Aufteilung des Landes durch die Boros und die Anlage der jeweiligen Boro bestimmt. Insgesamt ist die Struktur so vielfältig, dass auf der gängigeren Ebene für jeden etwas dabei ist. Doch ist es darüber hinaus auch möglich, sich für Reisen, für zeitweilige Aufenthalte oder auch eine dauerhafte Existenz je nach Verfügbarkeit andere Gegenden seiner Wahl auszusuchen. Dies können Gebiete mit großem Naturraum oder urbane Komplexe sein, am Meer oder in den Bergen und die unterschiedlichsten Länder mit ihren jeweiligen Gegebenheiten und Traditionen. Im Allgemeinen ist dies einfacher als heute, zumindest für zeitweilige Aufenthalte, da ein solcher zeitweiliger Wechsel ab dem Alter von 35 oder 40 in Telotopia gängiger üblich ist, weil man zumindest zeitweilig mal andere Gegenden und Verhältnisse kennen lernen möchte. Dies ist oft auch mit besonderen oder schlichtweg anderen beruflichen Tätigkeiten verbunden.

Für all dies gilt im Grundsatz die gewohnheitsrechtliche Regelung. Im Bereich der Kategorie 1 ist alles kein Problem. Dies gilt für die Fahrten, eine Unterkunft in den Boros, für zeitweilige Aufenthalte in anderen Boros und auch für eine dauerhaft gedachte Umsiedlung.

Was Reisen angeht, so könnten hier jedoch saisonale Unterschiede bestehen, wie wir das auch hier kennen. Insofern könnte dann für bestimmte Zeiten Kategorie 1, dann 2 und in der Hauptsaison Kategorie 3 gelten, wo man rechtzeitig buchen sollte. Bei längeren Aufenthalten oder einer Vorstellung von einem dauerhaften Zuzug ist ebenfalls vorweg die Kategorie zu prüfen, und es empfiehlt sich in diesen Fällen auch bei freier Verfügbarkeit, sich für sein Vorhaben anzumelden, weil sich über die Länge der Zeit die Kategorie ändern kann. Ohne Anmeldung müsste man sonst bei der Erschöpfung der verfügbaren Kontingente abreisen bzw. mit nur kurzem Aufenthalt weiterziehen.

Überhaupt spielen An- und Abmeldungen bei relevanten Veränderungen eine wichtige Rolle. Wenn man für einige Wochen auf Reise geht, pflegt man dies der Boro-Verwaltung mitzuteilen. Dies kann, auf jeden Fall bei größeren Zahlen, Auswirkungen für die Produktion und die Zuteilung haben. Dann kann eine Boro auch entsprechend viele freie Plätze für Gäste angeben (insbesondere auf ihrer Internet-Homepage), bei Kategorie 2 um Gegenleistungen bei etwas Mitarbeit oder gegen andere Werte.

Insgesamt kommt die gängige Ökonomie Telotopias im Wesentlichen ohne Geld aus. Das ökonomische Grundprinzip von Telotopia besteht im Tausch von Produkten und Dienstleistungen. Allerdings werden die Werte hierbei nicht abstrakt festgelegt.

Hier kommt das Prinzip der gewohnheitsrechtlichen Kategorien ins Spiel. Auf der einfachen Ebene und bei Kategorie 1 ist es nach der Kindheit üblich, sich nach den gängigen Gepflogenheiten oder als Gast nach Absprache nach seinen Möglichkeiten und Befindlichkeiten einzubringen. Etwas mitzuhelfen oder mitzutun, empfindet man schon rein menschlich als natürlich. Man will in Telotopia von beiden (Anbieter – Nachfrage) bzw. von allen Seiten her keine Ausbeutung. Doch ist auch Tourismus möglich. Wo man keine oder nur wenig Dienstleistung einbringen möchte, kann die Inanspruchnahme gegen Bezahlung ausgeglichen werden.

Im Weiteren spielen bei der Ökonomie von Telotopia die jeweiligen Haushalts-Pläne der verschiedenen Organisations-Ebenen (s.u.) eine Rolle. Wie schon erwähnt, basieren diese jährlichen (und saisonal untergliederten) Haushalts-Entwürfe zunächst einmal auf den Erfahrungswerten der Vergangenheit, die dann um beabsichtigte oder auch erwartete Veränderungen modifiziert werden.

In diesen Haushalts-Pläne werden die verschiedensten >Zuteilungen< angesetzt. Dies bedeutet etwa, dass eine Boro an die Regionalorganisation und an die Landesorganisationen x Tonnen Kartoffeln, y Tonnen Äpfel und z Stunden Dienstleistungen (z.b. als Erntehilfe und an Fachkräften) stellt und dafür von der Regionalorganisation Mehl und Zucker und von der Landesorganisation Computer und Technologie erhält. All dies ist freilich erheblich komplexer bzgl. der Produkte und der vermittelnden Instanzen zu denken.

All dies wäre überaus kompliziert, ist aber bei eingespielten Verhältnissen doch recht einfach, da jede Instanz recht genaue Grundlagen für seine Planungen und Arbeit hat. Die gängigen Schwankungen bei den Ernten und bei den Moden sind berücksichtigt. Der große Vorteil dieses Systems besteht darin, dass hier die Produktion und Arbeit überaus punktgenau auf die konkreten menschlichen Bedürfnisse und den konkreten sozialen Bedarf in sozialer Gerechtigkeit und in Übereinstimmung mit seiner Verfassung eingestellt werden können.

Diese Haushalts-Pläne auf allen Instanzen sind auch die konkrete Grundlage der praktischen Ökonomie. Man könnte sich etwa vorstellen, dass 4 Boros gemeinsam einen LKW und 8 Boros gemeinsam einen Traktor nutzen, was beides nach der gängigen Erfahrung mit einer Haltbarkeit von 15 Jahren angesetzt wird. Beides wird für den Bezug in den Haushalts-Planungen der jeweiligen höheren Instanzen eingeplant. Nun könnte es sein, dass der Traktor nach den 15 Jahren noch problemlos funktioniert, aber bei dem LKW aufgrund eines Unfalls schon nach 10 Jahren ein Totalschaden entstanden ist. Hier könnten nun die Boros in eigener Initiative bei anderen Boros sehen, ob sie ihren Anspruch auf einen neuen Traktor in dem Haushaltsplan gegen einen LKW tauschen können.

Ganz in dieser Art bestehen also innerhalb der Haushalts-Pläne Handels- und Tausch-Verhältnisse. Entstehen hier gegenüber den angesetzten Haushalts-Plänen unerwünschte Diskrepanzen, die in Tausch und Handel Probleme aufwerfen, würde dies spätestens mit dem nächsten (jährlichen) Haushalts-Plan neu austariert. Doch ein gewisser Tausch und Handel ist hier erwünscht. Dies schafft die nötige Flexibilität in den Schwankungen der Nachfragen und im landwirtschaftlichen Bereich (samt leichterer Sturm-Schäden usw.). Dieser Rahmen steht in bestimmten Teilen auch für den privaten Tausch und Handel zur Verfügung.

Bei jedem Haushalts-Plan werden die Dienstleistungen und die Produkte ab der **Kategorie 3** und höher immer auch mit einer Art >Preis/Wert< bezeichnet, die als Anhalt für den Tausch und Handel aufgenommen werden können. Diese Preise und Werte liegen jedoch nicht abstrakt fest. Sie können einerseits ausgehandelt werden und unterliegen auch dem Prinzip von Angebot und Nachfrage. Sie beziehen sich allerdings immer auf einen jeweiligen Haushalts-Plan. Auch die Einkunft ist zunächst immer nur innerhalb dieses jeweiligen Haushalts-Plans gültig.

Dies bedeutet, dass jede Instanz mit ihrem Haushalts-Plan (sei es eine Boro- oder eine Landes-Verwaltung) immer auch als eine Bank mit quasi eigenem Währungssystem fungiert. Bei diesen Währungssystemen bestehen unterschiedliche Kategorisierungen, die sowohl mit der Verfügbarkeit der Produkte als auch ihrer Art zu tun haben. Der Umtausch zwischen den Währungen ist möglich, gehört aber auch zu dem Aufgaben-Gebiet der jeweiligen Verwaltung. Gewissermaßen verknüpft sich mit der Verarbeitung dieser Transaktionen sogar die Haupttätigkeit der jeweiligen Verwaltungen, die jedoch aufgrund der gewohnheitsrechtlichen Anlage doch gut machbar ist.

Auf diese Weise kann verhindert werden, dass sich das Ökonomische gegenüber dem Sozialen verselbständigt, worin einer der wichtigsten Gründe von Kriegen und gesellschaftlich paralytischen Prozessen liegt. Dieses System von Telotopia ermöglicht, dass jemand, der dies möchte, mit entsprechendem Arbeitseinsatz und/oder beruflichen Qualifikationen besonders gute Wohnungen, Wohnlagen, Weine, Möbel, Keramik, Kunstwerke und andere besonders qualitative oder aufwendige Produkte für seinen privaten Bedarf erhalten kann. Doch kann damit verhindert werden, dass der Bereich des Subjekt-Persönlich-Privaten über den Bereich des Subjektiv-Persönlich-Privaten sozial zu Macht und Ausbeutung auswuchert und damit die gesellschaftlichen Verhältnisse ruiniert. Eine Spekulation mit Land, Häusern, Ressourcen und lebensnotwendiger Nahrung ist in Telotopia nicht möglich oder würde dort ggf. gar als unter der Fragestellung des Versuchs eines Delikts aufgenommen. Man vergesse nicht, dass solche Praktiken über die Folgen einzelner Morde hinausgehen können und deswegen keineswegs als unproblematischer erachtet werden können.

Wie gesagt: bei Dienstleistungen und Produkten der Kategorie 1 spielt eine explizite Ökonomie keinerlei Rolle. Kategorie 2 ist auch so zu verstehen, dass im Allgemeinen die Kategorie 1 besteht, nur dort aber mit der potenziellen Gefahr, in den Bereich der Kategorie 3 zu kommen, wo in Telotopia neben den politischen Ebenen auch eine explizite Ökonomie beginnt.

In Telotopia sind viele Angebote direkter mit den Tätigkeitsbereichen verbunden. Für Tätigkeiten in höheren Berufen stehen auf Wunsch komfortablere Wohnung und Zugänge zu besseren Restaurants bereit, was dort die Form des >Lohns< ist. Soweit gibt es in Telotopia also keine >explizite Ökonomie<.

Besondere Produkte oder Dienstleistungen können in einem gewissen Rahmen auch unmittelbar gegen besondere Dienstleistungen oder Produkte (auch Kunst) erhalten werden. Doch kann dies auch als >Geschenk-Ökonomie< praktiziert werden, muss also nicht mit einem Aufrechnen verbunden sein.

An dieser Stelle tritt so etwas wie >Geld< in den Raum. Hier ließe sich vorstellen, dass in Telotopia mit einer Art Verrechnungschecks ggf. in Form von Bankkarten, wie wir dies kennen, gearbeitet wird. Diese dienten für Bezahlungen wie bei bestimmten Tätigkeiten oder Verkauf für Einzahlungen.

Mit diesen Karten verbindet sich entsprechend verschiedenen Banken ein System, das in Telotopia dem sonstigen Organisations-System entspricht. Wenn man in einer Boro lebt oder dort zu Gast ist, würde man bei der Verwaltung ein Konto anlegen, auf die sich die jeweilige Boro-Bankkarte bezieht. Bei Reisen würde man Bankkarten einer entsprechend hohen Instanz gebrauchen, was sich aber wegen dem höheren Verwaltungsaufwand und den entsprechend höheren Gebühren nicht als Allgemein-Lösung empfiehlt. Bei der Ankunft in einer Boro würde man Guthaben dieser Karte bei der örtlichen Boro-Bank als Guthaben ansetzen, und bei der Abreise würde man die Bilanz am Ort wieder in der Währung der anderen Karte verbuchen (wie man bei uns Geldwährungen wechselt). Bestimmte Geschäfte und Tätigkeiten lassen sich aber auch in einer analogen Logik via Internet transferieren.

Auf diese Weise lässt sich der ökonomische Bereich wieder in seine Selbstorganisation (in den Haushalten der verschiedenen organisatorischen Stufen) eingliedern und eine Verselbständigung der Ökonomie verhindern.

Diese Regelung klingt kompliziert, ist aber im Ergebnis tatsächlich weniger kompliziert als unter unseren Verhältnissen. Dies begründet sich schon darin, dass der Hauptteil der Aktivitäten und Produkte keiner expliziten Ökonomie unterworfen ist. Doch lassen sich so auch besondere Wünsche erfüllen. Dazu dient die >explizite Ökonomie<, die so etwas wie >Geld< darstellt. Doch basiert hier der >Geldwert< weder auf dem Materialwert der Wertobjekte (Blech, Kupfer, Gold – so viel Material haben wir gar nicht) noch auf der ökonomischen Machtposition eines Landes oder eines Blocks (Euro). Hier ist es wieder zu einem in sein Sozialleben eingebundenes Tauschmittel geworden, wie es die Idee hinter dem Geld, aber nicht dessen Realität ist. Es bleibt zu hoffen, dass man hier nicht erst erleben muss, dass unser Geld in sich selbst so gut wie keinerlei Wert hat, um das in den Blick zu bekommen.

4.3.5 Zum Verkehrswesen von Telotopia

Die Eisenbahnen werden in Telotopia insgesamt von Bedeutung bleibe

Von den weltweiten Strukturen Telotopias her gibt dort auch ein Verkehrswesen mit all dem inzwischen entwickelten Potential. Es wird von den Fahrrädern über Autos und Eisenbahn bis hin zu Flugzeugen, Helikoptern und Weltraumtechnologie mit Raketen alles auch in Telotopia geben. Doch von der völlig anderen Anlage Telotopias gibt es nur noch einen Bruchteil der Ansprüche an dieses Verkehrswesen, vor allem in quantitativer Hinsicht. Sowohl aus ökologischen Gründen als auch von Aspekten von Lebens-Qualität her ist das Leben in Telotopia verkehrsberuhigt.

Wohl ist eine Boro nicht absolut autofrei. Es ließe sich vorstellen, dass eine Boro ein Auto etwa als Krankenwagen und für bestimmte Transporte unterhält, vor allem dann, wenn sie keine Eisenbahn-Anbindung hat. Auf jeden Fall gibt es meistens einen Traktor, in der Regel im gemeinschaftlichen Betrieb mehrerer Boros. Da eine Boro eine fußläufige Größe hat, sind hier selbst Fahrräder nicht nötig. Fahrräder werden eher für Transporte und bei größeren Entfernungen, durchaus auch für Ausflüge, benutzt. Weiterhin werden auch Pferde zum Reiten oder als Zugtiere genommen.

Die Anlage von asphaltierten Straßen und Eisenbahn-Trassen ist erheblich reduziert. In einer Boro ist das Zentrum gepflastert. Asphaltierte Straßen gibt es in der Regel nur noch in den urbanen Funktionszentren und an Hauptstrecken zwischen den größeren Zentren wie heute die Autobahnen und Bundesstraßen, doch nicht mehr in Form der Autobahnen, allenfalls in der Art der Überlandstraßen und mit einer allgemeinen Höchstgeschwindigkeit von etwa 50 oder ggf. 80 km/h (je nach Verkehrsbedarf und der Wohn- und Naturverhältnisse).

Der Schienenverkehr wird in Telotopia aus den gleichen Gründen von Bedeutung bleiben, aus denen er entstanden ist: nämlich zum Transport schwererer Lasten. Dazu kommt in Telotopia aus der umgekehrten Perspektive der Verkehrsentwicklung hinzu, dass der Unterhalt der Schienen erheblich weniger Aufwand ist als der Unterhalt asphaltierter Straßen.

Die normalen Straßen in einer Boro oder auch zwischen den Boros sind nicht in heutiger Form asphaltiert, sondern eher wie heute Fahrwege zwischen den Feldern entsprechend dem Bedarf mit Splitt befestigt. Nur in besonderen Fällen (bei Sumpf oder Gefälle) werden die gängigen Wegstraßen mit Asphalt oder betonierten Einfassungen optimiert. Ein höheres Tempo ist darauf keine Möglichkeit, aber daran besteht dort auch kein Bedarf.

Von dort her erhält der Schienenverkehr wieder mehr an Bedeutung, sowohl in Bezug auf schwerere Lasten als auch in Hinsicht auf die Geschwindigkeit. Die Boros werden in der Art eines Zentrums für die umliegenden Boros an den Schienenverkehr angebunden, der seinerseits im Personenverkehr mit den übergeordneten Zentren und im Güterverkehr mit der diesbezüglichen Infrastruktur verbunden ist.

Doch ist bei dem Schienenverkehr nicht nur an Züge zu denken. Gerade auf diesem Gebiet wird es in Telotopia zu vielfältigen Neuentwicklungen kommen. Zu denken ist hier jenseits der sehr speziellen Hauptstrecken an alle möglichen Formen von Draisinen, die von einer Person bis zu mehreren Personen in der Art eines Fahrrads angetrieben werden (ggf. auch mit einem Hilfsmotor). Ggf. werden bei einer einspurigen Strecke zwischen den Eisenbahn-Schienen ein Paar Hilfsschienen angelegt, dass diese Strecken mit Schienen-Fahrrädern gleichzeitig in beide Richtungen benutzt werden können. Dieses System wäre dann etwa so denkbar, dass die Schienenstrecke werktags für jeweils einen Morgen-, Mittags- und Abendzug – ggf. jeweils als Personen- und als Güterzug und ggf. jeweils in beide Richtungen - reserviert ist und in der Zwischenzeit für Draisinen und Schienen-Fahrräder freigegeben ist. Mit den heutigen Signal-Systemen bestehen in solch einer Organisation der Strecken-Freigabe wie auch bei den Weichenstellungen völlig neue Möglichkeiten.

Eine Nahverkehrs-Draisine in Fahrrad-Antrieb (Modell)

Eine regional gebaute Lok mit Bio-Gas-Antrieb

Eine weitere Möglichkeit besteht darin, Landstrecken-Fahrzeuge (Busse, Traktoren) auch für Fahrten auf Schienen auszulegen. Im leichteren Bereich besteht auch die Möglichkeit, Motorblöcke als Einheiten zu bauen, die je nach Bedarf bei Fahrzeugen auf Schienen oder für Straßen eingesetzt werden können.

Insgesamt wird es im Schienenverkehr bis auf etwaige Ausnahmen keine elektrifizierten Strecken mehr geben. Elektrische Motoren werden per Akkus betrieben (die an Windrädern oder Solar-Anlagen aufgeladen werden). Weiterhin gibt es auch Gas-Motoren (mit vor Ort produzierten Bio-Gasen) oder mitunter auch mit Diesel-Motoren (auf Hauptstrecken ggf. auch mit dieselelektrischem Betrieb). Ggf. kommt man hier und da auch auf Dampfloks zurück.

Es bleibt hier zu beachten, dass in Telotopia sowohl im Güterverkehr als auch im Personenverkehr nur ein Bruchteil des heutigen Aufkommens besteht. Die wesentliche Versorgung liegt in den Boros selbst wie dann auch in der näheren Umgebung. Es gibt nur einige Güter, die überregional produziert und besorgt werden, und einiges davon wie z.B. Handys und Computer hat kein Gewicht, dass es dafür Schwertransport braucht. Der Hauptteil im Personenverkehr verknüpft sich mit einem Pendeln zwischen den Boros bzw. Boro-Rändern zu den urbanen Funktionszentren zwischen Jobs, Studieren und Besorgungen, doch liegt hier dieses Ausmaß eher im zwei- und dreistelligen Bereich an Fahrgästen.

Diese erheblich geringeren Anforderungen im Verkehr machen alles leichter, ohne dass man in Bezug auf die Lebens-Qualität substanzielle Verluste in Kauf nehmen muss. Die mit Akkus betriebenen Loks mögen nicht so schnell und so leistungsstark sein, aber dies braucht es dort im Standard nicht. Doch dafür kann diese Energie auch vor Ort erzeugt werden. Ggf. findet man es dort auch als Sport, kleine Draisinen-Züge im Nahverkehr auf Fahrrad-Basis zu betreiben.

Wo ein besonderer Bedarf an Transportaufkommen, an Stärke und Geschwindigkeit besteht, lässt sich auch dies organisieren. Es lassen sich in Telotopia stärkere und/oder schnellere Lokomotiven und Fahrzeuge bauen und einsetzen, wo dies tatsächlich ökonomisch ist. Wenn man eher im Einzelfall-Bereich eine starke Diesel- (-elektrische) Lok einsetzt, ist dies nicht als eine ökologische Problematik einzuschätzen, und Öl oder Erdgas in diesem Ausmaß lässt sich auch in Deutschland und in anderen Gebieten einigermaßen regional fördern.

Für den Schwertransport werden in Telotopia nach Möglichkeit Schiffe (mit neuer Windenergie-Technologie) eingesetzt, die an das Schienennetz angeschlossen sind. Auch der Güter-Transport zwischen den Kontinenten bleibt in Telotopia eine Möglichkeit, nur nicht mehr in diesem Ausmaß. Für vieles wird wieder auf Segelschiffe zurückgegriffen – nach Möglichkeit in Kombination aus Spaß am Segeln und Funktionellem. Die entsprechenden Schiffe werden (entsprechend ihrer Größe und Funktion) von den entsprechenden Verwaltungsebenen von Telotopia zur Verfügung gestellt und gewartet, und das Personal erhält für ihren Einsatz eine entsprechende Vergütung. Im Prinzip kann auch eine einzelne Boro oder ein Bezirk bei einem besonderen Interesse einen eigenen Schiffs-Betrieb unterhalten. In dieser Hinsicht kann also eine Boro oder auch ein Bezirk als ein selbständiges >Unternehmen< auftreten (und [im Rahmen der gängigen → ökonomischen Anlage von Telotopia] etwa mit Ananas handeln).

Wo ganz besondere Geschwindigkeiten notwendig und ökonomisch wünschenswert sind, greift man in Telotopia auch auf Flugzeuge und Helikopter zurück. Wie bei uns werden Helikopter in Telotopia insbesondere im medizinischen Bereich eingesetzt.

Ich gehe auch davon aus, dass man in Telotopia eine gewisse Luftflotte unterhalten wird, da dieses Potenzial von einem prinzipiellen Interesse bei Notfällen ist. Um dies für Notfälle unmittelbar zur Verfügung zu haben, setzt man diese Luftflotte in einem Netzwerk-System im überkontinentalen Langstrecken-Verkehr ein. Dabei denke ich etwa an eine Größenordnung von ca. 20 Flugzeugen im täglichen Einsatz. Dies erschiene mir für die verschiedensten Zwecke sinnvoll wie in dem Bereich einer solchen Größenordnung für ökologisch vertretbar. Bei diesem Einsatz gibt es eine Prioritäten-Liste, etwa für bestimmte Medikamente oder im Einsatz von ganz besonderen Spezialisten.

Im Weiteren ist dies dann für Pakete oder auch für eine normale Personen-Beförderung freigegeben. Es versteht sich dabei, dass es bei aller Reise-Freudigkeit in Telotopia die heutige *Form* von Tourismus nicht mehr geben wird.

Das Reisen wird in Telotopia wieder zu einem Abenteuer. Eine Strecke von 100 km ist in Telotopia wieder eine wirkliche Entfernung, ohne dass deswegen solche Entfernungen fremd und ungewöhnlich würden. Urlaub ist hier Urlaub – man hat Zeit und bringt sich für größere Strecken die entsprechende Zeit mit und kann hierbei auch die Strecken wieder als solche erleben. Man hechelt nicht mehr durch Zeit und Raum, und die Mitreisenden und Mitmenschen sind nicht mehr die Fremden, mit denen man so wenig Kontakt wie möglich wünscht. Wie die Bahn schon wusste: Urlaub von Anfang an. Die Strecken werden zum Bestandteil der Reise, und von daher ist es in Telotopia kein Problem, wenn man pro Tag allenfalls eine Strecke von wenigen Hundert km schafft, falls (in manchen Gegenden) überhaupt.

Autobahnen, Schnellbahn-Trassen, Massen-Flugzeug-Verkehr usw. wird es in Telotopia nicht mehr geben. Wer historisch informiert ist, der weiß, dass zumindest der ursprüngliche Grund für diese Entwicklungen auf dem militärischen Gebiet lag und in Teilen in Wirklichkeit immer noch liegt. Kann man, wie in Telotopia, davon absehen, wird ersichtlich, dass diese Formen nicht nur nicht ökologisch sind, sondern in einer wirklich freien Kultur mit einer entsprechenden freien Zeit auch nicht viel an sozialer Lebens-Qualität enthalten.

Welche Technologien in welchem Ausmaß ökologisch und menschlich wirklichen Sinn machen, kann und wird man in Telotopia klären, da dort die Probleme von Macht und Gewalt – auch aus diesen ganzen Aspekten heraus- gelöst sind.

4.3.6 Die juristische Konzeption Telotopias

Das juristische System von Telotopia kann deswegen überaus einfach sein, weil hier die Gesellschaft nicht wie in der historischen Entwicklung auf Macht und Gewalt aufbaut, sondern in der Entsprechung der menschlichen Anlage auf weltweiter Ebene.

Von hier aus kann die evolutionär besonders ausgeprägte Sozialität des Menschen nach dem menschheitsgeschichtlichen Mittelalter wieder in voller Qualität zum Zuge kommen. Besondere Probleme an Gewalt und Delikten sind in Telotopia insofern eher nur im Kontext größerer Naturkatastrophen zu erwarten, die in einem größeren Maßstab das Überleben und die gängige Ordnung einer Region in Frage stellen.

Von den anzunehmenden Aufgaben ist der juristische Bereich in Telotopia in 4 inhaltliche Hauptbereiche gegliedert:

- der Bereich der Menschenrechte (incl. der Sicherstellung kindgerechter Verhältnisse)
- der Bereich Ökologie (incl. Natur- und Tier-Schutz usw.)
- Verwaltungsrecht
- Kriminologie (bis hin zu Truppeneinsätzen und Sicherungsvollzug)

Auch in Telotopia gibt es Jura als einen Bereich an Fachwissenschaft und Forschung, und er kann in verschiedenem Umfang studiert werden. Es gibt in jedem Boro-Rat mindestens einen speziellen >juristischen Experten<. Dieser muss jedoch mangels allgemeiner juristischer Probleme in der gängigen Boro lediglich an kürzeren juristischen Ausbildungskursen teilgenommen haben. Wichtiger sind von den allgemein gängigen Konflikten in einer Boro Ausbildungen in Kommunikation und Mediation, die dort aber allgemein verbreitet und bereits Unterrichtsstoff in der „Schule" (ab der Quarta) sind.

Eine Position mit einer umfassenderen juristischen Ausbildung gibt es in Telotopia gemeinhin erst ab der Kreis-Ebene. Bei besonderen juristischen Problemen in einer Boro wird ein Spezialist der höheren Ebenen herangezogen. Es ließe sich vorstellen, dass es auf der Ebene, die bei uns den Staaten entspricht, jeweils ein juristisches Gremium gibt, das auch mit den Professoren der juristischen Wissenschaft und Forschung in Verbindung steht. Von dieser Ebene her werden direkt oder über eine Zwischenstufe (auf der Kontinental-Ebene) Vertreter für das juristische Gremium auf der Weltebene gestellt, die ähnlich wie bei uns das Bundesverfassungsgericht bei akuten juristisch ungeklärten Problemstellungen eine vorläufig gültige Klärung aussprechen können, soweit es die rechtliche Ebene an sich angeht (dies ist hier deutlich von der politischen Ebene unterschieden, was auch Konsequenzen beinhaltet). Die nur vorläufig gültigen Klärungen werden zwecks weiterer Klärung an die Rechtswissenschaften weitergeleitet, wenn damit neue juristische Fragestellungen verbunden sind, im anderen Fall an die juristischen Gremien auf der Länder-Ebene. Dort können die vorläufig gültigen Klärungen auf der breiteren Ebene neu diskutiert und ggf. mit einem neuen Votum oder auch als zahlenmäßige Grundlage einer Mehrheits-Entscheidung an das juristische Gremium der Weltebene zurückgegeben werden.

Der Bereich der Menschenrechte

Was den Bereich der Menschenrechte angeht, so ist für Telotopia nicht zu erwarten, dass es hier zu grundlegenden Umbrüchen in den Einsichten und Entscheidungen kommt. Entsprechende Fragestellungen ergeben sich dort nur bei besonderen Naturkatastrophen oder Naturumbrüchen, die zu gesellschaftlichen Notstands-Problemen führen. In solchen Situationen braucht es auch in juristischer Hinsicht sofortiger Klärungen und Entscheidungen, etwa welche Eingriffe in die Selbstbestimmung in dieser Situation als notwendig und zulässig erachtet werden. Dies ist situativ als entsprechend vorläufig zu betrachten und im Weiteren nachzubessern. Dies könnte etwa bei Verlust von Gebieten gelten, wo eine Neugliederung der Boros in dem betroffenen Gebiet und evtl. gar Umsiedelungen notwendig werden.

Dieses Beispiel zeigt, dass in diesem Fall die juristische Klärung auf ihrer Ebene so etwas wie eine gerichtliche Entscheidung bedeutet. Diese Entscheidung wäre aber nur vorläufiger Art, bis sich eine neue gewohnheitsrechtliche Situation auf der Basis allgemeiner Zustimmung gefunden hat.

Nur wegen dem Unterschied zu heute soll hier noch darauf hingewiesen werden, dass die Klärung der Menschenrechte in Telotopia insbesondere damit verbunden ist, dass den Kindern kindgerechte Verhältnisse gestellt werden. Dieses Thema ist keine Nebensächlichkeit, sondern eine unabdingbare Grundlage dafür, dass die gesellschaftliche Anlage tatsächlich in den Menschenrechten verankert ist (und die Menschenrechte nicht vor allem ein Stoff für politische Sonntagspredigten und ideologische Kriegsführungen sind).

Der Bereich Ökologie

Das Thema Ökologie könnte sich in Telotopia juristisch als der schwierigste Bereich darstellen (zumindest aus der heutigen Perspektive). So sehr Telotopia die inzwischen entstandenen menschlichen Lebensverhältnisse ökologisch auf eine optimalere Weise anlegt, so wenig bedeutet dies schon, dass die ökologischen Probleme damit überwunden wären.

Dazu folgender Hinweis:

„In der letzten Eiszeit hatten in Europa kaum mehr als 10.000 gelebt, weniger als heute in Rothenburg ob der Tauber; mit der Ausbreitung des Cro-Magnon-Menschen über die gesamte Erde war rasch die Grenze dessen erreicht, was unser Planet an Jägern ernähren kann: ungefähr 10 Millionen, weniger als heute Bayern Einwohner hat. [...] >Naturschutz< und >natürlich leben< sind heikle Begriffe: Wir müssen ja entweder behaupten, es gebe 4,99 Milliarden Menschen [*inzwischen über 8 Milliarden*] zu viel auf der Welt, oder uns klarmachen, dass die >Natur<, die viele meinen, in Wahrheit vor 8.000 Jahren gestorben ist." [39]

---

[39] Wolf Schneider: Wir Neandertaler, S. 179 f.

Wenn wir die Konsequenz der Nahrungsproduktion bejahen und diese ökologisch verträglich anlegen, sind auf jeden Fall ganz andere Zahlen an menschlicher Bevölkerung als evolutionär möglich. Doch geht das Ausmaß an Bevölkerung in unserem Gebiet – sei es in der derzeitigen Form oder sei es nach der Konzeption von Telotopia – **auf jeden Fall** auf Kosten vieler Tier- und Pflanzen-Arten. Welche weitergehenden ökologischen Konsequenzen dieses Ausmaß an Bevölkerung selbst bei einer ökologisch verträglicheren Lebensweise auf die Dauer von Jahrtausenden hat, ist derzeit noch gar nicht wirklich auszumachen.

Ich bin der Meinung, dass es derzeit keinen Grund gibt, bei einer soweit ökologisch machbaren Lebensweise angesichts unserer Bevölkerungszahlen in unmittelbare Panik zu verfallen. Auf jeden Fall hat sich aber gezeigt, dass Kriege und Massenmorde seit der historischen Entwicklung nicht mehr als Mittel einer nachhaltigen Senkung der Bevölkerungszahlen tauglich sind, sondern vielmehr eine gegenteilige Entwicklung anheizen.

Doch auch wenn wir bei einer ökologisch möglichen Lebensweise über ein gutes Moratorium verfügen dürften, mit dem wir in Ruhe und menschlich fair eine neue Lebensform begründen können, kann das Thema Ökologie deswegen noch nicht als gelöst betrachtet werden. Vielleicht ist der Ansatz mit dem Recht einer Frau auf 2 Kinder bei den bestehenden Bevölkerungszahlen (zumindest in manchen Regionen) immer noch zu großzügig und (evtl. für Phasen in manchen Regionen) auf ein einziges Kind zu beschränken (→ S. 291; das änderte in Telotopia nichts an den kindgerechten Verhältnissen). Auf jeden Fall dürfte es auch in Telotopia noch eine ganze Ära juristische Fragen bzgl. der ökologischen Konsequenzen geben: wie viel Ressourcen menschlich in Anspruch genommen werden können, wie es mit dem Schutz von Arten in Flora und Fauna zu halten ist usw.

Aus meiner Sicht gebührt dem Thema menschlich fähiger Kultur jedoch Vorrang vor der Ökologie. Denn wo menschlich unfähige Verhältnisse bestehen, besteht wie in der bisherigen Geschichte gar nicht erst die Vernunft, die ökologischen Fragestellungen hinreichend zu beachten, selbst wenn sich ein ökologischer Kollaps völlig zweifelsfrei anbahnt.

Das Verwaltungsrecht

Den Komplex des Verwaltungsrechtes will ich hier nur kurz ansprechen. Dieser ist in Telotopia auf jeden Fall nicht mit unseren heutigen Gegebenheiten zu assoziieren. Der bedeutsamste Bereich des Verwaltungsrechtes verknüpft sich in Telotopia mit den Einteilungen in dem Aufbau der Strukturen oberhalb der Boros (z.B. Kreise, Bezirke, Länder). Angesichts der Unterschiede in der heutigen Besiedelung wie in den natürlichen Gegebenheiten (Topographie, Geologie, Klima, Bodenbeschaffenheit usw.) würde eine schematische Gliederung dieser Strukturen keinen Sinn machen. Doch spielt diese Gliederung für eine demokratische Steuerung der Weltverhältnisse eine absolut entscheidende Rolle.

Das Thema >Demokratie< kann damit nicht als gelöst betrachtet werden, in unserem Modus weltweit allgemeine Wahlen für ein Weltparlament als der allgemein entscheidenden Instanz abzuhalten. Dies bedeutete vielmehr die endgültige Zementierung von Machtverhältnissen.

Nach der hier vorgetragenen Auffassung ist zunächst die Anlage der Boros Garant der Demokratie. Der weitere Aufbau der gesellschaftlichen Organisation geht von den Boros von unten nach oben aus. Mehrere Boros bilden sozusagen eine örtliche Föderation in der hiesigen Art einer Stadt oder eines Kreises. Diese Anlage der organisatorischen Strukturen setzt sich in Stufen zwecks einer über das Delegations-Prinzip demokratisch gesteuerten Koordination in den Gesamtverhältnissen bis auf die Welt-Ebene fort.

Doch da die Naturverhältnisse insgesamt recht unterschiedlich liegen, kann hier nicht mit einem organisatorischen Patentrezept gearbeitet werden. Die Aufgabe der mit dem Verwaltungsrecht betrauten Juristen besteht darin zu sehen, dass bzgl. der Abstimmungsverhältnisse und der öffentlichen Haushalte keine Schräglagen entstehen, und also umgekehrt in der Ausarbeitung von Strukturen, die allgemein als bestmöglich empfunden werden.

In guten Teilen ist das Verwaltungsrecht in Telotopia nicht sonderlich kompliziert, weil es seine jeweiligen Ausformungen gewohnheitsrechtlich gefunden hat.

Richtige Großaufgaben entstehen erst dann, wo ganze Regionen aufgrund von Naturumbrüchen und –Katastrophen neu zu organisieren sind.

Da aber die Verhältnisse weder von der Natur noch von der Bevölkerung völlig statisch sind, bleibt in Telotopia ein grundsätzlicher Bedarf, die Auswirkungen der Veränderungen zu verfolgen. Vieles ist dabei gar nichts Großartiges und geht dabei in die gängige Verwaltung und politische Bestimmung der Rats-Strukturen der verschiedenen Ebenen ein. Doch will dies alles beachtet und bearbeitet werden, und hier haben Juristen auf dem Gebiet des Verwaltungsrechts von Telotopia eine dauerhaft wichtige Funktion.

Kriminologie

Unter Kriminologie wird hier der *gesamte* Bereich gefasst, der mit Delikten zu tun hat. Dies reicht hier von Ermittlungen bei Verdachtsfällen von Rechtsverletzungen über gerichtliche Entscheidungen bis hin zu polizeilichen Aufgaben bei Gewaltproblemen. Rebellionen könnten in Telotopia schon mal im Gefolge von durch Naturkatastrophen aufgeworfenen Notstandsproblemen geben. Auch könnte es schon mal zu Problemen kommen, dass Verbände es nicht so einfach hinnehmen, dass lieb gewordene Bräuche aufgrund ökologischer Probleme aufzugeben sind (wie heute beim Walfang, in der Fischerei; Abholzen von Wäldern; Osterfeuer usw.).

Doch dürften sich in Telotopia die meisten Ursachen von Delikten und Gewalt erledigt haben. Auf jeden Fall sind hier Delikte, Gewaltverhalten und Militarismus hier kein struktureller Bestandteil einer substanziell unzureichenden Entwicklung an Persönlichkeit und Kultur wie bislang seit dem Ende der Eiszeit. Armeen braucht es insofern in Telotopia nicht mehr.

Doch auch wenn der Bereich >effektiver Delikte< in Telotopia nicht sonderlich hoch liegt, soll hier das Thema doch aufgenommen werden.

Insgesamt bleibt es anzunehmen, dass sich in Telotopia die meisten Probleme dieser Art mit >Dummheiten< von Jugendlichen verknüpft, die ihre Grenzen noch nicht zureichend kennen und im Griff haben. Dies kann, vermutlich auch in Telotopia, (vor allem unter Alkohol-Einfluss) in Affekten mit manchmal bösen Folgen enden, z.B. in Schlägereien oder in „Gemeinheiten" (aus Neid oder Eifersucht). Vieles davon ist eigentlich als >Streich< gedacht, in einem Abenteuer-Drang motiviert oder entsteht aus einer verselbständigte Gruppendynamik. Falls ein Schaden durch so einen einmaligen >Ausrutscher< entstanden ist, wird in einer gemeinsamen Mediation eine >Wiedergutmachung< besprochen. Wo sich ein systematischeres Problem andeutet, nimmt man dies in Telotopia vor allem in pädagogisch begleiteten Formen von Gruppentouren in Gebirge und einsamere Gegenden auf, die in bestimmten Herausforderungen für ein soziales Lernen förderlich sind. Ggf. werden diese Fahrten - wie aber auch allgemeiner üblich - mit Einsätzen bei einer Ernte oder gewissen Arbeiten verbunden. Mit einer Idee von Strafe hat dies jedoch nie zu tun. Die vorgeschlagenen Maßnahmen werden als eine gewisse Nachhilfe bzgl. des sozialem Lernens gesehen oder auch als ein Angebot von >Wiedergutmachung<, damit keine Schuldgefühle usw. zurückbleiben. Man weiß hier, dass jede/r mal Fehler macht. Wichtig ist, daraus zu lernen und etwas zur Lösung des Schadens beizutragen. Auf diese Weise wird eine soziale Ungeschicktheit einer Person nicht auch noch psychisch fixiert und verstärkt, wie dies bei moralistischen Verurteilungen und juristischen Strafen leicht der Fall ist.

Auch für Telotopia sind – freilich nur - in besonderen einzelnen Fällen Totschlag nicht völlig auszuschließen. Wo eine solche Tat als absoluter Sonderfall eines nervlichen Kurzschlusses eingeschätzt wird, wird man der Person eine gewisse >Auszeit< mit räumlichen Abstand verordnen, ggf. in einer geschützten Einrichtung mit therapeutisch geschultem Personal. Auch hierbei geht es nicht um >Strafe<, sondern um Hilfen zur Bewältigung nervlicher Probleme psychischer Art oder bei Erkrankungen im Gehirn.

Wo sich ein individuelles Gewaltverhalten als dauerhafte Gefahr darstellt, wird man zusammen mit dieser Person ein Leben auf einer entlegeneren Insel nach Wunsch (bei einer Auswahl an Möglichkeiten) erwägen, wo diese Person frei leben kann, ohne dass eine soziale Gefährdung zu befürchten ist.

Dies könnte bei Interesse in freiwilliger Begleitung mit Partner/in oder auch einigen anderen Personen erfolgen (Freunde, Verwandte), oder auch eine Insel sein, wo andere Personen mit solcherlei Tendenzen leben. Im Falle unglücklicher Entwicklungen ist für die Freiwilligen jederzeit eine Rückkehr und für die betroffene Person ein Versuch auf einer anderen Insel möglich. Auch hier geht es nicht um Strafe, sondern um die beste Lösung für alle. Ggf. finden sich im Einzelnen auch noch andere Wege.

Wenn es in Telotopia mangels entsprechender Kriegsprobleme auch kein militärisches System mit Truppen und militärischer Rüstung mehr gibt, so bleibt man dort doch darauf eingestellt, dass etwa im Gefolge von Naturkatastrophen auch schon einmal soziale Gewaltprobleme aufkommen könnten. Ohne damit solche soziale Gewaltprobleme herbeizureden, geht man in seiner Konzeption von bereits vorhandenen Formen aus, die von der Sache her oder aber auf einer spielerischen Ebene hiermit verwandt sind.

Zu nennen wären hier Formen von Kampfsport, insbesondere Aikido. Personen, die in besonderer Weise für einen Einsatz mit Gewalt verbundenen Auseinandersetzungen vorgesehen sind, sollten nach Möglichkeit auf jeden Fall gut Aikido beherrschen. Falls es dies in Telotopia noch geben wird, können auch Formen aufgenommen, wo mit harmlosen Laserpistolen oder mit Farbmunition als Spiel gekämpft wird. Auch ist an Personen zu denken, die z.B. als Förster im verantwortlichen Umgang mit Jagdgewehren geübt sind.

Insgesamt gibt es auch gewisse Planungskonzeptionen, in denen im Fall solcher Einsätze der Abruf der sich zur Verfügung gestellten Personen und der Rückgriff auf eine entsprechende Logistik angelegt sind. Zu Letzterem sind insbesondere Schiffe, Flugzeuge und Hubschrauber für einen schnellen Transport an Ort und Stelle zu rechnen, womit auch größere Entfernungen gemanagt werden können. Doch eine Drohung mit Gegengewalt ist hier nur das vorletzte Mittel bei ausgebrochenen Gewalt-Problemen.

An erster Stelle werden Personen eingesetzt, die als Mediatoren mit einer emotionalen Deeskalation bei Konflikten erfahren sind und die als Vermittler in Betracht kommen.

Doch kann auch in Telotopia nicht absolut ausgeschlossen werden, dass insbesondere bei größeren heftigen Naturkatastrophen die emotionale Verfassung soziodynamisch aus dem Ruder läuft. Entsprechende Gegenmaßnahmen können vielleicht nicht in jedem Fall gewaltlos bleiben. Doch geht es bei ihnen nicht um Unterdrückung von Menschen in Einpassung in Machtverhältnisse, sondern um nichts als eine Beruhigung von soziodynamisch eskalierten Emotionen, die die Betroffenen selbst nicht mehr im Griff haben. Alle wirklichen Lösungen können natürlich erst in einer echten gemeinschaftlichen Kommunikation gefunden und geschaffen werden.

Solche Probleme sind in Telotopia freilich eigentlich nur da zu erwarten, wo größere Naturkatastrophen (Vulkan-Ausbruch, Meteoriten-Einschlag usw.) eine Region in eine Situation und Stimmung von Chaos versetzten, dass sich zwischen Gruppierungen in einem Gegeneinander (etwa bei Fluchtströmen) Überlebenskämpfe verselbständigen. In solchen Situationen mögen Maßnahmen notwendig und auch hilfreich sein, die diesen psychischen Dynamiken eine entsprechende Dynamik entgegensetzt. Wo größere Naturkatastrophen aufgekommen sind, wird man in Telotopia auf solche Maßnahmen eingestellt sein. Doch bleiben auch solche Vorbereitungen in einer Art, die niemals dazu geeignet sind, Machtverhältnisse zu begründen.

Selbst bei diesen Eingreiftruppen gibt es kein Potential an Waffengewalt, das einem Zusammenschluss einiger Boros überlegen wäre – und solche Zusammenschlüsse bestehen in Telotopia dauerhaft und weltweit. Wo erst einmal eine wirkliche demokratische Einstellung durch eine entsprechende Sozialisation in dem allgemeinen Bewusstsein der Erwachsenen verankert ist, wird man sich nicht mehr in einem nennenswerten Ausmaß von Lügen und Propaganda in die Irre führen lassen (wie dies heute bei dem Ukraine-Krieg nicht nur auf der Seite des Kremls deutlich wird). Situativ können unter extremen Gegebenheiten schon mal unerfreuliche Probleme aufkommen. Dies wird sich wohl niemals vermeiden lassen. Doch was sich tun lässt, ist, Verhältnisse einzurichten, in denen die Probleme von Macht und Gewalt nicht schon kulturell und strukturell verankert sind.

278

4.4 Die übergeordnete Organisation

Die Boro steht in dieser Konzeption nie isoliert für sich. Das kulturelle Niveau Telboros erscheint nur möglich, weil Telboro eine Zelle in einem größeren kulturellen Gewebe im Austausch an materieller und geistiger Kultur ist. Telboro könnte nicht einmal seine Glasscheiben selbst produzieren. Auch ist etwa eine Universität in Telboro nur deswegen denkbar, weil sie in einem Verbund mit anderen Universitäten steht. Im Allgemeinen stellt eine Boro-Universität die Grundstufen eines Studiums, doch können sie als mitunter in einem Fach auch als Zweigstelle der größeren Universitäts-Komplexe der Funktionszentren angelegt sein.

Insgesamt ist eine Boro in Telotopia quasi nur eine Zelle in dem weltweiten Netzwerk-Körper-Gewebe der Menschheit (Korporation). Die höheren organisatorischen Strukturen spielen durchaus eine Rolle für die einzelne Boros. Doch in der alltäglichen Praxis der Selbstorganisation ist der regionale Verbund das Wesentliche, insbesondere die umliegenden Nachbar-Boros wie in der Organisation die Bezirks- und vor allem die Kreis-Verwaltung.

4.4.1 Die regionale Anlage der Boros

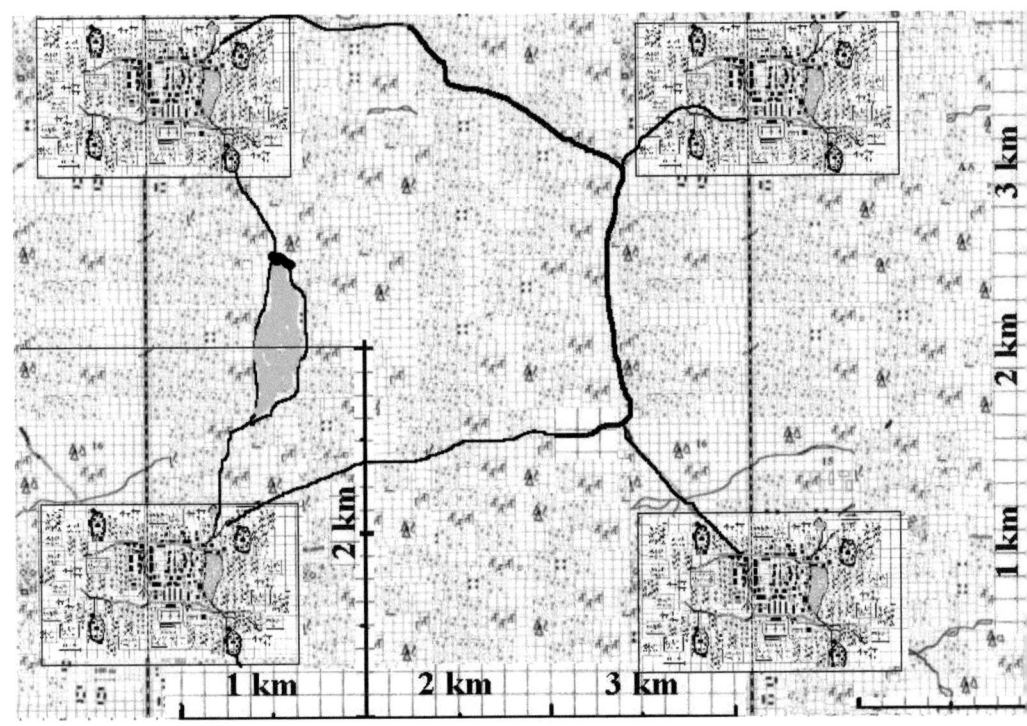

*Schema eines **Gebiets mit 4 Boros** bei einer **Boro-Fläche von 3 km x
3 km** (dies hätte eine fast doppelt so hohe Bevölkerungsdichte als in
der BRD)*

Boro mit 4.000 Einwohnern: bei 2 km x 2 km = 1000 E/km²
                           bei 3 km x 3 km = 444 E/km²
                           bei 4 km x 4 km = 250 E/km²
                           bei 5 km x 5 km = 160 E/km²

Bei einer Bevölkerungsdichte wie derzeit in der BRD mit etwa 231 E/km² (2022: 232 E/km²) ergäbe sich **durchschnittlich**

- eine Boro-Fläche von 4,16 km x 4,16 km = 17,3 km²
- eine Strecke von ca. **4,16 km** von einem Boro-Mittelpunkt zum nächsten =
- ca. 3 km von Boro-Zentrums-**Rand** zum nächsten Boro-Zentrums-Rand (in dem diagonalen Abstand ergeben sich ca. 5,9 km sowie ca. 4,2 km **Land**-Bereich)

Wir hätten damit tendenziell allgemeiner Siedlungsverhältnisse, wie sie bei uns auf dem Land herrschen, etwa was die Flächen zwischen den Orten angeht. Der entscheidende Unterschied besteht jedoch darin, dass jede Boro ein mehr oder weniger urbanes Zentrum besitzt. In Telboro hat dies bei allem Dorf-Charakter die Größe der Fußgänger-Zone einer Kleinstadt und das kulturelle Niveau einer Großstadt, mit Ausnahme der Bereiche, die einen besonderen Aufwand erfordern.

Wohl mag eine gängige Boro in technischer Hinsicht nicht mit besonderen Orchestern oder Tanztheatern unserer heutigen Großstädte mithalten. Doch da Kunst, Theater, Musik, Tanz usw. in Telotopia kulturell und in der Sozialisation von klein auf an menschlich integriert sind, kann in einer Boro ein Niveau bestehen, das bei uns nur von gelegentlichen Pionieren erreicht wird.

Für Weiterentwicklungen sind die technischen und die urbanen Funktionszentren eingerichtet. Diese urbanen Funktionszentren werden hier dadurch begründet, dass z.B. vier Boros ein gemeinsames Hauptzentrum stellen. Die Bevölkerungsgröße bleibt in der Art einer Boro, um das Prinzip einer tendenziellen Selbstorganisation erhalten zu können. Im Weiteren spielen bei der Anlage einer Boro und einer Region natürlich auch die Gegebenheiten an Natur und des historischen Hinterlassenschaft eine Rolle.

4.4.2 Die technischen und die urbanen Funktionszentren

Es lässt sich beim Stand der Diskussionen nicht einfach abschätzen, welche konkreten Konsequenzen der Bestand wirklicher Kultur hat. Fürs erste lässt sich der kulturelle Standard der heutigen Städte als Anhalt nehmen. In Telotopia verfügt praktisch jedes „Dorf" – d.h. jede Boro – über eine Universität mit Bibliotheken, über eine Art Zoo und botanische Anlagen, über Museen, Galerien, Bühnen (Künstler, Tänzer, Musiker, Theater- und Zirkus-Leute). Und dies wäre auch nur als der besondere, institutionalisierte Ausdruck des allgemeinen Kulturlebens einer Boro, das schon in jeder Kinder-Garten-Anlage in entwickelter Form stattfindet.

Man unterscheidet in Telotopia das, was nach Möglichkeit in jeder Boro vorhanden sein sollte, von dem, was wegen Aufwand und/oder Seltenheit nur in besonderer Form möglich ist. Es kann wie bei uns durchaus der Fall sein, dass ein Spezialmuseum (evtl. wegen einer örtlichen archäologischen Fundstelle oder einer ehemaligen Firma) oder auch eine ganz spezielle medizinische Einrichtung (evtl. aus der Entwicklung einer Praxis einer Koryphäe) mit regionaler oder landesweiter Bedeutung in einer ganz normalen Boro untergebracht ist. Es ist aber in Telotopia ebenfalls wie bei uns nicht unüblich, dass besondere Einrichtungen von überörtlicher Bedeutung in regionalen Zentren und an Verkehrsknoten untergebracht sind.

Es gibt in Telotopia verschiedene Formen von >Funktionszentren<. Die eine Art von Funktionszentren steht mit Technologie, Produktion oder Logistik in Verbindung, wie etwa eine Firma, ein Industriegebiet oder eine Hafen-Anlage. Die andere Art, die >urbanen Funktionszentren< verknüpfen sich mit sozialen und/oder kulturellen Funktionen wie Verwaltungen auf der höheren Ebene (Region, Land usw.), Universität, Einkaufszentren, Museen, Verkehrsknotenpunkten usw.

Oben: ein industrielles Funktionszentrum
Unten: ein großes urbanes Funktionszentrum (Einkaufszone)

Die urbanen Funktionszentren

Mögen diese >urbanen Funktionszentren< unsere heutigen Großstädte fortsetzen, so gelten sie in Telotopia organisatorisch jedoch nicht als >Stadt< in unserem Sinn. In Telotopia sind diese >urbanen Funktionszentren< das gemeinsame Zentrum mehrerer Boros, die (ähnlich wie unsere Stadtviertel) exzentrisch um dieses Zentrum herum angelegt sind.

Der Unterschied liegt in der Verwaltung. Selbst wenn manche Boro in Fortsetzung der heutigen Stadtanlagen unseren Stadtvierteln ähneln, liegt hier doch die eigentliche Hoheit bei den Boros. Die >urbanen Funktionszentren< werden, wie auch die ländlichen Gebiete und die technischen Funktionszentren, je nach Größe bzw. ihrer Bedeutung auf der Kreis-, Regional- oder Landesebene verwaltet und darüber letztlich von den Boros her demokratisch bestimmt.

Ein solches urbanes Funktionszentrum könnte etwa in Verbindung mit 4 Boros angelegt sein. Dies ergäbe in unserem Sinn eine „Stadtgröße" von 16.000 Einwohnern und mit 4000 weiteren >Gästen< des Funktionszentrums, die dort zusätzlich für eine begrenzte Dauer arbeiten, studieren und ggf. auch wohnen, 20.000 Einwohner. Bei einem lang gezogenen urbanen Funktionszentrum könnten auch 12 Boros damit verbunden sein (= 48.000 Einwohner und evtl. 12.000 >Gäste< = 60.000 Einwohner). Dies ist nicht wenig, weil hier nur der **unmittelbar** um die urbanen Funktionszentren liegende Bereich gerechnet wird und nicht die ganzen >Eingemeindungen<, die im Allgemeinen die hohen Zahlen unserer Städte (in Deutschland) ergeben.

Von diesen speziellen Verknüpfungen erscheint es gut möglich, den historisch wertvollen Bereich unserer Städte in Telotopia zu erhalten und auf eine neue und bessere Weise fortzuführen. Die weiteren *heutigen* Stadtteile würden in Telotopia wieder zu eigenen Zentren nach einem vergleichbaren Prinzip. Freilich ergäbe sich in dem Umfeld dieser Zentren der Bedarf einer Ausdünnung der Bebauung und Besiedelung, um eine Boro-Struktur zu schaffen – was sicherlich mit der Zeit ganz natürlich aus den Bedürfnissen der Bevölkerung selbst erwüchse. Der bisherige Andrang zu den Städten verknüpfte sich mit den dortigen Arbeitsplätzen, Funktionen und Verdienstmöglichkeiten, und dafür nahm man die oft schlechte Lebens-Qualität in den Vorstädten in

Kauf. Diese Vorteile bestehen in Telotopia in dieser Form nicht mehr. Im Gegenteil, das Leben in diesen Vorstadtgebieten wäre dort ziemlich unvorteilhaft, da man dort nicht zu viel selbst produzieren könnte und auch nur wenig Bedarf an den dortigen >Funktionen< bestünde, da dies schon (besser) von den eigentlichen Zentren abgedeckt wäre. So wären dort entsprechend wenig Einkünfte bzw. Vergütungen zu erhalten. Hier können die neuen Boros erheblich mehr an Lebens-Qualität und Unterhalts-Möglichkeiten bieten.

Die Funktionszentren haben in Telotopia effektiv den Sinn, dass man in ihnen Sachverhalte organisiert, die es jenseits der Boros nur punktuell braucht. Dies betrifft z.B. besondere Produktionsanlagen, besondere organisatorische Zentren, besondere Fachinstitute mit besonderen Museen, Fachbibliotheken und medizinischen Einrichtungen. Diese Anlagen werden als Gemeinschaftsprojekte der Boros eines Kreises oder einer Region und auf noch spezielleren Ebenen als Gemeinschaftsprojekte von Regionen und von Ländern organisiert.

Diese Funktionszentren können mit Boros verbunden sein. Doch als solche handelt es sich um klare Funktionslogiken wie hier bei einer Firma. Diese Funktionszentren werden im Auftrag der Boros geschaffen und unterhalten, und man begreift sie entsprechend als Teil der Kultur der Boros. Die Boros sind und bleiben hier die organisatorische Grundstruktur von Telotopia: als *die* menschlich handhabbare und steuerbare Verbindung zwischen Individuum und Gesellschaft. Es sind und bleiben die Boros, die letztlich die größeren Funktionszentren und auch die überörtliche Organisation regieren und bestimmen. Allein so bleiben die Verhältnisse menschlich, demokratisch und auch tatsächlich beherrscht und verfallen nicht wie in der historischen Entwicklung der Verselbständigung und also der kulturellen Verwahrlosung durch „Macht", Gewalt und sozialen Hierarchien, was man früher in den entsprechenden Inszenierungen auch noch für den Inbegriff von „Kultur" hielt. So sehr es in Telotopia auch größere (Funktions-)Zentren gibt, die von den Boros um bestimmter Funktionen willen oder aufgrund eines größeren Interesses in der Bevölkerung unterhalten werden, so bleiben diese doch von der Verfassung und Rechtsstruktur Telotopias von den Boros bestimmt und werden wie bei uns die Gewerbegebiete nicht wie in der Geschichte zu „Machtzentren", die auf der Ausbeutung von Land und Menschen basieren.

Diese Funktionszentren sind als solche keine Örtlichkeiten der Sozialisation für Kinder, sondern Funktionsbereiche für punktuelle Aktivitäten (z.B. Einkäufe, Besichtigungen), für junge Erwachsene (Studium, Ausbildung) oder in Produktion und Dienstleistungen für ältere Erwachsene, deren Kinder bereits selbständig sind.

Da die meisten Funktionszentren in Telotopia jedoch von der Größenordnung her eher unseren heutigen Kleinstädten gleichen und unmittelbar mit Boros verbunden sind, besteht auch hier im Allgemeinen kein Problem in Bezug auf Kinder. Wo man Kleinkinder hat, wird man hier wie in Telboro in dem Außenbereich der Boros auf dem Land leben. Die Struktur wäre etwas anders angelegt, in der Art von Kuchenstücken. Die Distanzen wären zwischen Zentrum und den Außenbereichen größer, aber bei einer Ebene für Erwachsene immer noch problemlos machbar (zwei bis vielleicht fünf Kilometer). Hierbei kämen etwa das Fahrrad und auch ein gewisser Verkehr mit Kutschen in Betracht. Bei einer Bahnlinie wie in Telboro würde man entsprechenden Anbindungen schaffen, und in besonderen Fällen würde man motorisierte Fahrzeuge verwenden.

Attraktiv werden die Funktionszentren mit ihren Kneipen und Discos erst in der späteren Jugend. Auch auf diese Interessen sind einige Funktionszentren und ihre Angebote in besonderer Weise abgestellt, hier freilich nicht, um die Unerfahrenheit und die Schwächen der Jugendlichen auszunutzen, sondern im Gegenteil, um den Jugendlichen in überlegter produktiver Form zu entsprechen.

So sind auch einige technische Funktionszentren mit urbanen Funktionszentren verbunden. Sie enthalten im Besonderen Jobs und Ausbildungsphasen für ältere Jugendliche/junge Erwachsene, die durch Logis, Kost, die Bewirtung in den Kneipen, die Angebote der Discos und Konzerte von angesagten Bands entlohnt werden. Dies ist oft mit Reisen verbunden, und es sind hier Orte, die aufgrund der Angebote bei den Jugendlichen einer Region oder gar eines Landes einen „Namen" haben. Diese Funktionszentren mögen soweit einige Attraktivität besitzen – aber in Telotopia niemals eine Bündelung von „Macht".

4.4.3 Die Gesamtorganisation von Telotopia auf der Weltebene

Es ist erst die globale Verfassung der Boro-Anlage, die letztlich die notwendige allgemeine gesellschaftliche Stabilität schafft. Erst sie verhindert unter der Voraussetzung eines effektiv demokratischen Fundaments terroristische diktatorische Entwicklungen. Allein sie ermöglicht, neben Hightech die notwendigen Ausgleichsmomente zu schaffen, die in den Naturprozessen immer wieder anfallen, insbesondere bei Naturkatastrophen und klimatischen Umbrüchen. Es kann bei solch gravierenden Prozessen notwendig werden, dass ganze Regionen neu organisiert werden müssen. Dies wäre von einer bloßen Boro-Ebene und selbst einer bloßen Regional-Ebene her niemals möglich, was bei solchen Problemen wie in der Geschichte gar nicht anders als zu gewaltsamen Völkerwanderungen führen kann. Aus entsprechenden Gründen kam es bereits mit der Bronzezeit zu größeren Territorial-Systemen („Staaten").

In Telotopia gliedert sich die organisatorische Struktur in etwa wie folgt:

- die Boro-Ebene
- die Kommunal-Ebene   aus mehreren Boros
- die Kreis-Ebene
- die Bezirks-Ebene   (etwa die Regierungsbezirke)
- die Regional-Ebene   (etwa wie unserer Bundes-Länder)
- die Landes-Ebene   (wie heute mittlere Staaten)
- die Länderverbund-Ebene   (wie USA, Indien, China, Russland)
    - höhere Länderverbund-Ebene   als Untergliederung in Asien
- die Kontinental-Ebene   (wie Europa-Rat; Afrika usw.)
- die Welt-Ebene

Damit wäre in etwa der mit bestimmten Status-Formen verbundene strukturelle Aufbau benannt, der aufgrund der Entscheidungsstrukturen nötig ist (s.u.).

Aufgrund der Naturverhältnisse, die auch in Hinsicht auf das Bevölkerungsaufkommen wirksam sein können, kann es verschiedene Zwischenebenen geben. Insgesamt gilt hier das Prinzip, dass die höhere Ebene immer aus einer **überschaubaren** Anzahl von Verbänden der jeweils darunter bestehenden Ebene gebildet wird. Dabei wird man selten über 2 Dutzend hinausgehen. Dies könnte vor allem zur Folge haben, dass es zwischen der Boro- und der Kreis-Ebene eine Zwischenstufe gibt. Nach unten hin könnte in sehr menschenleeren Gegenden eine Boro auch gleichzeitig die Kreis-Ebene stellen. Das wäre für ihre Vertretung im Regional-Parlament von Relevanz. Ein reiner Schematismus führt hier nicht weiter. Es gehört zu der Organisationslogik in Telotopia, die Strukturen als *Mittel* der Organisation seiner Kommunikation zu begreifen und immer die jeweils sinnvollen und tauglichen Strukturen zu schaffen.

Es verhält sich in Telotopia im Prinzip auf jeden Fall so, dass eine überschaubare Anzahl von Boros einen >Kommunal-Verband< zwecks überörtlicher Kooperationen bilden, die in einem Gremium unter der Supervision von den Vertretern der Boros steht. Der weitere organisatorische Aufbau liegt hier ähnlich wie bei uns, nur dass das Prinzip von Telotopia von unten her auf den Boros aufbaut. So bildet eine überschaubare Anzahl von >Kreisen< die >Bezirks-Ebene<. Diese steht unter der Supervision von Vertretern der >Kreise<. Evtl. gibt es noch ein eigenes Kontrollgremium von Vertretern direkt aus den Boros. Eine überschaubare Anzahl von >Regionen< bildet einen >Landes-Verbund<, der unter der Supervision von Vertretern der Regionen steht, evtl. noch mit einem Kontrollgremium von Vertretern der Regionen und evtl. auch von Vertretern der Boros. In konfliktträchtigen Konstellationen können dem auch Mediatoren von der höheren Ebene oder auch neutraler Art zugeordnet werden. Dieses Schema setzt sich nach oben hin fort.

Ich gehe davon aus, dass dieser Überbau keine besondere Ausmaße annimmt und gut von unten kontrollierbar bleibt. Das setzt freilich voraus, dass der wesentliche Teil der materiell-organisatorischen Kultur Telotopias auf der Boro-Ebene und der Kreis-Ebene liegt und auch gewohnheitsrechtlich funktioniert.

Schon der Bezirks-Ebene kommt eher nur noch eine gewisse Koordinations-Ebene bzgl. einiger besonderer Aufgaben zu, so etwa im Umgang mit größeren Flüssen und in der Verwaltung von Firmen, die von ihrer speziellen maschinellen Ausrüstung her auf der Bezirks-Ebene arbeiten. Auf den noch höheren Ebenen dünnt sich dies quantitativ noch weiter aus. Ggf. lägen eine bestimmte Motoren-Produktion auf der Länder-Ebene und die Produktion der besonderen Computer-Teile wie die Prozessoren auf der Kontinental- oder gar auf der Welt-Ebene. Auf der höheren Ebene geht es im Wesentlichen um Produktionsbereiche, die in Firmen nach Vorgaben der demokratischen Willensbildung verfasst sind. Diese Firmen arbeiten wie hiesige Firmen, nur mit einem demokratisch bestimmten Produktionsumfang (Stückzahlen z.B. von Fahrzeugen) in einer ebenso bestimmten ökonomischen Ausstattung (ggf. auch für Forschungszwecke). Die politische Ebene verwaltet nicht diese Firmen. Sie bestimmt lediglich die Rahmenbedingungen: die Standorte, den Umfang der Aufträge, das Budget und kontrolliert, ob die Produktion in wünschenswerter Weise erfolgt (z.B. auch Arbeitsbedingungen, ökologische Konsequenzen usw.).

Auch dies ist im Wesentlichen gewohnheitsrechtlich angelegt, etwa bzgl. des Produktionsumfangs. Innovationen sind hier durchaus möglich, aber sie erfolgen hier nicht plötzlich, sondern werden hier fließend in den laufenden Prozess integriert. Dass ihr Einsatz also langsamer erfolgt, erscheint gemeinhin nicht als Problem.

Dies macht die Produktion und ihre Organisation bei den eingeführten Firmen verhältnismäßig einfach, und von hier aus ergeben sich nicht zu viele Ansprüche an die politische Verwaltung Telotopias. Von daher sollten auch die höheren Ebenen bei einem soliden demokratischen Fundament wie vor allem der vorgestellten Boro-Struktur auch beherrschbar bleiben.

Diese Gremien haben auch eine juristische Funktion. Sie bilden gleichsam die Instanzen bei Rechtsstreitigkeiten, wobei im Normalfall zwei Stufen zugebilligt sind. Das heißt: eine Person kann sich an die Boro-Ebene und an die Kreis-Ebene wenden, eine Boro – etwa im Konflikt mit einer Nachbar-Boro – an die Kreis- und an die Bezirks-Ebene, ein Bezirk an die Regional- und die Landes-Ebene usw.

Die Gremien können jedoch von sich aus die nächsthöhere Instanz anrufen. Die geschieht bei Grundsatz-Problemen oder besonders strittigen Problemen. Auf diese Weise könnte eine Klage eines Individuums durchaus auf die Ebene des Welt-Gremiums gelangen: wenn also das Bezirks-Gremium die Angelegenheit an das Regional-Gremium weitergibt, dieses diese an das Landes-Gremium usw. Dieses geschieht in diesen Gremien freilich nur dann, wenn man das Gefühl hat, auf ein völlig neuartiges Problem gestoßen zu sein. Normalerweise bemüht man sich um Mediationen mit ganz konkreter Konflikt-Arbeit mit den betroffenen Personen oder Boros.

Die größte anzunehmende Problematik, die entsprechend die Instanzen bis zur höchsten Ebene beschäftigen würde, bestünde wohl darin, wenn eine große Region mit einer hohen Bevölkerungszahl *substanziell* von einer Katastrophe getroffen wird. Entsprechende Probleme wären die Explosion eines Atomkraftwerks, ein Vulkan-Ausbruch (etwa ein Super-Ausbruch im Bereich des Vesuvs, der selbst lediglich ein einzelner Schlot dessen ist) oder vor allem ein größerer Meteoriten-Einschlag. Die Bevölkerungszahl geht in weiten Teilen der Welt an die Grenzen des Möglichen, dass eine Kompensation größerer Gebietsverluste ernste Probleme aufwirft. Hier müsste schon die Anlage von Telotopia sehr gefestigt sein, um bei riesigen Notstandsproblemen nicht wieder in Chaos, Kämpfe und Diktaturen zu versacken, wie es aus diesen Gründen mit Folgen bis heute historisch am Ende der Eiszeit aufkam.

Lexikon

Hier sollten einzelne Themen wie etwa Sprache oder ökologische Erfindungen usw. aufgenommen werden. Aus Platz- und Kostengründen ist darauf bis auf zwei Punkte verzichtet.

Dieser Bereich könnte jedoch mit der Zeit noch weiter entwickelt werden.

Zum telotopischen Recht auf Kinder

Wie schon angesprochen (→ S. 273), haben wir es in gewisser Weise mit einer menschlichen Überbevölkerung zu tun, woraus sich etliche Zwänge und ökologische Problematiken ergeben. Diese Problematik der Überbevölkerung kann, wie die Geschichte belegt, nicht durch Gewalt, gelöst werden. Eine Lösung ist ausschließlich in einer solidarischen Aufnahme der daraus resultierenden Schwierigkeiten zu sehen.

Auch aus Gründen der Dauerhaftigkeit und der sozialen Stabilität ist für Telotopia ein weiterer Bevölkerungsanstieg ausgeschlossen. Daraus folgt der Grundsatz, dass das Recht auf Kinder im Allgemeinen auf 2 pro Frau begrenzt ist (es gibt jedoch kein Muss zu Kindern). Diese Zahl ist unter unseren Verhältnissen in der Tendenz ohnehin bereits gängig.

In Einzelnen ist die genaue Regelung in Telotopia eine Sache der jeweiligen Gebiete und Gegebenheiten. Wo insgesamt kein Bevölkerungswachstum und –Druck besteht, bedarf dieses Prinzip keiner strikten Regelung. Ggf. kann dem Wunsch zu mehr Kindern auch damit entsprochen werden, wo man zu einem Leben in Gebieten ohne höhere Bevölkerung bereit ist. Ggf. wäre eine solche Umsiedlung auch die Konsequenz, wo man in Gebieten mit einer strikten 2 Kinder-Regel gegen diese verstößt.

Dieses Prinzip der 2 Kinder-Regel bezieht sich auf den Zeitpunkt, bis die eigenen Kinder selbst zu Eltern werden. Sollte ein Kind jünger sterben, bestünde das Recht auf ein weiteres Kind.

Im Übrigen wird dieses Prinzip in Telotopia nicht als ein rein juristisches Thema gesehen. Es ist gut vorstellbar, dass die Frage nach dem Kinderwunsch unter den Jugendlichen (Quarta) und jungen Erwachsenen (Quinta) ein großes Thema ist, bei der auch die eigentliche statistische Kinder-Frage so gelöst wird, dass bei einem Wunsch nach mehr als 2 Kindern Andere ein entsprechendes Weniger annehmen.

Da man in Telotopia in der Quinta-Stufe ohnehin meist gemeinschaftlich lebt und mit Kindern (jenseits von persönlichem Gut wie Fotos oder selbst gemachter Keramik) auch keine Erbschaften verbunden sind, sind Kinder (wie in alten Kulturen) ohnehin kein Thema der Geburt, sondern der realen zwischenmenschlichen Beziehungen.

Behinderung

Auf den ausdrücklichen Wunsch einer >Behinderten< soll hier das Thema >Behinderung< explizit angesprochen werden, obwohl es vielleicht schon deutlich geworden ist, dass dies in Telotopia an sich kein besonderes Thema ist. Denn in Telotopia geht es um die konkreten Menschen, nicht um Leistung und um Status infolge der historischen Macht-Verhältnisse.

Man muss in Telotopia weder rechnen noch schreiben können, um an dem Sozialleben teilnehmen zu können. Für dieses Mitleben gibt es in den Boro viele Möglichkeiten. Im Grundlegenden sind im jüngeren Alter hierfür die Kinder-Gärten gut geeignet. Da es dort nicht auf Leistungen ankommt, macht es dort nichts, wenn man mangels Fähigkeiten nicht an bestimmten Kursen (wie Rechnen, Schreiben) teilnimmt oder erheblich länger auf einer Stufe verbleibt. Es gibt doch immer noch genug andere Angebote, und vielleicht ergeben sich mit anderen Kindern oder Personen besondere Freundschaften.

Nach der frühen Kindheit bieten sich viele weitere Möglichkeiten an Handarbeiten und im landwirtschaftlichen und handwerklichen Bereich. Auch hier kommt es auf die Person, nicht auf Leistung an. Dabei sein ist alles. Telotopia und die Boros sind auf eine soziale Integration aller Menschen unter voller Beachtung der jeweiligen Persönlichkeit und ihrer Bedürfnisse angelegt. Sie bieten Halt, ohne zu fesseln.

Auch ist der in Telotopia reichlich gepflegte kulturelle Bereich gerade in Hinsicht auf Behinderungen, Krankheiten und Krisen usw. von Bedeutung, wie es etwa als Kunst- oder Musik-Therapie bekannt ist.

Richtig angepackt, können gerade auch Behinderungen und Krisen in Kunst und Theater als besondere Herausforderungen aufgenommen und zu besonderen Beiträgen erschlossen werden.

In gewisser Weise ist jeder Mensch ein >Behinderter<. Wir alle haben unsere Macken und Grenzen, und wir alle sind auf Zuwendung angewiesen. Wir alle haben mit Kindheit, Krisen, Krankheiten, Grenzen und Alter zu tun – gerade hier liegt das Gebiet des eigentlichen menschlichen Lernens = Kultur. Und wir alle profitieren aktiv und passiv davon, wo dies möglichst qualifiziert gelernt und sozial entwickelt wird – und letztlich liegt darin auch unsere einzige Chance, auf Dauer zu überleben.

Eine Wandmalerei

„Die Urhoffnung aller Geschichte geht auf eine echte, somit durchaus *gemeinschaftshaltige* Gemeinschaft des Menschengeschlechts."

Martin Buber: Der utopische Sozialismus, S. 241

Literatur und Hinweise

Es seien hier nur ein paar Hinweise zu Infos und Literatur geboten. Insgesamt ergeben sich viele weitere Hinweise, die in Bezug auf eine Neue Kultur von Bedeutung sind, waren oder sein könnten: im Rahmen von Geschichte, Ethnologie, Humanwissenschaften wie Psychologie und im kulturellen Bereich wie u.a. H.D. Thoreau, William Morris, Rudolf Steiner, der Expressionismus, Jugendstil, Bauhaus, Künstler wie van Gogh, Paul Gauguin, Hundertwasser usw. Etliches findet sich auch in Biographien. Persönlich finde ich die unterschiedlichsten Ansätze und Experimente anregend. Man mag dazu im Internet, in Bibliotheken und Buchhandlungen stöbern. Hier soll keine erschlagende Literatur-Liste aufgestellt werden.

Zu **Architektur** s. im Internet

    Baumhaus-Hotels
    Tiny House
    Erdhügelhaus

Moderne **Ökohaus**-Entwürfe (s. z.B. S. 82):
    solar decathlon europe (Wuppertal) – www.sde21./eu/de

Wikipedia (dort interessante Fotos unter Commons):

Erdhaus; speziell: Peter Vetsch (Architekt)
Earthschip (-Haus)
Wohnhöhle
Baumhaus
Tiny House Movement
Der **Tarotgarten** (Giardino dei Tarocchi, Toskana)
Hundertwasser (Künstler, auch Architektur)

Utopische Entwürfe

B.F. **Skinner**: Futurum Zwei (Walden Two), Die Vision einer
    aggressionsfreien Gesellschaft, Reinbek 1972
Ernest **Callenbach**: Ökotopia, Berlin 1978
Aldous **Huxley**: Eiland. (London 1961), Piper München 1973

p.m.: bolo'bolo. Endgültige Ausgabe, Verlag Paranoia City, Zürich,
    1990
P.M. und Freunde: Olten – Alles Aussteigen, Ideen für eine Welt
    ohne Schweiz, Paranoia City Verlag, CH-Zürich, 1990

Theorie + Geschichte utopischer Projekte und Versuche

Marie Louise **Berneri**: Reise durch Utopia, Berlin 1982

Ferdinand **Seibt**: Utopica – Zukunftsvisionen aus der Vergangenheit.
    Aktualisierte Neuausgabe Orbis Verlag München, 2001
Time-Life Bücher: Visionen und Utopien, Eco Verlag Köln 1999

Hellmut G. **Haasis**: Spuren der Besiegten 1, Reinbek 1984
Gernot **Lennert**: Die Diggers - eine frühkommunistische Bewegung
    in der englischen Geschichte, Grafenau 1986
Jan **Peters** (Hg.): Die Geschichte alternativer Projekte von 1800 bis
    1975, Berlin 1980
Robert **Landmann**: Ascona Monte Veritá. Auf der Suche nach dem
    Paradies, Frankfurt/M, Berlin, Wien, 1979

Else **Bramesfeld** u.a. (Hg.): Gelebte Utopie – Aus dem Leben einer
    Gemeinschaft. Nach einer Dokumentation von Dore Jacobs,
    Klartext Verlag, Essen 1990
    - **war *ein sehr interessantes historisches Projekt!!***

Helen & Scott **Nearing**: Ein gutes Leben - Gegen den Strom,
    Reinbek 1984
Scott **Nearing**: Ein Leben gegen den Strom. Autobiographie,
    Schaafheim 1972

Peter **Maffay**: Hier und Jetzt: Mein Bild von einer besseren Zukunft, Köln 2020

Henry David **Thoreau**: Walden, oder Leben in den Wäldern, Zürich 1979

Günter **Zint** (Hg.): Republik Freies Wendland. Zweitausendseins, Frankfurt/M 1980

Ulf Erdmann **Ziegler**: Nackt unter Nackten. Utopien der Nacktkultur 1906 – 1942, Herrsching, 1992

Martin **Buber**: Der utopische Sozialismus, Köln 1967

Ernst **Bloch**: Das Prinzip Hoffnung. 3 Bände (1959) suhrkamp taschenbuch wissenschaft, Frankfurt/M, 6. Auflage 1979
  - enthält einen >**Abriss der Sozialutopien**<

Christoph **Besemer**: Zurück zur Zukunft? Utopische Kommunen, Anspruch und Wirklichkeit, Auswertung historischer Erfahrungen, Berlin 1981

Rolf **Goetz**: Von der Landkommune zur Dorfgemeinschaft. Ökologische Modelle zwischen Anarchie und Spiritualität, Herford 1980

Dieter **Korzak**: Neue Formen des Zusammenlebens, Erfolge und Schwierigkeiten des Experiments >Wohngemeinschaft<, (Fischer Verlag), Frankfurt/M. 1979

Johann August **Schülein** (Hg.): Kommunen und Wohngemeinschaften – Der Familie entkommen? Eine Textsammlung, (Focus Verlag), Gießen 1978, 2. Aufl. 1979

Zu **Architektur**

Literatur, die ich mir in Verbindung mit meinen Arbeiten zu Telotopia mal gekauft habe:

Jürgen **Tietz**: Geschichte der Architektur des 20. Jahrhunderts.
Könemann, Köln 1998
Pete **Nelson**: Neue Baumhäuser der Welt, Christian Brandstätter
Verlag, Wien 2009

James **Wines**: Grüne Architektur, herausgegeben von Philip Jodidio,
Taschen, Köln 2000
Clifford A. **Pearson**: Moderne amerikanische Einfamilienhäuser.
Ausgezeichnete Architektur aus vier Jahrzehnten (New York
1996). Callwey München 1998

Im **Taschen Verlag** Köln

Der Taschen Verlag produziert Bücher mit Farbbildern zu relativ günstigen Preisen.

Deidi von **Schaewen** & John **Matzels**: Fantasy Worlds, Köln 1999
Außergewöhnliche Bauwerke

Charlotte & Peter **Fiell**: **William Morris**, Köln 1999
William Morris war ein Pionier der >alternativen< Kultur (s. Internet). Er schrieb auch einen utopischen Roman >Erehwon<

Barbara & René **Stoeltie**: Landhäuser auf Mallorca. Köln 2000
In diesem Stil gab/gibt es im Taschen Verlag noch weitere Bücher

Über **Hundertwasser**:
Harry **Rand**: Hundertwasser. Verlag, Köln 1991
Pierre **Restany**: Die Macht der Kunst: Hundertwasser – Der
Maler-König mit den fünf Häuten, Köln 1998

Angela **Taschen** (Hg.) Hundertwasser Architektur. Für ein
natur- und menschengerechteres Bauen, Köln 2006

Psychologen, die sich mit Psychologie in Hinsicht auf Neue Kultur befasst haben, z.B.:

Carl R. **Rogers**: Der neue Mensch (A Way of Being, Boston 1980), Klett-Cotta, Stuttgart 1981, 10. Aufl. 2015

Erich **Fromm**: Haben oder Sein, Die seelischen Grundlagen einer neuen Gesellschaft, 1979,24. Aufl. 1995
Erich **Fromm**: Leben zwischen Haben und Sein, (hg. von Rainer Funk), Freiburg, Basel, Wien, 1993
Erich **Fromm**: Vom Haben zum Sein. Wege und Irrwege der Selbsterfahrung (hg. von Rainer Funk), Weinheim, Basel 1989, 1991[4]

Horst Eberhard **Richter**: Lernziel Solidarität (1974), Reinbek 1979, 1982
Horst Eberhard **Richter**: Flüchten oder Standhalten, Reinbek 1976
Horst Eberhard **Richter**: Zur Psychologie des Friedens, (1982) Reinbek 1984

Alexander **Lowen**: Der Verrat am Körper. Der bioenergetische Weg, die verlorene Harmonie von Körper und Psyche wiederzugewinnen, Reinbek 1982

M. Scott **Peck**: Gemeinschaftsbildung – Der Weg zu authentischer Gemeinschaft. (Or. 1984 New York), eurotopia Buchversand, Sieben Linden, Beetzendorf, 2. überarbeitete Auflage 2011

Marshall B. **Rosenberg**: Gewaltfreie Kommunikation, Eine Sprache des Lebens, Junfermann-Verlag Paderborn, 2001, 8. Auflage 2009

In Hinsicht auf **Beziehung**:

Aaron **Kipnis** & Elizabeth **Herron**: Wilder Frieden. Das Experiment
einer neuen Partnerschaft zwischen Frauen und Männern,
Frankfurt/M 1995

Michael Lukas **Moeller**: Die Liebe ist das Kind der Freiheit; rororo,
Reinbek bei Hamburg, 1990, 16. Aufl. 2008 (Rowohlt 1986)
Von ihm weitere wichtige Bücher zur Paar-Kommunikation

Wolfgang **Schmidbauer**: Die Angst vor Nähe, Reinbek 1985

Gordon **Inkeles** & Murray **Todris**: Sensuele Massage (ndl.); Original
1972 San Francisco; NL: Utrecht 1974
Margo **Anand**: Tantra. Die Kunst der sexuellen Ekstase, München
1990, als Taschenbuchausgabe 1995

Philosophie, Ethnologie, Geschichte - z.B.:

Lewis **Mumford**: Mythos der Maschine, Kultur, Technik und Macht,
Die umfassende Darstellung der Entdeckung und Entwicklung der Technik, Frankfurt/M 1977, 1986

Ivan **Illich**, Selbstbegrenzung, Eine politische Kritik der Technik,
>Tools for Conviviality<, Reinbek 1975; 1980
ein in den 1970ern bedeutendes Werk

Institut für Auslandsbeziehungen (Stuttgart) & Württembergischer
Kunstverein: **Exotische Welten** – Europäische Phantasien,
Edition Cantz, Stuttgart 1987 (mit einigen Ausstellungen in
Stuttgart 1987)
enthält eine Menge Material zu dem Komplex Utopie - Kolonialismus

Shuichi **Kato**: Geheimnis Japan. VGS Verlagsgesellschaft, Köln
1992   - hier nur als ein Beispiel zu Ethnologie,
Kulturgeschichte und kulturelle Impulse

Chögyam **Trungpa**: Das Buch vom meditativen Leben, Die Shambala-Lehre vom Pfad des Kriegers zur Selbstverwirklichung im täglichen Leben [Shambala, The Sacred Path of the Warrior, 1984], Reinbek 1991

Joachim-Ernst **Berendt**: Nada Brahma. Die Welt ist Klang. (Frankfurt/M 1983), rororo Reinbek bei Hamburg, 1983, 1997

Auch so ein Buch wie „Allein in der Wildnis" *von* Anne **LaBastille** (1988; 990, 1994) *liefert interessante Aspekte.*

Zitierte Literatur

Emmanuel **Anati**: Höhlenmalerei, (1997), Düsseldorf 2002

Joachim **Bauer**: Prinzip Menschlichkeit. Warum wir von Natur aus kooperieren (2006), TB: Heyne, München, 2014 [7]
Martin **Buber**: Der utopische Sozialismus, Köln 1967

Henning **Christoph**, Klaus E. **Müller** & Ute **Ritz-Müller**: Soul of Africa - Magie eines Kontinents, Köln 1999
Fiona **Danks** & Jo **Schofield**: Spielplatz Natur – Mit Kindern die Natur spielerische entdecken, erleben und gestalten, (Original 2005), AT-Verlag Baden, München, 2008

Jeff **Doring** (Hg.): Gwion Gwion. Dulwan Mamaa - Geheime und heilige Pfade der Ngarinyin, Aborigines in Australien, Köln 2000
Erik H. **Erikson**: Identität und Lebenszyklus, Frankfurt/M 1966; 1973, 9. Aufl. 1985

Edoardo **Fazzioli**: Gemalte Wörter, 214 chinesische Schriftzeichen –
vom Bild zum Begriff, Wiesbaden 2003 (nach der 5. Auflage
von 1991; Original Milano 1986)

Erich **Fromm**: Die Kunst des Liebens. Großdruck Frankfurt/M,
Berlin 1989

Eluan **Ghazal**: Der heilige Tanz, Orientalischer Tanz und sakrale
Erotik, (Berlin 1995) München 1999

Daniel **Goleman**, Paul **Kaufman** & Michael **Ray**: Kreativität
entdecken (1997), dtv München, 1999, 2. Auflage 2000

Jane **Goodall** (& Philipp Berman): Grund zur Hoffnung. Autobiographie, (Goldmann) München 2001

Michael **Haerdter** & Sumie **Kawai**: Butoh. Die Rebellion des
Körpers – Ein Tanz aus Japan, Berlin 1986, 3. Auflage 1998

Peter Michael **Hamel**: Durch Musik zum Selbst, Bern – München –
Wien, 1976

Harenberg Lexikon der Religionen: Die Religionen und
Glaubensgemeinschaften der Welt, Redaktion Berthold
Budde und Christine **Laue-Bothen**, Dortmund 2002

Johan **Huizinga**: Homo Ludens, Vom Ursprung der Kultur im Spiel,
Hamburg, (1956), 1981

Gerald **Hüther**: Was wir sind und was wir sein könnten – Ein
neurobiologischer Mutmacher, S. Fischer Verlag Frankfurt/M
2011; Fischer Taschenbuch 2013, 2017 [8]

Gerald **Hüther** & Christoph **Quarch**: Rettet das Spiel! Weil Leben
mehr als Funktionieren ist. Hanser Verlag München, 2016

Klaus **Lankheit**: Dokumentarische Neuausgabe von: Wassily
Kadinsky, Franz Marc, Der Blaue Reiter, München 1965,
überarbeitete Neuausgabe 1984 (1994)

Roger **Lewin**: Spuren der Menschwerdung. Die Evolution des Homo
sapiens, Heidelberg 1992

Jean **Liedloff**: Auf der Suche nach dem verlorenen Glück - Gegen
die Zerstörung unserer Glücksfähigkeit in der frühen
Kindheit, München 1980, überarbeitete Auflage 1987

Ilse **Loesch**: Mit Leib und Seele. Erlebte Vergangenheit des
Ausdruckstanzes, Berlin (DDR) 1990

Helma **Marx**: Das Buch der Mythen (aller Zeiten aller Völker).
Verlag Styria Graz, Wien, Köln & Eugen Diederichs Verlag
München, 1999
John **McCrone**: Als der Affe sprechen lernte. Die Entwicklung des
menschlichen Bewusstseins. Frankfurt/M 1992

Reinhold **Messner**: Dolomiten (Tappeiner Verlag [evtl. Meran,
Italien], überarbeitete Auflage 2004
Daniel **Popp** & Jean-Luc **Manaud**: Die Wüste leuchtet. Zu Fuß
durch die Sahara, München 2001

Horst Eberhard **Richter**: Flüchten oder Standhalten, Reinbek bei
Hamburg, 1976
Oliver **Sacks**: Der Mann, der seine Frau mit einem Hut verwechselte.
Rowohlt Taschenbuch Verlag, Reinbek bei Hamburg 1990
(1994)   (Or. New York 1985)

Wolf **Schneider**: Wir Neandertaler, Der abenteuerliche Aufstieg des
Menschengeschlechts, (Hamburg, Gütersloh o.J.)

Manfred **Spitzer**: Lernen: Gehirnforschung und die Schule des
Lebens. Spektrum Akademischer Verlag Heidelberg – Berlin,
(2002), korrigierter Nachdruck 2003

Verena **Stefan**: Häutungen, München 1975, 1981
Antje **Tesche-Mentzen** & Herlinde **Koelbl**: Kunst von Kindern,
München 2002

Henry David **Thoreau**: Walden, oder Leben in den Wäldern, Zürich
1979
Désirée v. **Trotha**: Heisse Sonne Kalter Mond. Tuareg-Nomaden in
der Sahara. München 2001, 2. Auflage 2002

Frank Robert **Vivelo**: Handbuch der Kulturanthropologie. Eine
grundlegende Einführung. Stuttgart 1981, München 1988

Literatur von Christoph W. Rosenthal

- **Die Humanevolution war ganz anders** – Eine überfällige Revision, Remscheid, 2018 Version (1.1 März 2019)

- **Zur Evolution von Selbststeuerung, Liebe, Kommunikation & Kultur**. Januar 2021

- **Die kopernikanische Wende unseres Weltgeschichts-Bildes**, Remscheid, 2018 (Version 1.2 Januar 2023)

- **Die Mesolithische Revolution** – die Begründung der historischen Entwicklung. Remscheid; 2021

- **Kulturologie.** Die Wissenschaft bzgl. der Software-Struktur des Menschen. 2021

usw.

Edition Neue Kultur

www.edition-neue-kultur.de

Materialien zu Geschichte und der Neuen Kultur.
Ein Label der Werkstatt Neue Kultur (WNK)

WNK-Schriften   :

- Sprache beherrschen – Kommunikation, Denken & Bewusstsein
- Kommunikation – Zur Evolution von Sprache und der Entstehung der kommunikativen Probleme

Weitere Materialien in Vorbereitung